現代社会を読む経営学 ①

「社会と企業」の経営学

新自由主義的経営から社会共生的経営へ

Kunishima Hiroyuki　Shigemoto Naotoshi　Yamazaki Toshio
國島弘行・重本直利・山崎敏夫 編著

ミネルヴァ書房

「現代社会を読む経営学」刊行にあたって

　未曾有の経済的危機のなかで「現代社会を読む経営学」（全15巻）は刊行されます。今般の危機が20世紀後半以降の世界の経済を圧倒した新自由主義的な経済・金融政策の破綻の結果であることは何人も否定できないでしょう。

　しかし，新自由主義的な経済・金融政策の破綻は，今般の経済危機以前にも科学的に予測されたことであり，今世紀以降の歴史的事実としてもエンロンやワールドコム，ライブドアや村上ファンドなどの事件（経済・企業犯罪）に象徴されるように，すでに社会・経済・企業・経営の分野では明白であったといえます。とりわけ，近年における労働・雇用分野における規制緩和は深刻な矛盾を顕在化させ，さまざまな格差を拡大し，ワーキング・プアに象徴される相対的・絶対的な貧困を社会現象化させています。今回の「恐慌」ともたとえられる経済危機は，直接的にはアメリカ発の金融危機が契機ではありますが，本質的には20世紀後半以降の資本主義のあり方の必然的な帰結であるといえます。

　しかし他方では，この間の矛盾の深刻化に対応して，企業と社会の関係の再検討，企業の社会的責任（CSR）論や企業倫理のブーム化，社会的起業家への関心，NPOや社会的企業の台頭，若者のユニオンへの再結集などという現象も生み出されています。とりわけ，今般の危機の中における非正規労働者を中心とした労働・社会運動の高揚には労働者・市民の連帯の力と意義を再認識させるものがあります。

　このような現代の企業，経営，労働を取り巻く状況は，経営学に新たな課題を数多く提起すると同時に，その解明の必要性・緊急性が強く認識されています。現実の変化を社会の進歩，民主主義の発展という視点から把握し，変革の課題と方途について英知を結集することが経営学研究に携わる者の焦眉の課題であるでしょう。

　しかも，今日，私たちが取り組まなければならない大きな課題は，現代社会の労働と生活の場において生起している企業・経営・労働・雇用・環境などをめぐる深刻な諸問題の本質をどのように理解し，どのように対処すべきかを，そこで働き生活し学ぶ多くの労働者，市民，学生が理解できる内容と表現で問いかけることであるといえます。従来の研究成果を批判的に再検討すると同時に，最新の研究成果を吸収し，斬新な問題提起を行いながら，しかも現代社会の広範な人々に説得力をもつ経営学の構築が強く求められています。「現代社会を読む経営学」の企画の趣旨，刊行の意義はここにあります。

「現代社会を読む経営学」編者一同

はしがき

 2008年9月15日,本書原稿の締め切り後,アメリカ4位の投資銀行(法人向け証券会社)リーマン・ブラザーズ破綻のニュースが飛び込んできた。ベア・スターンズ,およびリーマン・ブラザーズが破綻し,メリルリンチはバンク・オブ・アメリカに買収され,モルガン・スタンレーとゴールドマン・サックスは商業銀行への転向を表明し,アメリカの五大投資銀行はすべてなくなってしまった。アメリカを代表する保険会社AIGとアメリカを代表する商業銀行シティバンクも実質国有化された。あらゆる金融機関が,数字だけで成立する架空性を根拠に金融工学を駆使して偽装した金融商品を発行・自己売買する投機資本になってしまったことによる結果であった。それは,金融・資本の規制緩和による自由な財産権の暴走の結末であり,巨大金融機関が,投機というギャンブルを超えて,詐欺まがいの取引にまで行き着いてしまったことを示すものであった。さらに,ベンチャー企業向けの象徴的株式市場であるナスダックの元会長のバーナード・マドフが2008年12月,自らが経営する投資ファンドの巨額詐欺事件で米連邦捜査局(FBI)に逮捕された。金融界の大物が,顧客から預かった出資金を順次配当金や解約金に回していく「ねずみ講」という単純な詐欺事件にまで行き着いてしまったのである。
 雇用の規制緩和による働く人をモノのように使い捨てる自由も大きな社会問題を生み出している。2008年の末から「派遣切り」「期間工切り」のニュースが続き,ついには「正社員切り」にまで拡大している。大企業は,解雇の自由を行使し,景気の悪化をより深刻なものにした。資本金10億円以上の大企業では,228兆円の内部留保があり,「雇用を守る体力」は十分ある。例えばトヨタ自動車とそのグループ企業の内部留保は17兆4000億円(単体では12兆6658億円)にのぼる。派遣社員の年収を250万円とすれば,5800人の派遣切りを1年間中止するための出費はわずか145億円に過ぎない。

しかも，労働者の解雇や人件費削減をしながら，大株主への配当を維持・増配することでも，企業の社会的責任が問われている。「法人企業統計」によれば，資本金10億円以上の大企業（金融・保険業を除く）では，従業員給与総額は，1997年度43兆9848億円から2006年度40兆2873億円へ約9割，2007年度32兆9341億円へ約7割5分に縮小した。これに対して株主配当総額は1997年度3兆494億円から2006年度11兆9750億円へ約4倍，役員報酬は1997年度9876億円から2005年度1兆5454億円へ1.5倍超，内部留保総額（資本剰余金，利益剰余金，流動負債と固定負債の引当金の合計）は1997年度142兆1431億円から2007年度228兆2119億円へ1.6倍に増加した。橋本内閣以後進められてきた「金融ビッグバン」といわれる金融の規制緩和によって，アメリカの投機資本や金融機関が大企業の所有構造において大きな影響力をもつことで，このような株主・投資家重視で従業員・市民軽視のコーポレート・ガバナンスや経営戦略を構築したのである。2008年には東京証券取引所での株売買の6割から7割は，アメリカのヘッジファンド（投機的基金）などの外国人投資家からなっている。投機資本は，短期的な株の売買で利益を稼ぐ。短期でみて利益が上がらない企業の株は売られ，株価が暴落する。企業も四半期（3カ月）ごとに業績開示が求められ，短期の利益で企業価値が決められるようになった。こういう証券市場の投機化が，労働者の首を切って株主への配当を増やし株価を安定させようとすることを個々の企業に強制する圧力になっている。

　20世紀末からの金融や雇用の規制緩和政策は，財産権・所有権を絶対視し，市民が社会で人間らしく生きるための社会権を軽視する「新自由主義的経営」の所産である。それは，企業・株主価値重視の経営観の架空性を基盤にし，株主・投資家重視で市民・従業員軽視のコーポレート・ガバナンスを強めた。そこでの企業は，解雇圧力により働く者に過重労働と不安定化を押し付け，働く者を監視下に置き，「成果主義」と「自己責任論」によって足の引っ張り合いをさせ，協働意欲を低下させ，作業現場を疲弊させている。新自由主義的グローバル化は，企業や各国の行政機関に労働・環境・福祉などの諸条件に対する世界的な引き下げ競争（底辺への競争）をもたらし，途上国・先進国の一般市民の生活を疲弊させている。貧困化は市民の労働生活ばかりでなく消費生活に

も及び，偽装された商品，過剰消費の強要，社会福祉サービスの後退などの多様な社会問題を生み出し，ついには金融危機や雇用危機など「百年に一度の危機」をもたらした。

　社会問題を引き起こす，社会を破壊する企業ではなく，社会問題を解決する「社会の一部としての企業」の経営のあり方を考えることが必要になっている。そこでは，企業，特にグローバルな大企業が人間としての尊厳とそのための市民の基本的人権を社会的に保障し，発展させることが，大きな課題になっている。

　本書では，「社会共生的経営」への転換を展望し，「社会の一部としての企業」のあり方を模索している。社会は，企業，学校，病院，福祉，地域，家庭などの人間生活の多様な分野を維持するための多様な経営体，営利企業，政府組織，非営利組織，非政府組織など組織形態，大企業と中小企業，個人企業（自営業者）などの多様な企業の間での社会的分業によって構成されている。そこでの企業は，企業や財産権の視点でなく，市民の視点で社会における適正な「応分の役割（負担）と責任」を負うことが求められている。また，企業の経営規範（倫理・指導原理）においても，各経営体に足の引っ張り合いを強要する新自由主義的「競争原理」から，各経営体の「異質なものの価値」の共生的関係性を促進する「共生原理」への転換が必要になっている。さらに，多様な経営体などの間での関係性（権力関係）が，企業（大企業）中心から対等なものへと変革されなければならないのである。「富める者がますます富み，貧しい者がますます貧しくなる」社会と企業のあり方が批判される中で，人間としての尊厳と善意が尊重される市民社会と企業を模索することが重要である。

　本書が，読者にとって「社会と企業」のあり方を考えていただく一助になれば幸いである。最後に，本書の編集に適切なアドバイスと粘り強いご支援をいただいたミネルヴァ書房梶谷修氏をはじめ，同社のスタッフにお礼を申し上げる。

2009年3月

　　　　　　　　　　　　　　　　　　　　　　　　　　　編者一同

「社会と企業」の経営学
―― 新自由主義的経営から社会共生的経営へ ――

目　次

はしがき

序　章　社会と企業の経営学 ……………………………………國島弘行…*1*
　　　　　──新自由主義的グローバル化との関連で──
　　1　新自由主義的経営倫理と市民生活の疲弊 …………………………*1*
　　2　現代の企業経営の構造転換 …………………………………………*3*
　　3　ワシントン・コンセンサスの破綻とCSR ………………………*12*

第1章　企業経済の経営学 ………………………………………山崎敏夫…*17*
　　　　　──現代資本主義の「現実」と「架空性」の中の企業経営の科学的分析──
　　1　企業経営の経済的分析の課題と方法 ………………………………*17*
　　2　資本主義のグローバル段階とその特徴 ……………………………*18*
　　3　現代資本主義の「架空性」と企業経営 ……………………………*22*
　　4　企業経営の今日的展開とその新しい特徴 …………………………*29*
　　5　企業経済と「社会と企業」の問題をめぐって ……………………*39*

第2章　過重労働の経営学 ………………………………………井藤正信…*47*
　　　　　──過重労働の根絶に向けて──
　　1　過重労働と企業経営 …………………………………………………*47*
　　2　科学的管理にみる過重労働 …………………………………………*49*
　　3　日本企業にみる過重労働 ……………………………………………*51*
　　4　過重労働と日本的人事・労務管理 …………………………………*55*
　　5　過重労働に対する政府の取り組み …………………………………*57*
　　6　過重労働の克服に向けての提言 ……………………………………*60*

第3章　「現場疲弊」の経営学 …………………………………島内高太…*65*
　　　　　──「現場疲弊」から持続可能な企業経営へ──
　　1　「現場疲弊」の分析視角 ……………………………………………*65*
　　2　新しい雇用戦略の展開 ………………………………………………*67*
　　3　競争力の源泉としての「技能活用型」生産システム ……………*72*

	4	生産現場の疲弊 …………………………………………… 74
	5	「現場疲弊」から持続可能な企業経営へ ………………… 79

第4章 監視企業と社会の経営学 ……………稲木隆憲・竹内貞雄… 85
―――監視（盗撮・盗聴）の告発と市民的人権の確保―――

 1 変貌する監視 ……………………………………………… 85
 2 遠隔監視の犯罪的管理手法を斬る：某鉄道会社付帯施設等に
  おける実体験を通して …………………………………… 86
 3 遠隔監視（盗撮・盗聴）の法的問題：監視の濫用によるプラ
  イバシー権への抵触 ……………………………………… 100
 4 現代企業と社会における監視"悪"構造の解剖 ………… 103

第5章 不安定化する若者の経営学 ………………………長井偉訓… 113
―――社会的排除から平等・生存権保障のセーフティネット再構築に向けて―――

 1 企業社会の下で不安定化する若者の就業と生活 ………… 113
 2 若者の不安定化の構造とメカニズム …………………… 119
 3 社会的排除から平等・生存権保障のためのセーフティネット
  の再構築に向けて ………………………………………… 129

第6章 「多国籍企業と社会」の経営学 …………………中道　眞… 137
―――新自由主義的グローバリゼーションから新たな取り組みへ―――

 1 多国籍企業と社会 ………………………………………… 137
 2 多国籍企業とその社会への影響 ………………………… 139
 3 多国籍小売企業ウォルマートの経営戦略とアメリカにおける
  社会問題 …………………………………………………… 146
 4 多国籍企業ナイキの経営戦略と製品不買運動 ………… 156
 5 「多国籍企業と社会」の今後：国連の取り組みとその限界 … 160

第7章　偽装の経営学 ……………………………………山西万三…165
　　　──使用価値から企業経営を問う──
　1　なくならない偽装 ………………………………………………165
　2　なぜ，偽装は悪か ………………………………………………168
　3　偽装はどうすればなくなるか …………………………………177
　4　偽装の経営学は，社会経営のための経営学 …………………185

第8章　社会福祉事業の経営学 …………………………石倉康次…187
　　　──福祉衰退から生存権保障へ──
　1　社会福祉施設・事業の経営とは ………………………………187
　2　社会福祉事業の主たる担い手としての社会福祉法人 ………189
　3　社会福祉基礎構造改革がもたらしたもの ……………………192
　4　社会福祉事業の場の構造転換をとらえる基本視座 …………196
　5　社会福祉事業の場の構造転換のもとでの事業体のあり方と公的責任 …………………………………………………………202

第9章　過剰消費と社会経営学 …………………………中村共一…207
　　　──公共性の転換──
　1　問題化の視座転換 ………………………………………………207
　2　生産・消費と商品経済社会 ……………………………………209
　3　独占企業の「社会管理制度」 …………………………………213
　4　「非社会問題」と社会経営学の課題 …………………………225

終　章　共生社会の経営学 ………………………………重本直利…229
　　　──変化する「社会と企業」の関係性──
　1　経済競争的関係性から社会共生的関係性へ …………………229
　2　「社会の一部としての企業」とは何か ………………………233
　3　諸経営体の共生関係性の意味 …………………………………237
　4　共生社会をめざす経営学：社会共生的経営手法の確立 ……241

索　引……245

序　章

社会と企業の経営学
——新自由主義的グローバル化との関連で——

1　新自由主義的経営倫理と市民生活の疲弊

　今，新自由主義的グローバル化の下での企業行動によって，先進国と途上国を含めてグローバルに企業中心社会のあり方が問われている。多様な偽装事件が相次ぎ，企業不祥事や企業犯罪が恒常化し，グローバルに人間らしい市民生活が破壊され，一般市民の金銭的・肉体的・精神的貧困化が深刻化している。

　このような状況の原因の1つは，新自由主義的経営倫理にある。**ホワイトカラー・エグゼプション**をめぐる議論の中で，当時労働政策審議会をはじめとして多くの審議会の委員を務める経営者が，長時間労働，過労死，そして格差を労働者の自己管理・責任の問題とし，労働者が人たるに値する生活を営むための必要を充たすべき最低限の労働基準を示し，その向上を図る義務を定めた労働基準法を不要とする発言を繰り返したことで注目された(『週刊東洋経済』2007年1月13日号，94頁。および労働政策審議会労働条件分科会「第66回議事録」2006年10月24日)。さらに，ある大企業の社長（当時）は，企業業績悪化に対する経営責任を問われて，「くだらない質問だ。従業員が働かないからいけない。……株主に対してはお金を預かり運営しているという責任があるが，従業員に対して責任はない。やれといって，（社長は従業員に）命令する。経営とはそういうものだ。」(『週刊東洋経済』2001年10月13日号，94頁）と答えた。新自由

ホワイトカラー・エグゼプション：日本経団連の要望で，ホワイトカラー（事務職など）に対し労働基準法の時間規制を除外し，時間外労働に残業代を支払わない法改正を行おうとしたが，サービス残業の合法化を狙う「過労死促進法」として世論の強い批判にあい，法案提出はされなかった。しかし，アメリカからは依然強い要請がある。

主義の象徴的研究者であるフリードマンは,「企業は株主の道具」であるとして,企業経営者の社会的責任を「株主の利益の最大化」以外にあってはならないと主張した(M. フリードマン／村井章子訳〔2008〕『資本主義と自由』日経 BP 社, 252, 249 頁)。これらの新自由主義的経営倫理は,企業責任は株主のためだけにあり,労働者は労働市場で購入した単なる労働力商品＝モノにしかすぎず,労働力の利用の仕方や労働者の解雇は企業の自由であり,社会に有用性を提供し,従業員を人間として扱う企業責任はないという主張であり,行政機関には社会全体として人間らしい生活を保障する責任はなく,それは個人責任の問題であるという考え方である。つまり,市民の権利,とりわけ社会で人間が人間らしく生きる権利としての社会権を認めないということである。

　資本主義は,生産手段の私的所有の下での雇う者と雇われる者の関係と,あらゆるものを商品化する市場とを形成する中で,封建的な身分的社会を解体し,個人としての権利をもった市民の社会的合意に基づいて編成される近代市民社会を生み出した。そこでは,財産権,とりわけ生産手段の私的所有権の自由とともに,国家権力からの個人の自由が追求され,市民における職業選択・移動・移住の自由,思想・信教・言論の自由,法の下の平等,人身の自由などを含む自由権が,**基本的人権**として確立した。さらに,資本主義の発展が恐慌・失業・貧困・労働問題など多くの社会的矛盾を拡大したのに対し,労働者や農民などの一般市民は,有産階級に限られていた参政権を獲得し,20 世紀には 1917 年ロシア革命,1919 年ドイツのワイマール憲法,1930 年代アメリカ「ニューディール政策」,第二次世界大戦後の日本国憲法などで,社会権も市民の基本的人権として確立した。それは,「すべて国民は,健康で文化的な最低限度の生活を営む権利を有する」(日本国憲法 25 条)という生存権,労働者の団結権・団体交渉権・争議権からなる労働基本権,勤労の権利,公的教育への就学の保障などの教育権などから構成される。社会権は,国家の義務だけではなく,企業へも市民生活の質の向上義務を与えることで,財産権や企業の好き

基本的人権：日本国憲法 97 条では「基本的人権は,人類の多年にわたる自由獲得の努力の成果であって,これらの権利は,過去幾多の試錬に堪へ,現在及び将来の国民に対し,侵すことのできない永久の権利」としている。

勝手な利潤追求への社会的な規制をもたらし，貧困を個人の責任から国家や社会の責任へと転換した。人権保障は全世界に普く広がり，1948年に「世界人権宣言」，1966年には法的拘束力をもった社会権規約と自由権規約からなる「国際人権規約」が成立した。

新自由主義は，20世紀に確立した世界の人々の社会権を解体し，貧困を個人の責任とし，企業活動や財産・所有権に対する社会的規制力を弱め，むき出しの利潤追求に企業を誘導し，「強きを助け，弱きを挫く」社会が最も優れているという社会的な合意を獲得しようとするイデオロギーである。

2　現代の企業経営の構造転換

1　資本と労働のグローバルな流動化・液状化

19世紀末から20世紀初頭の世紀転換期において，大量生産・販売システムの普及によって資本の大規模投資と長期的回収，そして労働運動の発展や企業内技能養成などによる長期雇用によって「資本と労働の固定化・固体化」の傾向が生まれた。そこでは，巨大株式会社の普及，同業種のM&A（合併・買収）である水平的統合，そして事業活動を構成する調達・生産・販売などの諸職能を大企業の内部に統合する垂直的統合を，M&Aや自己投資によってもたらし，市場支配力をもつ独占的大企業を生み出した。アメリカでのロックフェラーやモルガンやドイツの三大銀行（ドイツ銀行，コメルツ銀行，ドレスナー銀行）を中心とする企業集団，日本での戦前の財閥，戦後の企業集団など，資本所有によって結合された「金融資本」といわれる大企業と大銀行の融合集団を形成することで，大企業は，企業の所有・支配を固定化し，大銀行からの借り入れによって資金を長期的・固定的に調達した。第二次世界大戦後，大企業は，多様な産業で事業を多角化するコングロマリットとして，国境を越えて事業活動を行う多国籍企業として企業規模を拡大した。また，大企業は，労働者を企業内に固定化するために，社会福祉のみならず企業内福利厚生や労働組合の承認など社会権を発展させた。

20世紀末から21世紀初頭の世紀転換期において，「資本と労働のグローバ

ルな流動化・液状化」を無規制に進める新自由主義的グローバル化が進展している。今や，資本は，継続事業体としての個別企業，長期雇用に基づく労働，そして固定的立地としての地域から解放され，グローバルに「高速で移動する資本」へ，労働者は不安定，不確実性，危険性のもとでの雇用される「非自主的遊牧民」となっている（Z. バウマン／森田典正訳〔2001〕『リキッド・モダニティ——液状化する社会』大月書店，194, 179頁）。

先進国での消費市場の成熟化・飽和化は，新市場・新製品を求めて商品や技術の寿命を極度に短期化し，消費者に過剰消費を押しつけ，雇用を不安定化し変種変量生産・販売システムを導入した。また，先進国の多国籍企業は，社会主義圏の解体後，移行国と途上国へ工場・事務労働を移転し，グローバルに雇用を移動し，労務・生産コストを引き下げた。さらに，ICT（情報通信技術）革命は，グローバルな市民の情報共有を可能にするとともに，PCやインターネットなどの新興産業と投資先を発展させ，資金や情報をグローバルかつ瞬時に移動させる技術を企業や金融機関に提供した。

このような状況の中で，アメリカの巨大企業は，「選択と集中」の経営戦略として，1980年代にコングロマリットを解体し，リストラクチャリング（事業の再構築）を行い，1990年代には垂直的統合を解体し，コアコンピタンス（中核能力）へ特化し，それ以外を**アウトソーシングやオフショアリング**した。その戦略の中に先進国内での人員整理を組み込み，積極的に事業等を売却し，買収した。この段階でのM&Aは，従来の企業規模拡大を目的とするものから，企業・事業などを商品として売買するものへと変容した。

株式市場は，デフレ化する経済で返済不要な企業資金の調達先だけでなく，企業支配権を流動的に売買するM&A市場となった。企業は，株式の時価発行による資金調達のためにも，企業自体を売却するためにも，株価を高くする必要が生まれる。そこにアメリカの年金基金などの機関投資家などが資産運用先として参加し，投資銀行や投資ファンドなどがマネーゲームによって投機的利

アウトソーシング・オフショアリング：80年代アメリカ，90年代日本で採用された系列を超えた外部委託であり，当初は情報システム（IT）部門，その後経理，総務，人事など間接部門全般，製造，開発，マネジメント業務まで広がる。オフショアリングは海外への外部委託である。

益を追求する「カジノ資本主義」を構築したのである。今や大企業の中心的な経営指標は，かつてのシェアや投下資本利益率でなく，企業売却の際の企業価値・価格と株主資本利益率（ROE）となった。

　企業は，企業売却価値としての理論的企業資産の期待将来収益の現在価値である「ディスカウント・キャッシュ・フロー」や，企業売却価格としての「企業の時価（株価）総額」で評価されている。現代の巨大企業の経営者は，商品やサービスの生産・販売によって利益を上げることでなく，株主のために企業を高く売るための企業価格向上を主要な目的とし，短期的株価上昇を追及することを強いられている。資本と労働のグローバルな流動化・液状化を無規制で進め，アメリカの「カジノ資本主義」を正当化するために，投機家の財産・所有権の絶対性と市民の社会権の解体とを主張する新自由主義経営倫理が世界に拡大してきている。

[2]　ワシントン・コンセンサスと新自由主義的グローバル化

　1980年代におけるアメリカのレーガンやイギリスのサッチャーのもとでの新自由主義の台頭は，政府での規制緩和・民営化・社会福祉の切り捨てと高額所得者や企業への減税によって社会権を解体し，高金利政策による外国からの資金流入と投資減税や反トラスト法の緩和とによってM&Aを促進し，金融を中核産業に育成した。企業でもアメリカを中心に工場の海外移転と国内での人員整理や労働条件の引き下げを進めた。さらに，1990年代では，アメリカのクリントン政権は，「ワシントン・コンセンサス」によって，資本と労働のグローバルな移動・液状化を無規制に促進し，新自由主義をグローバルに拡大した。

　ワシントン・コンセンサスは，1989年にアメリカの国際経済研究所（IIE）のウィリアムソンがアメリカの経済政策や対南米政策を整理したものだが，アメリカ政府とウォール街の実質的な支配下にあるWTO（世界貿易機関），IMF（国際通貨基金），世界銀行などワシントンを本拠とする国際機関の間で成立した新自由主義的な合意である。それは，①緊縮財政（小さな政府），②民営化（公共機関の売却），③市場・資本の自由化（規制緩和），などの新自由主義的構

造改革を「世界中に広く輸出し，米国主導の資本主義を押し広げようとするもの」である（丹羽宇一郎「財界だって格差社会は『ノー』」『文芸春秋』2007年3月号，146頁）。途上国や東欧移行国に対しては世銀・IMFの融資条件（コンディショナリティ）として，債務返済のための社会権保護縮小，貿易や資本と労働のグローバルな流動化を強制した。

　さらに，ワシントン・コンセンサスは，先進国に対してもグローバル・スタンダードとして，資本と金融のグローバル化に対する各国の介入・規制を制限し，金融・労働ビッグバンなどの規制緩和政策を強制した。欧州ではEU統合基準に組み込まれた。日本では，アメリカ政府からの日本政府への「年次改革要望書」（日米規制改革および競争政策イニシアティブに基づく日本国政府への米国政府要望書）などによって，バブル崩壊の処理スキームなどに組み込まれたのである。

3　金融ビッグバンとコーポレート・ガバナンス

　コングロマリットと垂直的統合が解体される中で，そのような事業や企業自体に対するM&Aを年金基金などの大衆資金によってグローバルかつダイナミックに行うために，企業支配権を売買するM&A市場が，1980年代のアメリカで，1990年代後半EU統合下の欧州で，21世紀に入り日本で確立した。その前提が，金融ビッグバンであった。1980年代以降のアメリカでは，商業銀行（預金・貸出）業務と投資銀行（株式・社債発行やM&A仲介など法人向け証券）業務とを明確に分離する「グラス・スティーガル法」（1933年銀行法）が順次緩和され，1999年には保険業務も含めて相互参入が可能になり，名実ともに終焉した。アメリカで生まれた金融ビッグバンは，1986年英国を始めとして世界中に拡大し，日本では1996年に橋本内閣によって導入された。そこでは，**間接金融**から**直接金融**へ，預金から投資（証券化）へグローバルに転換し，

間接金融から直接金融へ：企業の資金調達において，銀行借入である伝統的な間接金融から，株式（企業に対する出資証券）や社債（企業の債務証券）発行によって投資家から資金を直接集める方式への転換した。金融機関からみれば，預金を集めて融資する方式から，企業所有権や融資した債権などを証券化（売買できる権利書である有価証券の発行）し，その証券を投資家に売却する方式への転換である。

フリー（規制なき自由な市場），フェア（ディスクロージャーの充実），グローバル（会計基準のアメリカ化）をアメリカの機関投資家やファンドから証券市場に資金を集めるための旗印にした。アメリカ金融ビジネスは，投資銀行業務などによる株式や債券の引受・募集・販売，そしてM&Aの仲介・斡旋などで手数料収入を得るフィー・ビジネスに収益の軸足を移し，実際に集めた資本よりもいかに大きく資金を動かすかというレバレッジ（テコの原理）拡大を基本的なビジネス・モデルにした。近年では，投資銀行自らが，証券化された多様な金融商品を30倍ものレバレッジを効かせて売買していることが明らかになっている。1980年代のアメリカでは，買収先の資産・キャッシュフローを担保とした借入金や**ジャンクボンド**発行によって少ない手持ち資金で大規模な買収を行うLBO（レバレッジド・バイアウト）によるM&Aが急増した。

　年金基金，保険会社，投資信託などのアメリカの機関投資家は，株式市場へ自ら投資するだけでなく，投資銀行などが組成した多様な投資ファンドに出資し，ファンドの資金調達のための債券も購入することで投資ファンドを拡大し，株式市場での影響力を増大した。投資ファンドの1つであるバイアウト（買収）ファンドは，経営不振の企業に投資し銀行からの借金を放棄させるなどして企業を再生する再生ファンドや，株価が安価な企業の株を買収しハンズオン（積極的な経営への介入）によって株価をつり上げるアクティビスト・ファンドとして活動している。いずれにせよ，安く買収した企業を切り売りして利益を上げたり，内部留保を取り崩させたり借金をさせて配当を増やし株価をつり上げ，高く売却して買収企業を食い物にするため，ハゲタカファンドとも呼ばれる。アメリカのみならず世界の企業を対象に活動し，日本でも長期信用銀行をはじめ多くの企業が餌食になった。

　1990年代以後には，ヘッジファンドが急増し，多額の借入れとともにデリバティブ（金融派生商品）によってレバレッジを拡大し，世界中の証券・商品市場を投機のために巨額の資金を短期に流動的に動かしている。デリバティブ

ジャンクボンド：信用格付けが低くて利回りが高い債券であり，銀行借入では審査で融資対象外となる企業にも，さらにサブプライムと呼ばれる信用力の低い個人に対する住宅ローンやカードローンにまで資金調達の道を開いた。金融機関は，融資した債権を証券化し，投資家に売却する。

は，価格変動リスクを回避するためのツールだったが，今やハイリスク・ハイリターンの投機商品として，先物取引などわずかな担保金などによって何十倍もの取引を行い，運用益を拡大する。さらに，近年では企業債務に留まらず，サブプライムと呼ばれる信用度の低い個人の不動産・自動車・カードのローンまでが証券化・再証券化され，投機のための金融商品となっている。しかも，ヘッジファンドは相場が下落時に空売りし，上昇時に空買いして，莫大な売買差益を得る。そのために通貨・株式・商品を高騰や暴落させ，世界中で多くの経済危機を引き起した。

年間の世界貿易額は，2000年7兆9106億ドル（商品貿易額，輸出ベース6兆3792億ドル。サービス貿易額，受取ベース1兆5314億ドル）から2007年16兆0443億ドルへ（商品貿易額，輸出ベース13兆2777億ドル。サービス貿易額2兆7666億ドル）へと（（財）国際貿易投資研究所「国際比較統計」http：//www.iti.or.jp/）大きく拡大した。しかし，1日の世界金融取引額は，2001年1兆7750億ドル（外為1兆2000億ドル，デリバディブ5750億ドル）から2007年5兆3000億ドル（外為3兆2100億ドル，デリバディブ2兆900億ドル）へと（日本銀行「外国為替およびデリバティブに関する中央銀行サーベイ」）それ以上に拡大した。実体経済としての年間世界貿易額は世界金融取引額の3日分に過ぎないほど，金融経済は膨張している。レバレッジによって財産権を無限に拡大する証券化ビジネスを行う欧米金融機関のビジネス・モデルは，株式市場を投機のための巨大なカジノ（賭博場）に変容させた。サブプライム問題と投資銀行崩壊はその矛盾の爆発であった。

株式市場での影響力を拡大した機関投資家やファンド・マネジャーは，社外取締役に圧力をかけることで，92年にGMのステンペル会長を解任し，93年にはIBM会長，アメックス会長，ウエスティングハウス会長を辞任させ，その会社支配力を公然のものとした。株主価値最大化を要求する投資家のための株主主導コーポレート・ガバナンスが強化され，大企業の執行役員・経営者は機関投資家やファンドの代理人である独立（社外・非執行）取締役によって評価・監視されている。アメリカ的「グローバル・スタンダード」としてのコーポレート・ガバナンスは，機関投資家のゲームのための「金融が実体経済を命

令する」(J. ペイルルヴァッド／林昌広訳〔2007〕『世界を壊す金融資本主義』NTT出版，108頁) システムである。経営者は，一般労働者の500倍とも1000倍ともいわれる米経営者報酬というアメと，増加する引責辞職・短い任期というムチとによって「黄金でできた監獄生活のなかでの采配」(ペイルルヴァッド〔2007〕54頁) を強制されている。ファンド・マネジャーは，資産運用利益の拡大のために，アナリスト，格付け会社，投資銀行，ヘッジファンドなどを利用して株式相場を過度に乱高下させ，金融危機などのリスクを拡大する。さらに，キャッシュが買収金額を上回る企業は，ハゲタカファンドの餌食にされる。それを防止するために，経営者は，雇用削減や配当増加による株式時価総額の上昇を強要される。その結果，金融資産としての株価だけがインフレ化し，他方で人件費・生産コストは引き下げられて実体経済はデフレ化する。市民生活を犠牲にして，株主だけを繁栄させているのである。また，株価に大きな影響を与える株主資本利益率（ROE）上昇のため，分母圧縮として自社株買いや負債を増加し，分子拡大として配当を増加させ，「企業が株主に資金を調達している」(ペイルルヴァッド〔2007〕114頁) というファイナンスの転倒までみられる。企業は，生産コストの引き下げのために仕入単価と人件費の買い叩きに気を使い，株価を上げるための自社株買いや配当に資金をつぎ込み，将来の利益のための人や設備などへの投資を怠るようになっている。日本の大企業でも同様の事態が進んでいる。財産・所有権が暴走する，カジノ化された株式市場は，社会に必要な商品やサービスの使用価値を提供する実体経済の事業活動を歪め，長期的視点の経営を破壊しているのである。

4 労働ビックバンとデスマーチ・プロジェクト

　カジノ資本主義のもとで，人件費・生産コスト引き下げを可能にしたのも，社会権のための規制が欠落した資本と労働のグローバルな流動化・液状化であり，国や地域が企業や資本を選ぶのではなく，企業や資本が国や地域を選ぶことを可能にしたためである。つまり，工場誘致，資金誘導・逃避回避，雇用拡大などをめぐって国家・地域間が激烈に競争し，国家・地域政府が競って労働・環境・福祉基準を緩和し，法人税や高額所得者の所得税を減税した。そこ

では，労働環境，自然環境，社会福祉などがグローバルに最低水準へと向かう「底辺への競争」(Race to the bottom) をもたらし，20世紀に発展した社会権や福祉国家を解体し，労働時間規制や派遣労働規制など労働者を守る法律や社会的規範を取り払う「労働ビックバン」を展開した。

アメリカ大企業は，「一生働ける職場」から「短期雇用」への社会契約（資本と労働の暗黙の合意）の転換をはじめとする労働ビックバンを，1980年代にブルーカラー，1990年代にホワイトカラーに対して展開した。日本では，1995年日経連「新時代の日本的経営」以後，労働ビックバンが進展し，その矛盾は深刻なものになっている。そこでは，「グローバル競争に勝ち抜く」ために，管理・総合・技能の基幹職を長期雇用の正社員，企画・営業・研究開発等の専門部門を年間契約の契約社員，一般事務・技能・販売職をパートタイマー・派遣社員・超短期の契約社員に従業員を3分類することで，総人件費の削減を主張した。つまり，正社員をできるだけ非正規の不安定就業層へ置き換え，人件費を売上（操業度）に従って変化する変動費化し，退職金や年金・健康保険の企業支出を不要にし，さらに賃金まで引き下げる，総人件費削減の方針を示したのである。この提案に従って，専門性が高い特殊な業務に限定されていた労働者派遣法が，1996年に業務を拡大し，1999年には特殊な業務以外を原則自由化し，2004年小泉内閣の下で製造業務まで解禁された。「労働力調査」によれば，雇用者内非正規雇用者比率は1990年20.0%（870万人）から2008年33.9%（1719万人）へと大きく上昇した。さらに，世帯主が非正規従業員の2人以上の世帯数は1990年164万世帯から2006年332万世帯へと倍増した。

そこでの賃金水準は最低限の生活を保障する生活保護以下といわれ，不安定で，かつ生活できない低賃金での労働を余儀なくされるワーキングプアを生み出すことになった。フルタイムに対するパートタイムの賃金格差は，OECDによれば日本は48%に対し，スイスの96%をはじめ，多くの国が90%台，格差が大きいイギリスでも65%であり，国際的に極端な賃金格差になっている。また，中小の下請企業などに対して品質や提案能力を無視し中国並みの単価を大企業が要求することで，中小企業と大企業との賃金格差も国際的に大きいものとなっている。このような格差の大きさは，日本おける労働組合や政府

を含む市民社会の企業への社会的規制力の異常な弱さに起因している。

　正社員に対する「成果主義」は，リストラ（雇用削減）や人件費削減のためのアメリカ型人事システムとして急速に広がり，職を失う圧力の下での従業員間競争をもたらし，コスト，労働時間，そして労働密度などに対する従業員への強制と監視を強めた。従業員間での格差と競争は，企業組織に従業員の自発的な協力でなく，マニュアルと監視カメラなどによる他律的な強制をもたらし，従業員間の信頼・協力関係と連帯感を解体し，社員のモラールを低下させ，企業組織の機能不全を招いている。

　国際競争を口実にした労務費やコストの削減によって，アメリカのソフトウェア・プロジェクトで指摘される「デスマーチ・プロジェクト」が，日米でIT産業に止まらず多様な産業で拡大し常態化している（E. ヨードン／松原友夫・山浦恒央訳〔2006〕『デスマーチ——なぜソフトウェア・プロジェクトは混乱するのか』日経BP社）。デスマーチ・プロジェクトは，スケジュール・人員・予算・課題などでの無理な計画によって，メンバーに長時間の残業・徹夜・頻繁な休日出勤などの肉体的負担や納期・競争・解雇などの精神的プレッシャーなど過重労働を強制し，メンバーが過労で離脱し，プロジェクトの放棄（死）や製品やサービスの品質の劣化をもたらすものである。残ったメンバーには，顧客や最終消費者とのトラブルに対する良心の呵責や，燃え尽き症候群が待っている。グローバル企業は，働く者の生存権・社会権や安全で安心な消費生活のための消費者の権利を保障する社会的コストを支払う社会的責任の遂行を回避することで，コスト・総労務費を削減している。さらに，長時間労働により市民の家庭生活や地域生活を困難にしている。しかし，企業に対しても，プロジェクト放棄の違約金，企業への労働者や顧客からの訴訟や信頼解体，破滅的な価格・コスト削減競争による企業の経営状態悪化というブーメラン効果をもたらしている。現在の日本企業は，日本的下請構造や派遣などの非正社員を組み込みながら，デスマーチ・ビジネスモデルや**新3K職場**を広げている。このよう

新3K職場：土木などの肉体労働をきつい・汚い・危険な3K職場と呼んだが，きつい・厳しい（給料が安い）・帰れない（きりがない）という新3K職場がIT業界から始まり，多様な職場に広がっている。

な企業が，さらなる価格破壊に巻き込まれると，企業犯罪に駆り立てられ，破滅し，ハゲタカファンドの餌食にされるのである。

3 ワシントン・コンセンサスの破綻と CSR

[1] ワシントン・コンセンサスの破綻と反グローバリズム運動

　スティグリッツは，世界銀行副頭取辞任後，「世界を不幸にしたグローバリズムの正体」はワシントン・コンセンサスであると主張した（J. スティグリッツ／鈴木主税訳〔2002〕『世界を不幸にしたグローバリズムの正体』徳間書店）。ワシントン・コンセンサスは，途上国や東欧移行国でも，新自由主義的構造改革によって一般市民の生活を疲弊させている。緊縮財政は，初等教育や医療の有料化，公務員の解雇や賃金抑制による人件費削減，食糧・燃料への補助金廃止，公企業の民営化による石油など国の基幹産業や水道などの公共事業の多国籍企業への売却，消費税の導入などをもたらした。貿易の自由化では，関税障壁撤廃や輸出振興による経済成長が強制され，世界銀行などの融資によって増産させられたコーヒーやカカオなどの商品作物は大暴落し，自給からアメリカの多国籍企業などからの輸入に転換させられた食料品価格は高騰し，途上国での貧困・飢餓そして対外債務が拡大した。為替規制撤廃などによる投資自由化で流れ込む資金の多くはヘッジファンドなどの投機資本で，1994年メキシコ・ペソ暴落を始めとする南米通貨危機，97年タイ・バーツ暴落に始まるアジア通貨危機，1998年ロシア金融危機などを，通貨や株の空売りや資本逃避などによって引き起した。2008年のアメリカ金融危機のなか，投機資本が商品市場になだれ込み，食料品や石油を高騰させた。国際連合食糧農業機関（FAO）によれば,世界の飢餓人口は,この価格高騰のため1年間で7500万人増加し,2007年時点で世界人口66億人の内9億2300人と推定される。さらに，5歳未満の子供たちが実に5秒に1人の割合で飢餓によって亡くなっている。世界の人々の生存権が侵されているのである。

　1999年米国シアトルで，WTOの会議に抗議して，大規模な「反グローバリズム」集会が行われ，NGO（非政府組織）やNPO（非営利組織），労働組合，

農民組織などが世界的なネットワークを形成し，大きな影響力をもってきていることを示した。NGO や NPO は，1960 年代後半以後欧米先進諸国での労働者の経営参加・公民権（人種差別撤廃）・消費者・環境・地域運動などライフスタイルの自己決定権を要求する「新しい社会運動」の中で発展してきた。労働・消費・地域・自然環境などの「生活の質」に対する知る権利，参加・決定する権利，安全・安心の権利など 21 世紀型「新しい人権」は基本的人権として市民社会に広がりつつある。市民自ら作る新しい公共性は，NGO や NPO だけでなく，企業経営や行政にも市民参加など新しい可能性を与えてきている。

[2] ポスト・ワシントン・コンセンサスと CSR

反グローバリズム運動の高まりの中で，1990 年代中旬以後世界銀行や IMF は「ポスト・ワシントン・コンセンサス」への転換を強調し，社会と環境のセーフガード，オーナーシップ（「法治国家」の尊重），市民参加，グッド・ガバナンス（よき統治：国や企業などの機関の透明性）を導入し，PRSP（貧困削減戦略ペーパー）作成が借り入れの必須条件になり，NGO がかかわる世銀プロジェクトの割合も急増した。WTO も，人権・労働権・環境問題を組み込んでいる。しかし，依然として民営化・市場自由化・輸出型経済成長などが条件づけられ，グローバル企業やファンドの利益追求の結果としての貧困削減を主張し，新自由主義的構造改革の代替的な政策になっていない。市民参加でも，多くの問題を抱えている。例えば世界銀行では，NGO がかかわる世銀プロジェクトの割合は 1988 年 5％ から 1997 年 47％ へと増加したが，その結果巨大 NGO のスタッフの基準は世界銀行の基準に近づき，多くの若者にとって NGO は国際機関に入るためのステップとなった（N. ギヨ／三浦礼恒訳「世界銀行，半世紀の曲折」『ル・モンド・ディプロマティーク』2000 年 9 月号　http://www.diplo.jp/index.html）。他方で，多くの市民や NGO の参加は形式的なものに止まり，不満や批判が広がっている。さらに，1990 年代を通じて世界銀行や IMF が強制したグッド・ガバナンスという理念は，透明性，説明責任，効率性，公正さ，市民参加，法の支配等を形式的には意味するが，新自由主義的構造改革の失敗の原因を開発途上国などでの権威主義政治システムやクローニー（縁故）資本

主義の腐敗に求め，社会権保護などの社会全体の公共性に奉仕する行政の役割を縮小する「小さな政府をうたう政策思想を広めるための方便」として使われている（B. カセン／北浦春香訳「『統治』あるいは『市民社会』の幻影」『ル・モンド・ディプロマティーク』2001年6月号）。先進国でも，透明性などのグッド・ガバナンスが追求されている。しかし，日本の行政では，公共事業での談合廃止と競争入札導入によって，ゼネコンの非常識なダンピングによる下請単価や賃金の引き下げ，NPOの安上がりな下請化などが引き起されている。誰のための何のための透明性なのかが問題なのである。

　企業活動の分野でも，間接金融を中核とした財閥などのクローニーな**コーポレート・ガバナンス**が解体させられ，透明性の高い株主（投資家）中心のガバナンスが構築されてきている。しかし，株主主導ガバナンスは，企業に短期的利潤追求を強要し，世界中で企業犯罪や不祥事そして社会権解体をもたらし，社会的な批判を受けている。そこで，企業が市民社会の一員として活動すべきことを強調するCSR（Corporate Social Responsibility）が普及しはじめている。CSRは，アメリカでは法令遵守や企業倫理を中心に，欧州ではさらに社会問題の解決に企業が参画し，消費者，従業員，地域社会，投資家の各ステークホルダーが企業行動を評価するものとして議論されている。企業が市民社会の一員であることを自覚して社会全体に対する責任や倫理を自主的に果たすべきだという考え方は有益であり，新自由主義経営倫理がグローバルに社会で通用しなくなりつつあることを示している。しかし，CSRを財産権や証券市場を中心に考えるか，社会で人間が人間らしく生きる権利としての社会権を中心に考えるかで，その内容は大きく異なってくる。谷本寛治氏は，「もしCSRを果たしている企業を市場が評価しないならば，企業にとってそれはコストでしかなく，CSRは余裕のある企業しか果たすことができないテーマになってしまう」（谷本寛治〔2006〕『CSR』NTT出版，102頁）と述べ，CSRを企業が支払うべき社会的コストでなく，株価を乱高下させる手段として理解している。さら

コーポレート・ガバナンス：企業統治と訳される。通常は経営者が株主のために企業経営を行っているかを監視する仕組みである。銀行から株主・投資家への統治主体の転換が強調されてきたが，最近多様な利害関係者や市民社会の視点も強調されてきている。

には,小泉内閣での「痛みを伴う構造改革」はその「ビジョンの中に,持続可能な発展やCSRの発想が位置づけられているならば,意義のあるものとなろう」(谷本〔2006〕257頁) と指摘し,CSRを新自由主義構造改革の補完物として評価しているようにみえる。今必要なのは,働く者の生存権・社会権や安全で安心な消費・地域生活の権利を保障するために企業が社会的コストを支払うグローバルな社会ルールである。個々の企業がばらばらにCSRを追及するだけでは直ちに社会全体の問題を根本的に解決するとは限らず,対症療法に止まる。グローバル・国家・ローカルな行政機関は,社会全体に奉仕する行政責任として市民の社会権・参加権などを世界中のすべての人間に対して保障するグローバルな社会ルールの下で企業に活動させる責任がある。さらに,事業活動は多くの企業などによってすでに担われ,もはや一企業の独占物ではない。事業活動全体の計画や調整に対して,労働者・消費者・地域住民などの多様な市民組織が多様な行政機関や企業とともに事前の意思決定に参加する戦略的アセスメントが必要になっている。株式会社は,株主の有限責任と引き換えに市民社会から資金を調達しているのであり,市民社会の一機関として社会的に位置付けられ,機能しなければならない。

　われわれは,人間のためのグローバルな市民社会に埋め込まれた企業経営のあり方を展望するために,人間のためのグローバル化との関係で「社会と企業」と「資本と労働のグローバルな流動化・液状化」を議論する段階にきている。企業,行政機関,市民組織(労働組合,NPO,NGOなど)の分業・協業・相互作用という共生関係を,社会権を小さくする新自由主義的構造改革のためではなく,世界のすべての人が社会のなかで人間らしく生きるための社会権の保障と発展のためにグローバルに機能させなければならない。

推薦図書

丸山恵也編(2005)『批判経営学──学生・市民と働く人のために』新日本出版社
　　企業の本質である利潤追求を市民社会のルール遵守の下で行わせ,そのためには「市民のための経営学」が必要であるという立場から,企業経営を多様な側面から分析している。

B. ペイルルヴァッド／林昌広訳（2007）『世界を壊す金融資本主義』NTT出版

 フランス社会党政権下で大臣や銀行経営者を務めた著者が，間接金融から直接金融の転換の中で，機関投資家やファンド・マネジャーなどが株主のみを儲けさせるコーポレート・ガバナンスを構築し，実体経済を破壊していると主張。

D. ミレー＆E. トゥーサン／大倉順子（2005）『世界の貧困をなくすための50の質問——途上国債務と私たち』つげ書房

 IMF，世界銀行などからの途上国の借入れが，民衆の利益でなく，貧困を生み出している。借款が権力者の着服，軍事費，多国籍企業のために使われ，元金の完済にもかかわらず債務は減らず，新自由主義政策が強制され，貧困を拡大する状況を明らかにしている。

[設 問]

1．新自由主義的グローバル化は，企業経営と私達の市民生活にどのような影響を与えているでしょうか。
2．企業の社会的責任（CSR）はどのようにあるべきか考えてみましょう。

                （國島弘行）

第1章

企業経済の経営学
——現代資本主義の「現実」と「架空性」の中の企業経営の科学的分析——

　本章では，企業の活動について，グローバルな段階にある現代の資本主義の変化との関連の中で考察します。企業の経済活動は，われわれの生活の向上に寄与するべきものですが，雇用面，企業間，地域間，労働者間の格差や企業の不祥事など様々な経済的・社会的問題を生むことにもなっています。この章では，今日の企業とその経営の現実，また企業がもたらす社会的問題を根底において規定している経済的関係，経済過程を明らかにしていきます。このことは，生活と労働の場において私たちと深いかかわりをもつ企業の問題を深く理解し，それに対処していく上でも重要な意味をもつものです。

1　企業経営の経済的分析の課題と方法

　まず企業経営の経済的分析の課題と方法についてみると，その基本的な課題は，資本主義経済の歴史的な変化のもとでの企業の行動，そのメカニズムの変化をとらえ，経済社会のしくみや構造，そのあり方などを解明することにある。そのことは，われわれの生きる現代の社会が経済活動の中心的行為主体である企業による商品やサービスの供給，それを支える金融的業務を基礎にして成り立っているということによる。しかしまた，企業のそうした活動がそこに働く人間の手によってなされるものであっても，彼らの活動は資本主義経済やその企業の属する産業の特性，その国の経済構造，産業構造など，企業そのものとは離れた諸条件の影響を強くうけざるをえない。これらの条件性を広く「資本主義経済」と呼ぶならそれはいわば「海」のような存在であり，これに対して，企業はその海に浮かぶ「船」のような存在にすぎないという面をもつ。それゆえ，企業経営の分析においては，ある時点に経営者や管理者による意思決定をとおして企業の経営行動がなされたとしても，そうした動き，あり方を根底に

おいて規定している経済的関係が作用しているのである。そのような「目に見えない」関係を明らかにし，今日の企業の経営の現実をリアルにとらえていくことが重要となる。自然科学が自然界に作用する関係性・法則性を解明するのと同様に，社会科学としての経営学においても，企業の行動について，資本主義経済という「磁場」の作用の中でそのあり方，方向性を客観的に規定している関係性を解明することが重要となってくる。

　それゆえ，企業経営の分析のための方法が重要となる。本章では，資本主義経済の変化から企業がうける影響とそれへの対応としての経営展開の必要性（経営現象の発生の規定要因），現象の現れ方（その実態と問題の性格），それが企業の発展や資本主義経済の構造，発展，労働者や消費者など人間の社会生活におよぼす影響（企業経営上の意義と社会経済的意義）の間にみられる因果関係の解明を試みる。その際，現代資本主義の歴史的変化，特に市場条件とそれに規定された競争構造の歴史的変化や産業特性との関連の中でそのような関係性を明らかにしていく。そうした中で本来経営者や管理者などの主観的な意思決定の結果としての現れにすぎない経営現象を彼らの「主観性」・「意識性」という問題をこえて客観的・科学的に分析することが可能となる。それによって，今日の企業の行動，それがもたらす経済的・社会的問題についても，その根源から把握することが可能となってくるであろう（詳しくは山崎敏夫〔2005〕『現代経営学の再構築──企業経営の本質把握』森山書店を参照）。

2　資本主義のグローバル段階とその特徴

1　資本主義のグローバル段階の質的変化

　そこで，まず企業の経済的活動の条件をなす現代の資本主義経済の変化，新しい特徴についてみることにしよう。1990年代以降に始まる主要な変化の1つの側面は，資本主義経済がグローバル段階に達したことにあり，市場の全世界的な広がりが進むとともに供給主体である企業の活動拠点そのものもグローバルな展開をとげ，その中で競争構造が大きな変容をとげてきたことにある。

　1つには，世界市場のグローバル化・ボーダレス化が進むとともに，主要先

進資本主義国以外でも途上国や新興国をも含めて各国の経済発展，産業発展が進む中で，それまでの日米欧三極構造からグローバルなレベルでの競争へと変化してきたことである。また貿易その他の規制や産業政策，特に重点産業育成政策などにみられるように，各国の国家戦略，保護主義的対応によって外資による圧倒的支配が困難になってきているという面がみられる。さらに情報技術の利用においては，その技術的性格にも規定されて，それまでの技術（特に生産技術のように）と比べても「暗黙知」的要素・部分が介在してくるところが小さいということもあり，技術水準の平準化が起こりやすいという状況にある。しかも各国の経済発展，産業発展の差による市場条件の差異や，企業が市場のターゲットとする国が自由主義的政策をとっているか保護主義的政策をとっているかということ，またそうした政策的対応は産業分野・製品分野によっても異なっているということによって，企業が対応すべき製品ミックスが異なってこざるをえない。そのため，企業は複雑な製品ミックスでの対応をフレキシブルに展開せざるをえないという状況にある。

　そのような変化のもとで，今日の世界と各国の資本主義における競争関係・競争構造をみると，アメリカや日本，ヨーロッパの先進資本主義国であっても，あらゆる産業，ビジネスプロセスにおいて一人勝ち的な支配・優位，あるいは支配領域の圧倒的な拡大が困難となってきている。その結果，各国において強い産業と弱い産業や，強みをもつビジネスプロセスや製品領域と強みをもたないそれらとが複雑に入りまじった現れ方となってきている。このような各国およびそこにおける企業の競争力・競争優位の産業部門間，事業領域間，製品領域間，ビジネスプロセス間の差異に規定された競争関係の複雑性・多様性としてあらわれている世界資本主義と各国資本主義の「複雑性」に，1990年代以降のグローバル段階の資本主義の質的変化（変容）がみられる。

　1990年代以降の資本主義のいま1つの変化は金融のグローバリゼーションの急速かつ大体的な進展にみられる。次の点にその顕著なあらわれがみられる。すなわち，企業の金融的投資の世界的なレベルでの拡大。金融工学を基礎にした多様な金融商品の開発とその取引のグローバルな展開。資産の証券化，債権の証券化，さらにその二次的，三次的な再証券化というかたちでの仕組み証券

の発行など，金融の証券化というかたちでの「市場化」の一層の進展とそれに伴う金融的リスクの全世界的な拡大。そのようなグローバルな金融市場を舞台にした投機資金の全世界的な広がり。ことに債権の証券化については，それを通じて個別的債権と資本市場とを一体化させるところに特徴がある（今宮謙二〔2008〕「資本主義経済と投機取引 『資本論』の視点から」『経済』No.155, 116 頁，「『経済の金融化』は資本主義をどこに導くか」『経済』2008 年 8 月，No.155, 23-24 頁参照）。

しかし，これらのことは，金融的利益の確保の可能性とともに損失のリスクも全世界的レベルに及ぶという問題・危険性を内包している。それは，例えばサブプライムローン問題にもみられるように，金融的領域のリスクが金融機関の経営の安定性・健全性を大きく損ない，金融システムの混乱，企業の資金調達上の問題・隘路を生じさせるとともに，生産物市場の収縮をもたらす大きな契機ともなる。こうして即座に製造業・流通業・サービス産業という実体経済部門にも大きな影響を及ぼすという条件が形成されている。また金融的リスクのグローバルなレベルでの発現による商品販売市場の収縮は競争の一層の激化の要因となり，労働面に及ぼす影響も大きい。そればかりでなく，そのような金融的投資の全世界的な拡大は，商品先物市場への投機的資金の流入の急速な拡大による近年の原料・原油・穀物類などの高騰にみられるように，消費者にとっての生活費高騰だけでなく，企業にとっても，販売市場の収縮と調達市場での価格高騰によって収益性を大きく悪化させる事態にもなっている。そのような販売市場の収縮は，各国間の輸出依存の関係の一層の深まりのもとで国際的な連鎖が形成されることにもなっている。

以上のような商品販売市場における競争構造の変化と金融のグローバリゼーションの進展に伴う作用のもとで，企業の行動，そこに現れる問題の新たな諸特徴が規定されている。企業の競争力確保と生き残りのために，労働市場への一層の規制緩和の圧力，雇用形態や就業形態，賃金支払制度などの面における低コスト化の徹底した推進とフレキシブル化の一層強い圧力がかかる結果となっている。また 2008 年に決定的なかたちで顕在化したアメリカ発の金融危機に伴う世界的な経済の急速な減速のもとで，日本でも人員削減の動きが広

がっており，非正規労働者に特に深刻な影響を及ぼす事態となっている。このように，労働面に及ぼす影響も深刻なものとならざるをえない状況にあるが，そのことはまた労働者間の格差を拡大させる大きな要因の1つとなっている。その意味でも，資本主義のグローバル段階の商品市場と金融市場と労働市場との重層的・複合的関係の中で今日の企業経営の問題を分析・把握することがますます重要となってきている。

2 資本主義のグローバル段階と新自由主義的政策のイデオロギー性

　資本主義のグローバル段階にみられるいま1つの重要な特徴は，より強力に推進されてきている新自由主義的政策のイデオロギー性にみられる。なかでも，モノや労働力の場合とは異なり資金の全世界的な移動ははるかに容易であることから，金融の部面は，新自由主義的政策，またそこにみられる市場原理主義的イデオロギーとそれに基づく企業行動，投資行動が最も貫徹しやすい領域である。それゆえ，グローバリゼーションのいくつかの側面の中でも，金融のグローバリゼーションは最も顕著な進展をみていると同時に，そのようなイデオロギー性を典型的に示しているといえる。

　また金融のグローバリゼーションの先頭を行くアメリカにとっては，多額の財政赤字と貿易赤字にもかかわらず基軸通貨ドルを基盤にして全世界から資金を流入させるための条件の確保・維持が重要な問題となっている。そのためにも金融部門に大きく依存するかたちとならざるをえず，この部門を守るためのイデオロギー装置としても，市場原理主義的イデオロギーを主導し，貫徹させることが重要な課題となっている。そのような経済的利害とイデオロギー性は国際協調の1つの大きな障害をなす要因となっている。またグローバリゼーションといっても，2000年代に入ってからの展開においては，アメリカでのその問題性の露呈にもかかわらず，例えば日本の場合にもみられるように，そのようなアメリカ主導の新自由主義的・市場原理主義的イデオロギーの作用が1990年代と比べても一層強くなってきている傾向にあるという点も特徴的である。

　新自由主義的政策のもとでの市場原理主義的イデオロギーの作用はまた，労

働面や労働者・国民の意識にも影響を及ぼす要因ともなっている。例えば労働市場の規制緩和，雇用形態や就業形態，賃金制度の変化，それらの1つの結果でもある格差問題などに対する労働者，国民の受け止め方においても影響がみられる。それらの否定的影響の大きさ・深刻さにもかかわらず，労働市場での自由な競争の結果でありまた自己責任でもあるとして，全面的な反対の動きには至りにくい状況が生み出されているという面がみられる。

3 現代資本主義の「架空性」と企業経営

以上のような資本主義のグローバル段階における変化，新しい諸特徴をふまえて，次に，そのもとでの企業経営の新しい問題・展開についてみることにしよう。その1つの重要かつ特徴的な変化として，現代資本主義の「架空性」と企業経営に及ぼすその影響の問題がある。経済のグローバリゼーション，ことに金融のグローバリゼーションと新自由主義的・市場原理主義的イデオロギーのもとで，企業は今日の資本主義の「架空性」による影響・圧力にさらされている。そのことは，企業の経営展開を制約する作用要因，経済発展を阻害する要因ともなっている。

1 企業価値・株主価値重視の企業観とその「架空性」

資本主義制度の根本的な特徴の1つは生産手段の私的所有を中心とする私有制にあり，したがって，企業のレベルにおいても，資本所有の原理に基づいて法的基礎が与えられることになる。その意味でも，企業の所有者は，例えば株式会社では株主ということにならざるをえない。しかし，巨大株式会社では株式所有の分散と経営機能・管理機能の複雑さの増大から所有と経営の分離，所有と支配の分離という現象が必然化せざるをえず，所有権の一部をもつ株主の権利の保護・保証という問題が発生することになる。本来的にいえば，この点では安定した配当を保証しうるような経営の遂行が，経営権を負託された経営者に求められることになる。しかし，株主には，株式の売却を除けば，配当請求の権利を主張・要求する可能性が与えられるにすぎない。したがって，高配

当が株価の上昇の一要因とはなりえたとしても，今日の「**企業価値**」・「**株主価値**」を重視した経営という観点での株価至上主義的な株主主権の考え方・イデオロギーが生まれてくる源泉は，配当をめぐっては第一義的には存在しないといえる。

　増配要求だけでなく株価上昇をもたらしうる経営への要求，それにふさわしい経営者の選任要求として現れる今日の「企業価値」・「株主価値」重視の経営への圧力の高まり，「経営とは企業価値の向上をはかること」とする経営観の出現の背景は，次の点にある。機関投資家，投資ファンドなどの金融的操作での利益の追求をはかろうとする組織化された投資集団による株式所有の比率の高まり，金融のグローバリゼーションのもとでの資本移動の世界的広がりと速度の著しい増大，さらに新自由主義的・市場原理主義的政策とそのイデオロギーに支えられるかたちで，そのような考え方が生まれ，拡大してきたものといえる。

　株主価値重視の経営・企業統治の考え方とその実践は，1980年代以降の新自由主義・新保守主義の高まりを時代背景として生み出された特異なイデオロギーでもある（片岡信之〔2008〕「企業社会責任と企業統治」鈴木幸毅・百田義治編著『企業社会責任の研究』中央経済社，21頁）。アメリカでは1980年代後半以降大株主である機関投資家による経営者に対する発言力の増大，企業経営の目標として株主価値＝時価総額の極大化を求める動きが強まることになる（M. Useem〔1993〕*Executive Defence: Shareholder Power and Corporate Reorganization*, Harvard University Press, 1, 2および8参照）。1980年代以降，大量に所有するようになった株式の大規模な売却による株価の大幅な下落のリスクから，機関投資家の株式所有が長期的保有の傾向にならざるをえず，それだけに，それま

企業価値：理論的には企業の生み出す将来の収益（キャッシュフロー）の現在価値を意味するが，通常自己資本の市場価値と負債のそれとの合計をいう。近年では資本市場が評価する企業の経済価値を意味することが多い。企業価値をこうした財務的な面のみならず社会的な面などの評価も含めたトータルな企業価値としてとらえようとする考え方もみられるが（第5節参照），それはここで指摘した企業価値の概念とは異なる。

株主価値：企業価値から負債の市場価値を控除したものであるが，企業価値を株主価値と同義にとらえ株式時価総額と理解されることも多い。

での配当重視の行動から株主価値重視の株主主権の行動へと転換がはかられてきた。そうした中で，経営者にとっても，そのような牽制の圧力から，株主主権的な経営行動を余儀なくされるという条件がつくられてきた（片岡信之〔2008〕「株主主権的企業観の問題性」片岡信之・海道ノブチカ編著『現代企業の新地平——企業と社会の相利共生を求めて』千倉書房，5-6頁参照）。そうした動きは，投資ファンドの出現などともあいまって，1990年代以降には一層強い圧力となって，また世界的な広がりをもって拡大してきた。

そこには，もともと企業を「契約の束」として売り買いされるものとみるアメリカ的な企業観があり，そのために企業価値の測定が必要となるとともに重要な意味をもつということがある。その意味では，「株主主権」，本質的には企業自体を売買対象となる商品とみる考え方に，「企業価値」ということが問題とされる現象の新しい性格があるといえる（三戸浩〔2008〕「企業価値を測るのは誰か——会社は誰のものか，誰かのものか」『日本経営学会第81回大会（報告要旨集）』19頁）。そうした中で，日本でも，1990年代以降，企業買収についても，企業の防衛が企業自体ではなく経営者の防衛と捉えられるようになる中で「株主とM&Aによるコントロールが肯定されるようになって」きた（三戸浩〔2008〕「『新しい』『企業価値』とは」日本経営学会編『企業経営の革新と21世紀社会』千倉書房，36頁）。

しかし，こうした歴史的条件のもとに展開をみている「企業価値」・「株主価値」重視の経営への圧力は現代資本主義の「架空性」を示すものでもある。それは，企業の経営に対しても大きな，また深刻な影響・問題をもたらす要因となっている。

1つには，「企業価値」あるいは「株主価値」という用語にみられる「価値」概念そのものに「架空性」が内包されている。ここでの「価値」とは，上場株式会社の一定の時点における株価と発行株式数の積を意味し，企業価値・株主価値重視の経営は時価総額の極大化をめざすものとなる。しかし，それは企業側にとっては，法的に処分権をもたない発行株式に対する時価としての価値であり，それゆえに価値実態を何ら反映しない性格のものにすぎない。高い収益性をあげ株価の上昇を実現する経営が行われたとしても，またその企業が

売却される場合でも，当該企業にとっては，自社株の保有の部分を除くと，法的に所有権・処分権を保証された価値実態は何ら与えられることはない。いま1つには株主にとっての価値としてのみ「企業価値」をとらえたとしても，その現実的な価値は株式市場での交換価値を反映するがゆえに変動的であり，当然のことながら交換価値の総額も大きく変動する可能性を排除しえないものである。また株式会社制度の意義の1つは上場株式会社にとっての「資本の証券化による資本集中機能」（岡村正人〔1971〕『株式会社金融の研究』〔新版〕，有斐閣を参照）にあるが，自社の株価が上昇しても，増資等の措置をとらない限り当該企業の資本金を増大させる効果をもたらすものではない。

⬛2⬛　企業価値・株主価値重視の経営への圧力とその問題点

　むしろ問題なのは，そのような2つの意味で「架空性」をもつ「企業価値」あるいは「株主価値」という概念，イデオロギーに基づく企業経営への圧力・影響による実体経済への負の側面である。リストラクチャリング，M&Aなどによる経営の効率化，事業再編の促進など，「企業価値」・「株主価値」重視の経営への圧力がすべて，また全面的に否定的な効果しかもたらさないというわけではない。しかし，近年顕著な現われをみている投資ファンド等による特定の企業への買収や大量の株式所有の動きなどにマイナスの影響は如実に現れている。

　例えば株主，ことに投資ファンドなどによる配当要求についてみると，株価がいかに上昇しようとも，当該株式会社に株主から提供された資本はあくまで株式の発行額分であり，その意味でも，本来，株主が配当を要求しうる権利の源泉はその発行額に対してのものにすぎない。また時価発行がなされた場合でも，ある年度末の株価が発行額を大きく上回ったとしても，本来，企業は株主によって提供された時価発行額に相当する額の資本に対する配当の義務を負うにすぎない。こうした意味でも，株主にとっての株式の処分権と配当請求権という資本所有に基づく法的権利の点からみれば，今日の企業価値・株主価値の向上という考え方とそれに基づく経営には「架空性」が内包されているといえる。また株価の低い企業はそれ自体でみれば買収が容易な対象でもあり，そう

した点からも，当該企業は企業価値向上の経営への圧力につねにさらされていることにもなる。

　企業価値＝時価総額極大化を目標とした経営者の行動には次のような大きな問題性が内包されている。すなわち，経営者の行動における短期的利益の追求への圧力，経営者に対するストック・オプションが導入された場合の短期志向の経営への一層強い誘因，エンロンやワールドコムにみられるような粉飾決算・経営破綻といった事態，敵対的買収に対する防衛策や証券市場・大株主の圧力への対応策としての自社株買いの動き，そのための資金調達の過大な負担による経営への圧迫といった点などである。こうした事態は，厳しいグローバル競争構造のもとでの企業の資本蓄積の条件にも大きな影響を及ぼす阻害的要因となっている。

　しかしまた，そのような企業価値・株主価値重視の経営への圧力のもとに経営者がそれに応える経営を展開し株価が上昇すればするほど，投資主体にとっては，キャピタルゲインの確保のための株式売却の誘因が強まることにもなる。それゆえ，企業価値・株主価値重視の投資家の行動は，本来，長期の株式所有とは矛盾する関係にあり，株価至上主義的な経営対応は，結果として当該株式会社にとって不安定性をもたらしかねないというリスクをもはらんでいる。ことに機関投資家の退出は株価の下落の大きな要因ともなり，敵対的買収の脅威をそれだけ高める危険性をはらむことにもなる。

　本来，自らの出資する企業の経営・経営者への要求，圧力は，その企業の資本所有を長期的に維持する株主にこそその正当な権利があるといえる。しかし，現実は，短期的なキャピタルゲインの獲得を第一義の目標とする投資家によってそのような要求が，しかも過度な程度にまでなされていること，しかも例えば年金基金のような公的性格のものも含めて機関投資家がそうした要求・圧力の中心的な担い手のひとつをなしている点にこそ，今日の問題の大きさと深さがあるといえる。企業は商品やサービスなど実体経済における激しいグローバル競争と国内へのその影響にさらされ，利益の上がりにくい構造となる傾向にあるなかで，そのような実体経済面での対応を迫られる企業にとっては，企業価値・株主価値重視の経営への圧力，増配要求による可処分利益の圧迫という

事態にさらされる危険性が高い状況にある（例えば東京証券取引所の上場企業の配当性向の推移については，『東証統計月報』（東京証券取引所），No.610，2007年8月，12-13頁参照）。この点は，グローバル段階にある今日の資本主義のもとでの企業の経営が競争構造という問題からのみならず資本市場の面からも「不安定性」をはらまざるをえないようになっていることを示すものである。

3 商品先物市場における「架空性」とその影響

　現代資本主義の「架空性」とその企業経営へのいま1つの影響として，先物信用取引における「架空性」の問題がある。例えば商品市場における先物取引には，本来当該商品を販売する企業にとっての，また購入する企業にとっての将来のリスクヘッジの機能があり，そのことが企業に経済的合理性の確保の可能性を与えるという点において，その合理的な存在根拠がある。しかし，それはある特定の商品を製造・販売する企業，またその商品を調達することによって事業を展開している企業など実体経済の事業主体がその商品の現物の販売・利用をめぐって取引に参加する場合である。しかし，当該商品を何ら生産あるいは使用することもない主体がその取引に参加する場合には，事態は大きく異なってくる。その価格形成を示す相場は投機的利益の追求によって大きく攪乱され，実体経済における需給を反映した売買の取引量とは大きく乖離し，市場メカニズムの機能は大きく損なわれることになる。さらにより問題なことは，その取引が信用取引の形態をもって行われるという面にある。このことの意味するものは，ある商品の生産・使用等の実体経済的な目的での取引以外の投機的な取引の著しい増大に加えて，信用取引によってその取引量，したがって価格形成に関与する取引量が数倍にも増大するかたちで価格の乱高下をもたらす要因として作用するということにある。しかも商品先物市場は一般に証券市場と比べてもその規模が小さく，それだけに投機的な相場の操作が容易であるという事情も加わる。

　もちろんこうした信用取引形態の商品先物市場は以前から存在しており，資本主義のグローバル段階に固有のものではない。しかし，問題は，金融のグローバリゼーションのもとでのその量的肥大化と投機性の一層の増大にあり，証

券市場の市況とも連動性をもって投機性が展開されることによって影響が一層拡大されることにある。これらはまさに金融市場における過度の「市場化」の限界を示すものであり，それのもたらす実体経済に及ぼす影響はきわめて大きい。ことに企業の経営へのコスト・収益面での圧迫，消費の抑制・冷え込みによる市場の収縮とそれに伴う一層の競争激化など，国内経済のみならず世界経済への影響，さらには国民生活に及ぼす影響は大きく，その深刻さは近年の原油，穀物類などの高騰とその経済的影響に顕著に表れている。しかしまた，逆に商品相場が投機的な取引の帰結として反転し現実の需給を反映した実勢価格をはるかに下回る水準にまで下落した場合には，その生産者にとって決定的な打撃を与えるだけでなく，流通業者にも大きな影響を及ぼすことにもなりうる。

その意味でも，資本主義制度のもとでの市場原理に基づく経済運営という「正当性」のもとでも，こうした「架空性」のもたらす負の問題に対する規制的措置が世界的に必要となってきている状況にある。しかし，2008年の洞爺湖サミットでも，アメリカの強い反対によってそうした規制的対応・政策における世界的協調が実現するには至っていない。この点は，1990年代以降高い成長性を示したIT関連分野や，知的財産権を基礎にした「市場と資源をめぐる競争の新展開」において成果をあげた製薬，バイオなどの一部の産業部門（山崎〔2005〕第10章第4節参照）を除くと，80年代以降製造業部門が国際競争力を低下させてきたアメリカ経済にとっての1つの重要な生命線が金融部門にあるという同国の経済構造を反映したものでもある。それだけに，こうした問題への対応が十分になされることなく，その影響は，企業にとっても消費者にとっても，一層深刻なものとなっている。

以上のような現代資本主義の「架空性」は，ことに金融グローバリゼーションに最も典型的に現れているグローバリゼーションの動きの産物であるとともに，アメリカが主導する新自由主義的・市場原理主義的政策とそのイデオロギーを体現するグローバリズムの産物であり，1つの結果でもある。そうした中で，今日の企業は，まさに現代資本主義の実体経済的な「現実」と，金融的利害の肥大化という原理のもとでの「架空性」の中にあるといえる。

こうした資本主義的なあり方の限界性は，2008年に一気に深刻なかたちで

決定的に露呈したアメリカの金融危機とその影響の世界的な拡大・深刻化，実体経済への深刻な影響の広がりによって証明される結果となっており，そうしたなかで，事実上，アメリカをモデルとする資本主義のタイプ・あり方の限界性・破綻が決定的となってきたともいえる。そのような状況のもとで，現代資本主義のこうした「架空性」を最も体現している金融経済的部門，活動に対する規制の強化の必要性の認識が強まってもきている。

4 企業経営の今日的展開とその新しい特徴

以上の考察において，1990年代以降のグローバル段階にある現代資本主義の変化，現代資本主義の「架空性」が企業経営に及ぼす影響・作用についてみてきたが，次に，現代資本主義の「現実」の中での企業経営の問題として，主要な現象を取り上げて考察を行うことにする。今日の企業の経営行動を「企業経済の経営学」の視点からみた場合，企業のグローバル展開や企業結合の新たな展開などが企業の経済過程分析の1つの根幹部分をなすといえる。それゆえ，ここでは，これらの問題についてみておくことにしよう。

1 経営のグローバル化の基本的特徴と意義

まず経営のグローバル化の問題についてみることにするが（この点については より詳しくは，山崎〔2005〕第1章第4節，第2章第1節1，第8章参照），ここでは次の3つの点が重要な問題となってくる。すなわち，①1990年代以降の経営のグローバル化と呼ばれる現象がかつての「**多国籍企業**」と呼ばれた時代や80年代のように経済の国際化と呼ばれた段階の企業経営の国際展開と比べどのような変化，質的に新しい性格がみられるのか，②そうした経営展開のありようは企業の利潤追求メカニズム，蓄積構造にどのような変化をもたらすものであるのか，③それに伴い競争構造にいかなる質的な変化がみられるのかとい

多国籍企業：本拠をおく国以外に複数の国で事業の拠点を所有あるいは支配し，生産，販売，調達，研究開発，経営管理などの活動を行う企業のことであり，国外にある全子会社を統轄して企業全体としての利潤の極大化を世界的に追求する企業のことをいう。

う点である。

　まず①に関してみれば，1990年代以降の経営のグローバル化という現象の基本的指標は，生産，販売，開発などの拠点の国外展開というかたちでの進出先の国の数や拠点数がたんに増加するという量的問題ではない。それは，購買や開発をも含めた世界最適生産力構成を，高度に多角化した巨大企業における特定の市場地域向けの特定製品あるいは工程にてらして確立している点，すなわち一企業・企業グループ内の購買や開発を含めた世界最適生産力構成による経営展開という点にある。またそのような世界最適生産力構成の構築が北米，EU，アジアといった地域完結のかたちで進められていることも特徴的である。しかもその際，内部化（自社資源の利用）を基礎にしながらも非内部化（外部資源の利用）をも組み合わせるかたちでの世界最適生産力構成による経営展開が推進されているという点が特徴的である。こうした経営展開は前述第2節第1項でみた1990年代以降の資本主義のグローバル段階における変化，ことに競争関係の複雑性・多様性への対応の1つのあらわれでもある。ただ，その場合でも，製品別の，また部品の種類や工程別の生産力の世界的な最適配置・配分の余地の大きい加工組立産業とそのような可能性の低い例えば鉄鋼業のような生産財産業・装置産業とでは，世界最適生産力構成というかたちでの経営のグローバル展開のあり方，その条件も大きく異なってこざるをえないという点も重要である。

　また上記②の企業の蓄積構造の変化に関しては，そのようなかたちでの経営のグローバル展開に伴い，巨大企業の利潤追求メカニズムが国内生産・国内販売・輸出を基軸とする国内型蓄積構造とその補完策としての国際化から世界最適生産力構成による経営のグローバル展開とそれを基礎にした「グローバル蓄積構造」へと変容してきたという点に，質的変化がみられる。すなわち，グローバル企業にとっては，生産・購買・開発がどこで行われるかということそれ自体が単純に問題なのではない。獲得される利潤が国際連結会計あるいは国外の現地法人からの配当，国外の現地法人の資本蓄積などのかたちで本国の企業・企業グループの手中に収められる限りにおいて，本国での生産である必要は必ずしもなく，その企業・企業グループの手による生産というかたちでの世

界最適展開こそが問題となっている。例えば日本の場合でいえば、「MADE "IN" JAPAN」(日本での生産)である必要は必ずしもなく、利潤極大化を実現しうる「MADE "BY" JAPAN」(日系企業による生産)というかたちでの世界最適展開こそが問題となっているのである。

　この点は上記の③の競争構造の変化とも深く関係する問題である。そのような企業の蓄積構造の変化に伴い、世界最適生産力構成でのコストの徹底した引き下げによる最適化を基礎にした利潤追求を推進する巨大企業間の熾烈なグローバル競争へと、競争構造が変化してきた。そのような競争構造のもとで、今日、巨大企業は、それに対応するかたちで世界最適生産力構成による経営展開とそれを基礎にした利潤極大化をめざして経営のグローバル展開を余儀なくされるという状況にある。

　こうした状況は、特に自動車産業のような加工組立産業において最も顕著にみられるが、そのような変化の中で、いわゆる「勝ち組企業」と「負け組企業」との差がより明確にあらわれてきているだけでなく、他の関連産業に及ぼす影響も大きい。例えば自動車企業の北米、EU、アジアにおける地域完結型の生産力の最適構成の構築というかたちでの経営の国外展開に伴い、自動車部品工業においても、その最適生産力構成の一翼を担うかたちでの生産力の最適構成が求められている。また自動車企業による特定の鉄鋼企業への集中大量発注の動きやそれに対応しうる供給体制の整備への要求などにもみられるように、加工組立産業の経営のグローバル展開とそれに伴う競争構造の変化は、素材産業部門の経営展開、競争構造・競争関係にも大きな影響を及ぼすものとなっている。

　いわゆる「メガ・コンペティション」と呼ばれるグローバル競争の新しい特徴、内実はこのような競争構造の変容に示されており、この点こそが、経済のグローバリゼーション、経営のグローバル化と呼ばれる今日的状況を示す特徴的な変化となっている。中小企業やその地域経済の問題、雇用や就業形態の変化などにみられる深刻な問題も、こうした世界的な競争構造の変化とそのことがもたらす国内の経済、企業行動への作用の総体の中で規定されているという面が特に重要である。

以上のような意味において，今日の経営のグローバル化と呼ばれる現象は，かつての「多国籍企業」と呼ばれた時代や1980年代のように経済の「国際化」と呼ばれた段階の企業経営の国際展開と比べても質的に新しい性格をもつものとなっている。

　ただ経営のグローバル化の進展は，経済のグローバリゼーションの動きとともに，EU，NAFTAなどにみられる地域経済圏の形成，地域保護主義などいわゆるローカリゼーションへの対応として生産拠点の移転，現地調達などが進んでいるという側面もみられる。そうした地域経済圏の形成のもとで，域外企業にとっては，世界最適生産力構成による経営展開は，域内企業に比べ不利な競争条件での進出，経営展開を余儀なくされることへの1つの対応でもある。EU，NAFTAというブロック的広域経済圏の形成に伴い，日本の多国籍企業はそれら域内での多国籍性，すなわち「複数国にまたがって事業を展開することで得てきた優位性」が次第に失われる結果となり，それに代えて「統一的で同質的な巨大市場からの利益を享受するための対応」に迫られることにもなった。アジアでの経済統合，複数国家を包摂する経済共同体の形成（リージョナル化）の複雑性と遅れのために，同地域でのリージョナル化よりも北アメリカ，ヨーロッパなど進出先での企業の現地化と多地域的展開であるマルチリージョナル化を先行させるという逆転現象もみられた（藤本光夫〔2000〕「マルチリージョナル企業の生成　21世紀世界経済の主役（リーディング・スター）」藤本光夫編著『マルチリージョナル企業の経営学』八千代出版，1，12頁）。こうした現象もそのような状況を反映したものであるといえる。

　しかしまた，ことにアジアにおいて例えばEU，NAFTAに匹敵する自由貿易地域経済圏をもたないという状況が，日本企業にとって世界最適生産力構成による経営展開での対応を欧米の企業に比べても一層必要かつ重要なものにしている。すなわち，日本にとっては，アジア地域のなかでそのような地域経済圏の形成による有利な輸出条件を十分に確立することができてはおらず，アジア地域への欧米企業の進出に対しても自らにより有利な条件を築くことができていない状況にある。他方欧米への輸出のための条件はEU，NAFTAなどの形成によって厳しくなってきている。それだけに，日本企業にとっては，そう

した状況への対応として，それらの地域，経済ブロック単位内での自己完結＝地域完結型経営の利点を生かしたかたちでの世界最適生産力構成による経営展開，それを基礎にした世界戦略＝利潤追求の推進が，一層重要な意味をもつようになっている。

とはいえ，そのような経営のグローバル展開はまた大きな矛盾をはらむものであることも露呈してきたといえる。すなわち，世界最適生産力構成による経営のグローバル展開によって固定費が大きく増大し，損益分岐点を示す必要稼働率が上昇するなかで（『日本経済新聞』2008年12月12日付，2009年1月15日付参照），またアメリカ発の金融危機に端を発した深刻な不況による市場収縮の世界的な連鎖のもとで，こうした経営のグローバル展開は大きな限界性を抱えるものともなっている。

2　1990年代以降の企業集中と企業提携の新しい意義
①1990年代以降の企業集中の展開とその特徴

また1990年代以降の企業集中と企業提携の新しい意義についてみることにしよう（この点についてより詳しくは，山崎〔2005〕第9章および第7章第6節2参照）。この時期には，吸収・合併による世界的な企業の再編に伴い大企業の一層の巨大化，市場支配力の強化が進んだ。旧ソ連東欧社会主義圏の崩壊と同地域の市場経済化や，中国，ベトナムなどアジアの社会主義国の市場経済化の進展などによる資本主義陣営にとっての市場機会の拡大と競争の地球規模化のもとで，また世界的な過剰供給構造と競争の激化のもとで，1990年代半ばから末にかけてM&Aブームとも呼ばれるかつてない規模の世界的な企業の吸収・合併の大きな動きがみられた。そこでは，国境を越えたクロスボーダー的な合併・結合が顕著になってきた。ことに1990年代以降のアメリカにおける長期的な株式市場の上昇を基礎に，現金ではとても調達できないような巨額のM&Aが株式交換型合併によって可能となったことも，この時期の大規模な企

M&A：企業の合併・買収のことであり，その目的には経営多角化，経営合理化，産業再編成（業界再編）などがある。また相手企業の合意の如何によって友好的M&Aと敵対的M&Aとに分けられる。

業集中を促進する重要な要因として作用したといえる（上田慧〔2002〕「生産のグローバル化とM&A」『経済』No.80, 17頁；上田慧〔1999〕「第5次企業合併運動とクロスボーダーM&A」『同志社商学』第51巻第1号, 480頁）。

　1990年代に入ってからの今日の合併は，グローバルな支配の達成をめざすものであり，それまでのいわば国家規模での支配的な企業の創出とは異なっている(P. Martin〔1998〕"Going on mergers: Today's takeovers say more about the weaknesses of companies than their strengths", *Financial Times*, 1998. 12. 22）。この時期の「国境を越える合併」は，大競争下での過剰供給構造と価格競争の激化の中で，国際寡占体のシェア競争の激化を防ぐべく，巨大企業同士の協調によってライバル間の合併を推進して「規模の経済」を達成しつつ，「生き残り可能な一握りの寡占体のクラブ入りをはかろうというものである」。「1990年代後半になって本格化し始めた国際合併は，国際寡占のグローバル企業化の段階の産物」（奥村皓一〔2007〕『グローバル資本主義と巨大企業合併』日本経済評論社, 82, 84頁）であり，「現代世界資本主義における寡占体制の新段階の実体的表現」であるとされている（奥村皓一〔2000〕「グローバル市場競争下の『国境を越えるM&A&A（買収・合併・提携）（下）』」『関東学院大学経済経営研究所年報』第22集, 213頁）。

　UNCTADの報告によれば，1990年代の10年間には国際生産における増大の大部分がグリンフィールド投資よりはむしろクロスボーダーM&Aによるものであり(UNCTAD〔2000〕*World Investment Report 2000: Crossboder Mergers and Acquisitions and Development*, United Nations, p.10），1997年にそのようなM&Aが急増している。大規模なM&Aは銀行，保険，化学，医薬品，情報通信などの部門に集中しており，そのような集中によってリストラクチャリングが推進された点や，自由化，規制緩和がM&Aの著しい増加の1つの主要因になっているという点にも特徴がみられる（UNCTAD〔1998〕*World Investment Report 1998: Trend and Determinants*, United Nations, pp.19-23）。こうしたM&Aの急増は，この時期の**直接投資**の著しい増大をもたらした大きな要因の1つとなっ

直接投資：国外の生産拠点や販売拠点などの設置やその他の直接的な経営支配を目的とする対外投資
　のことであり，投資先の企業の経営権や支配権を伴う投資をいう。

たが（UNCTAD〔1998〕p.19；UNCTAD〔2000〕p.3），例えばJ. H. ダニングは，クロスボーダーM&Aは多国籍企業による戦略的資産追及型の直接投資の活発化を意味するものであるとしている（J. H. Dunning〔1997〕*Alliance Capitalism and Global Business*, Routledge, pp.45-47 参照）。

②企業提携の新しい展開とその意義

このような集中化の進展に伴い，グローバル競争のもとで，従来の国内市場における「寡占」競争が世界市場における「ビッグ3ないし5」といった「世界的寡占」体制に転化しつつあること，またそこでは，「協調しながら競争するという重層的な展開が大量化している動き」に今日的特徴がみられる（上田〔2002〕17頁；上田〔1999〕465頁；「グローバリゼーションと現代資本主義　討論」『経済』No.80, 2002年5月，47頁）。そこでは，「企業提携による協調」というかたちでの競争の抑制，そのような協調をふまえた競争の新たな展開，様々な領域での相互補完的関係の構築による競争力の強化が，企業の重要な戦略的対応課題となってきている。歴史的にみると，第一次から第四次までの企業集中運動にみられるように，巨大企業の独占的再編において，トラスト＝企業合同（合併）という形態での企業集中が大きな役割を果たしてきた。しかし，1990年代以降，合併とともに，企業提携がそれまでにない重要な意義をもつようになってきた。企業提携は，今日，必ずしも資本投下を伴わない再編手段として，またリストラクチャリングや合理化のための手段，市場支配の手段としても，一層大きな役割を果たすようになってきている。

企業提携は，競争関係にある企業同士や企業集団・企業グループを超えて，同一産業内のみならず産業を超えて，また国際提携と呼ばれるように国境を越えて，さらに高度に多角化した今日の巨大企業の特定の事業領域・分野あるいは特定の職能的領域においてなど，合併や持株会社方式などと比べてもより広い範囲にわたって展開されている。企業提携は，これらの企業結合形態と比べてもかつてない大きな役割を果たすようになっているといえる。またその目的をみても，「80年代前半までの技術導入や，生産委託を目的とした実務型提携や，貿易摩擦，特許紛争の回避を目的とした政治的提携を超えて，コスト分担や，標準化を目的とした相互補完型の提携が増加している」（各務洋子〔1999〕

「国際企業間戦略の理論」菅谷実・高橋浩夫・岡本秀之編著『情報通信の国際提携戦略』中央経済社，14頁)。そうした相互補完については，地域の補完性，技術・能力の補完性，製品レンジの補完性などにみることができる（浅川和宏〔2003〕『グローバル経営入門』日本経済新聞社，230頁）。

　直接投資の場合には経営資源が資本と一体となって移転するのに対して，提携の場合には経営資源の一部だけが資本とは切り離されたかたちでも移転しうるが，1990年代以降の国際提携では対等な企業の間での経営資源の相互補完的な利用が多くなっている（長谷川信次〔1998〕『多国籍企業の内部化理論と戦略提携』同文舘，33, 35頁）。企業にとっての提携という選択肢は，「独自に行なう代わりに，他の企業と連帯して活動を行なうための手段」であり，「配置の手段」(M. B. Fuller, "Coalitions and Global Strategy," M.E.Poter (ed) 〔1986〕*Competition in Global Industries*, Harvard Business School Press, p.321〔土岐坤・中辻萬治・小野寺武夫訳〔1989〕『グローバル企業の競争戦略』ダイヤモンド社，297-298頁〕）として一層重要な役割を果たすようになっている。

　そうした中で**戦略的提携**と呼ばれるように，企業提携のもつ「戦略性」とその意義が大きく高まってきた。一般に戦略提携という現象は1980年代，特にその後半以降に出現したとされている（松行彬子〔2000〕『国際戦略的提携　組織間関係と企業変革を中心として』中央経済社，205頁；内田康郎〔1997〕「国際的な企業間提携にみる戦略的性格の形成と成長」『横浜国際開発研究』（横浜国際大学）第2巻第1号，107頁；竹田志郎・内田康郎・梶浦雅己〔2001〕『国際標準と戦略提携　新しい経営パラダイムを求めて』中央経済社，34-35頁；山下達哉〔1995〕「国際戦略提携の理論化への手がかりを求めて」『富士論叢』（富士短期大学）第40巻第2号，79頁；徳田昭雄（2000）『グローバル企業の戦略的提携』ミネルヴァ書房，第1章など参照）。しかし，1990年代以降になると，企業の外部的な環境の変化は，すべての経営資源を自前で確保し事業を展開していくことが柔軟な経営活動の展開を困難にするとともに，リスクを自社ですべて負担せざるをえないと

戦略的提携：たんなる業務上の提携ではなく自社の経営戦略の実現のために他社の経営資源の獲得・利用をめざして行われる提携のことであり，一般に経営資源の相互補完による競争優位の確保を目的とした提携のことをいう。

いう内部化のデメリットを回避しなくてはならない方向ですすんできたといえる（内田〔1997〕95頁）。また他企業のもつ膨大な経営資源のうち必要な部分のみを手に入れることができ経営資源の分散やそれによるコア・コンピタンスの喪失を招きにくいという利点をもつ提携（佐久間信夫〔2004〕「提携の戦略」佐久間信夫・芦澤成光編著『経営戦略論』創成社，125頁；長谷川信次〔1995〕「国際企業提携の理論的考察」江夏健一編著『国際戦略提携』晃洋書房，46頁）という企業結合形態の利用が，重要な意味をもつようになっている。竹田志郎氏は，この時期には旧社会主義圏への資本主義企業の本格的参入や経済の地域的統合化による市場のブロック化とともに欧州，日本，NIEs諸国の多国籍企業の成長を背景とする国際競争の激化による非価格競争から価格競争へのシフトがみられたとされている。同氏はまた，可変的で複雑な製品ミックスを求める顧客選好のグローバル化のもとで，「多国籍企業間の競争はグローバルな市場セグメントに見合うマーケティングミックスを基にする価格競争が主軸となってきたことを意味する」と指摘されている（竹田志郎〔1998〕『多国籍企業と戦略提携』文眞堂，53，199頁）。

　しかし，第2節でみたように，1990年代以降，各国およびそこにおける企業の競争力・競争優位についても産業部門間，事業分野間，製品分野間やビジネスプロセス間において差異がみられるようになるなど，資本主義のグローバル段階における変化の1つの重要な面は，そのような差異に規定された競争関係の複雑性・多様性の中にみることができる。そのような状況のもとで，日米欧の先進資本主義国の巨大企業であっても，その産業部門，事業分野，製品分野あるいはビジネスプロセスのすべてのところで他社と比べ優位な経営資源を確保すること，競争力・競争優位を自前で賄っていくことが一層困難になってきている。この点にこそ企業結合における1990年代以降の新しい動きを生み出す主要な動因がみられる。そうした状況の変化への1つの対応として，企業提携が一層重要な意義をもつようになってくるとともに，1980年代にみられたのとは異なる多様性・複雑性をもって展開されざるをえなくなっている。

　今日の企業提携のそうした多様性・複雑性は，例えば次のような点にそのあらわれの一端をみることができる。すなわち，国際提携による協調企業間での

地域的な市場面での棲み分け・市場の配分（分割）。利益のあがりやすい地域や分野（事業分野・製品分野）への直接投資を重視しながらも利益のあがりにくい，あるいは市場規模の小さい地域・分野への進出には提携（合弁を含む）をおりまぜた展開をはかっているという傾向。利益の上がりやすい市場の大きな地域についても直接投資が有効な領域（価値連鎖からみて）には自前展開をはかりながらもそうでないところでは提携を組み込むという動き。開発など一領域の中でも自前展開と提携をおりまぜるという動きなど。このように，今日の企業提携にみられるこうした多様性・複雑性，戦略的意義の一層の高まりは，本質的には，1990年代以降の世界資本主義の競争おける関係性の変化に規定されたものであるとともに，当初から提携を組み込んだかたちでの戦略展開となっている場合も多くみられるようになってきている。これらのことは，今日の企業提携が1980年代のそれと比べても質的に新しい性格をもつ現象となっていることを示すものであるといえる。それだけに，本節第1項でみた世界最適生産力構成の構築というかたちでの経営のグローバル展開においても，戦略的提携を基礎にした企業間のネットワーク的展開やアウトソーシングなどにみられるように，内部化（自社資源の利用）を基礎にしながらも非内部化（外部資源の利用）をも組み合わせるかたちでの最適展開とそれに基づく利潤追求の推進が徹底してはかられてきている。

　またIT革命のもとでの情報技術を基礎にした経営展開の進展も，今日提携が大きな意味をもって展開されている重要な1つの要因をなしている。情報技術の利用によって「距離と時間の制約」が大幅に縮小されたことで組織のネットワーク化が容易となり，経営資源の連結可能性が拡大されている。それを基礎にして，今日，生産，販売，購買，開発などの企業の基本的職能領域・活動の合理化・効率化だけでなく，ビジネス・プロセス全体の有機的なシステム化による効率化が追求され，企業全体に及ぶ効率化・最適化の追求というかたちでの経営展開が推進されている。「IT革命により，時間・場所を超えたコントロールやコミュニケーションが可能になり，従来では考えられなかったネットワークの構築が可能となった」のであり，「自社の各部門，他社との連携を従来よりもダイナミックに構築することが可能になった」（吉田史朗〔2002〕「企

業の提携・アウトソーシング戦略」『電子材料』第40巻第9号，35頁）。そのため，今日の提携においては，「企業内だけでなく企業間でもネットワーク・システムが構築され，メンバーは同じ情報をリアル・タイムで共有でき」，「その結果，開発，製造，販売，物流の連携が可能になり，開発から販売までのリード・タイムが短縮されている」（中田善啓〔1995〕「情報通信技術の革新と戦略的提携」『季刊　マーケティングジャーナル』第55号〔第14巻第3号〕，18頁）という点が大きな意味をもっている。

　経営のグローバル化，企業結合の今日的展開にみられる以上のような企業の経営行動は，第2節第1項で指摘した世界と各国の資本主義における競争関係・競争構造の複雑性にみられる資本主義の変化への生産力的側面での対応のあり方，可能性を示すものである。

5　企業経済と「社会と企業」の問題をめぐって

　これまでの考察において，資本主義のグローバル段階の変化と現代資本主義の「架空性」の問題がもたらす企業経営への影響，さらに企業経営の今日的な展開についてみてきた。激しいグローバル競争と現代資本主義の「架空性」という作用要因，その経済的影響はまた，「社会と企業」との関係においても，様々な深刻な問題を生起させる原因ともなっている。それゆえ，最後に，現代の企業を考える上での基軸として，「社会と企業」の相互関係の問題についてみていくことにしよう。

1　「社会と企業」をめぐる問題と企業の社会的責任

　「社会と企業」をめぐる問題は，社会の構成主体である労働者，消費者，広くは市民・国民を主権とした経済社会の実現の必要性，目標という点にかかわっている。企業の社会性・公共性にかかわる諸問題については，その集約的表現として**企業の社会的責任**（CSR）とともに，企業の所有者や広く利害関係者（ステークホルダー）の立場から経営者の行動を監視するコーポレート・ガバナンスの問題がある。ここでは，紙幅の関係から，企業の社会的責任の問題

との関連で「社会と企業」の問題をみていくことにする。

　企業の社会的責任，経営者の社会的責任を問題にする議論は日本でもすでに戦後になってみられたが，1990年代以降のこうした問題の高まりの背景には，企業の不祥事による反社会的行為の頻発，地球環境問題の深刻化などのもとでの「持続可能な社会」の構築の必要性・緊急性がある。CSRへの対応が企業の存在・存続のための前提条件となってきているという点に，この問題の今日的な特徴がみられる。例えば企業の不祥事の問題をめぐっては，その背景には，上述のような資本主義のグローバル段階における競争構造の変化と資本主義の「架空性」の作用のもとで企業経営，企業の資本蓄積に対する制約的条件が規定されているという関係性が存在しており，それはCSR問題を世界的に必然化させる規定要因ともなっている。その意味でも，企業の社会的責任として問われている事柄に対して，こうした規定要因との関連でその問題の性格，本質を明らかにしていくことが重要である。

　企業の責任はだれに対してのものか，その責任とは何かという問題をめぐる1つの提起として，イギリスのキャドベリー委員会とハンペル委員会のそれがある。そこでは，企業の責任を株主に対してのものと株主以外の広く利害関係者のものとに分け，前者については説明責任として，後者については利害関係者との関係に責任を負うというかたちでの社会的な責任としてとらえられている（A. Cadbury〔1992〕*Report of the Committee on the Financial Aspects of Corporate Governance*, Gee, pp.16, 48-49［八田進二・橋本尚共訳〔2000〕『英国のコーポレート・ガバナンス』白桃書房，25-26, 63-65頁］; Committee on Corporate Governance〔1998〕*Final Report*, Gee, p.12［八田・橋本共訳〔2000〕180-181頁］）。株主に対するCSRが説明責任として理解されることには，出資者（資本所有者）としての株主の法的権利が経済的な請求権というかたちで存在し，それゆえそうした権利に対する企業の責任としての説明責任が重視されるという必然性が存

企業の社会的責任（CSR）：企業の社会に対する責任のことであり，企業が社会からの要請に応答することである。その内容は多様であり，経済的責任や法的責任のほか社会貢献責任，倫理的責任なども含まれる。しかし，現実には，企業の自由裁量による自主的な努力では社会的な責任を果たせているとはいえず，国連のグローバル・コンパクト（第6章参照）のような取り組みや国内法などによる何らかの規制も必要となってくるという面も強い。

在している。この点，有限責任制に基づく株式会社では出資者の責任がその出資額にとどまるということの裏返しでもあり，出資分の責任にみあう株主の権利に対する説明責任にとどまり，資本主義制度に即した企業の責任ということになろう。その意味でも，本来のCSRは，株主に対してだけでなく広く企業の利害関係者，社会に対するものということになり，経済的利害にかかわる請求権，それに対する説明責任のレベルにとどまらない社会的問題として現れくることになる。それだけに，企業自身の自主的・主体的な取り組み，活動だけでなく，むしろ企業がその社会的責任を遵守する経営行動を展開するように導くあるいは制御しうる仕組みをつくっていくことこそが，CSRの本質的問題となる。

[2] 企業の社会的責任をめぐる問題の分析視点

つぎに，企業の社会的責任をめぐる問題の分析の視点についてみておくことにしよう。CSR遵守の経営へと導くための手段としてはいくつかの異なる手段がありうるが，有力な手段の1つが社会的規制に求められることになる。こうした社会的規制のあり方，その意義をめぐっては，1つのモデルとしての存在をなすものにEUのそれがある。EUを舞台とするヨーロッパのCSRにおいては，EU当局による政策が重要な役割を果たしており，その主導性が発揮されている。この点は，特にEU委員会によるCSRの提起とそれに基づく会議，EUサミット等による取り組み，ヨーロッパ協議会による取り組みなどによるCSRの枠組みづくりにみられる。こうしたEUの取り組みにおいては，競争力の確保と持続可能な発展が重視されている（F. Perrini, S. Pogutz, A. Tencati〔2006〕*Developing Corporate Social Responsibility. A European Perspective*, Edward Elgar, pp.13-19参照）。

ただこの点をめぐっては，EU企業の経済圏としての域内貿易の比重の高さ（加盟27カ国全体でみた2006年の商品貿易の域内比率は約3分の2となっており，域内比率の最も低いイタリアでも約60％，最も高いチェコでは約85％にのぼっている）（European Communities〔2008〕*Eurostat Yearbook 2008——Europe in Figures*, Office for Official Publications of the European Communities, p.368）にみられる

ように，市場構造のヨーロッパ地域，EU地域への偏重という事情が大きな意味をもっているといえる。各国資本主義のそのような再生産構造にも規定されて，グローバリゼーションのもとでの世界的な動きの中でも，また一国レベルとしてではなくEUというより広いレベルでも，社会的規制の枠組みが有効に機能しうる条件が存在している。この点にも，CSR問題をたんに企業行動の制御にかかわる制度的問題や社会的規制の問題としてのみならず経済過程からその根底において把握することの必要性と重要性が示されている。

　また社会的責任投資（SRI）などを基礎にした市場をとおしての規律づけの方法が指摘されており，そうした方法の重要性が主張されている（谷本寛治編著〔2004〕『SRI　社会的責任投資入門：市場が企業に迫る新たな規律』日本経済新聞社）。しかし，その場合でも，企業価値・株主価値をめぐる上述の問題性，したがって企業価値・株主価値重視の経営を求める動きはSRIと対立的・二律背反的な関係にあるという面もみられる。機関投資家によるSRIには，本質的に，そのような矛盾性がはらんでいるといえる。企業価値・株主価値重視の経営というあり方と企業の社会性への要求・圧力の動きとは，本来的に相容れない性格をもつものであるともいえる。また株式市場全体に占めるSRIの部分の割合がなお小さいことや，反社会的結果を生んだ企業がSRI評価機関やSRIを行う主体によって投資不適格とされることによって制御される可能性はあっても，それはむしろ排除原則的効果であり，逆に企業にCSRへの十分な対応を迫る決定的な契機となりうる条件としては十全ではない。しかしまた，企業の調達条件においてCSRの基準の組み込みの動きや，「市場における経済的行為のベースにCSRが組み込まれていくことによって，市場に新たな規範が形づくられ，企業の評価の基準が変化していく」ことは重要な意味をもつことになろう（谷本寛治〔2006〕「企業の社会的責任（CSR）の評価と市場」日本比較経営学会編『会社と社会　比較経営学のすすめ』文理閣，220，228-233頁）。

　また「CSRは企業価値そのもの」（谷本寛治・海野みづき〔2004〕「社会的に責任のある企業を求めて」谷本編著〔2004〕307頁）としてCSRの経営戦略的意義を強調する見方もみられ，そこでは財務的な面のみならず社会的・環境的側面に対する評価も含めたトータルな企業価値の向上が問題となる（谷本寛治

〔2004〕「新しい時代のCSR」谷本寛治編著『CSR経営　企業の社会的責任とステイクホルダー』中央経済社，16頁）。しかし，やはり企業価値として今日第一義的に問題とされているのは財務的な価値であり，そうした観点からみれば，消費者・購買者からのCSRに対する高い評価が彼らの購買行動に強く反映するかたちで収益向上につながり，そのことが株価の上昇を長期的に可能にするような場合を除くと，株式市場全体に占めるSRIの比重の問題もあり，CSR重視の経営が長期的に企業価値の向上に直接つながる可能性は必ずしも高いものではない。この点は，機関投資家とはいってもSRIの観点での投資もやはり比較的短期のキャピタルゲインの追求を軸としたものとならざるをえないという限界を本来もっているということによっても規定されている。

　もはや制御不可能に近い状況にまで至っている現代資本主義の「架空性」を体現している今日の市場社会のもとでは，企業価値・株主価値重視の経営という方向性とCSR，そのための1つの手段としてのSRIとはいわば「諸刃の剣」の関係にあるともいえる。同時にまた，現実には企業の圧倒的大部分が非上場企業であり，これらの企業でもCSRに反する経営行動がみられるわけで，その意味でも，SRIの方法によるCSRへの企業の誘導，規律づけには大きな限界があるといわざるをえない。

　もとより，経営学のレベルでも，その科学的研究には，企業・企業経営や現代資本主義経済社会のしくみや構造の認識のための「認識科学」と，企業・企業経営，現代資本主義経済社会のあり方をめぐっての問題解決策の探求のため「政策科学」とが存在しうる。「社会と企業」，CSRの問題は，すぐれて政策科学的研究が重要な意味をもつ性格の問題領域であるといえる。そこでは，「『企業の社会的病理』を引き起こしている要因分析とともに，それらの諸問題の『解決』（方向性の提示），さらに活動・制度・システムの望ましいあり方の探求」という3点が課題となる。すなわち企業の社会的病理の実態の解明（政策課題），望ましい改善されたあり方とその目的達成の道筋の解明（政策立案），政策実現のために利用しうる政策資源を明確にすることが中心的課題となる（渡辺峻〔2003〕「企業社会と政策科学――経営学における認識と政策についての覚書」太田進一編著『企業と政策――理論と実践のパラダイム転換』ミネルヴァ書房，

▶▶ *Column* ◀◀

経営学とはどのような「科学」なのでしょうか

　経営学とは一体どのような学問なのでしょう。「科学」は大きく人文科学，社会科学そして自然科学の3つに分けられますが，経営学は社会科学に属しています。社会科学の基本的な課題は，複雑な現代社会のしくみや特徴，そのあり方を究明するという点にあります。社会にはいくつかの諸側面があり，それに対応するかたちで社会科学の体系が存在しています。例えば法社会という側面には法学・政治学が，経済社会という側面には広く経済科学，より具体的には経済学・経営学・商学が存在するといった具合です。

　しかし，「科学」として成立するためには一定の条件が必要となります。例えば自然科学は，自然界に作用する様々な現象を規定している関係性・法則性を解明するものであり，有名な例としてニュートンの万有引力の法則やメンデルの遺伝の法則などがあげられます。ニュートンの場合には，「なぜ地上ではりんごが落ちるのか」という問いに対して，「引力」という人間の目には見えない力関係・法則がはたらいていることを解明するものでした。この例からもわかるように，ある現象や事象をそのような状態にさせている「目に見えない関係」を明らかにすることにこそ，科学の課題と意義があるといえます。

　それでは，経営学の場合はどうでしょうか。経営学の生成以来，経営学が「科学」であるのか「技法」であるのかという問題や科学性をめぐる議論がなされてきましたが，経営学では，企業の経営という人間が営む行為について，そのような関係性・法則性を明らかにすることが重要となります。例えば管理の方法や組織の形態のどこをどう変えることで労働の能率や組織の効率がどのように向上したのか，また労働のあり方がどう変化したのかなど，ある現象や事象にひそむ目に見えない因果関係・メカニズムをとらえていくことが，科学的分析にとって重要となります。しかしまた，資本主義の社会のもとでは，利潤追求を目的とする企業の活動には，その担い手である人間の手を離れてそのありようを規定する経済的な関係も作用しています。本章での分析は，現代資本主義といういわば「海」の歴史的変化との関連の中で企業（「船」）の経営を分析することによって，本来経営者や管理者などの主観的な意思決定の結果として現れる企業の経営を，彼らの「主観性」・「意識性」という問題をこえて客観的に理解しようとするものなのです。

27-28頁)。

　しかしまた，例えば本章で考察したグローバル段階の資本主義における競争構造の変化や「架空性」の問題がもたらす結果として，本書の後の章で考察がなされるようなさまざまな諸問題が今日のようなかたちをとって現れざるをえないようにしている客観的な経済過程の変化をふまえて考察することが，認識科学的領域での解明の基礎をなす。たんに個別的問題・現象の表層部分のみの解明や規範論的なレベルでのあり方の提起にとどまらない問題の本質把握とそれを前提としたあり方の究明が，はかられなければならない。ことに企業およびその経営行動に対する社会的規制の問題をめぐっても，その根拠となるところの経営現象の客観的・科学的認識が重要となるのであり，資本主義の現発展段階に固有の諸特徴，そのことに規定された経営展開の内実とそこにおける問題性の解明，それをふまえた社会的規制のあり方，意義を明らかにしていくことが重要となろう。このように，「企業の社会的病理」として現れる「社会と企業」の関係，CSRの問題についても，企業で働く人間の手を離れてそのような経営行動が規定されている客観的関係を明らかにすること，それをふまえて選択肢となりうる政策的対応のあり方，その有効性について科学的に分析していくことが重要である。

　これまでの考察からも明らかなように，「企業経済の経営学」の視点に立って企業行動をとりまく「目に見えない関係」を分析することをとおして，今日の企業とその経営の現実，また企業がもたらす様々な社会的な諸問題をその根底において規定している経済的関係，経済過程を解明していくことがますます重要となってきている。そうした作業を基礎にしてこそ，われわれの生活と労働，社会を守るための対処，政策の提起が可能になってくるであろう。

[推薦図書]
山崎敏夫（2005）『現代経営学の再構築——企業経営の本質把握』森山書店
　　現代の企業に生起する様々な主要問題を，本章のような「企業経済の経営学」の視点から現代資本主義の歴史的変化との関連の中で考察し，経営学研究の方

法論と今日的なあり方を提起した研究書。

奥村皓一（2007）『グローバル資本主義と巨大企業合併』日本経済評論社
　1990年代以降のグローバル段階におけるアメリカをリーダーとする国境を越える企業買収・合併の戦略的構造の分析をとおして，21世紀型の大企業による寡占体制の支配構造の解明を試みている。

日本比較経営学会編（2006）『会社と社会　比較経営学のすすめ』文理閣
　社会にとってよいことが優先されそのことが企業にとってもよいことであるような「社会と企業の関係」の構築という問題意識から，両者の関係を多面的に考察した書である。

設　問

1．「企業価値」・「株主価値」重視の経営がわれわれの生活や労働におよぼす影響や問題点についてどう考えますか。調べてみましょう。
2．企業経営のグローバル化や現代資本主義の「架空性」の問題と企業の社会的責任との関連について調べてみましょう。

（山崎敏夫）

第2章

過重労働の経営学
——過重労働の根絶に向けて——

　近年，日本では働くことに関する暗い話題が尽きません。例えば，ワーキングプア（働く貧困層）問題や正規雇用と非正規雇用との間などで生じている労働格差問題，さらには本章のテーマである過重労働の問題などであります。そこで，なぜ今日過重労働が問題となり，その原因はどこにあるのか，などについていっしょに考えてみませんか。企業の人事・労務管理に問題があるのか，それとももっと他の要因があるのか，について分析するとともに，過重労働を一掃する方策についても検討しましょう。

1　過重労働と企業経営

　近年，日本では労働に関わる困難な問題が続出している。具体的にはワーキングプア問題や正規雇用と非正規雇用との間などでみられる**労働格差問題**，さらには本章のテーマである過重労働の問題などである。これらの問題が一挙に噴出してきた背景として，1つには世界的な企業間競争の激化などで日本企業を取り巻く環境が厳しさを増し，それへの対応を迫られてきたこと，とりわけ世界的にみても割高な労働力コストが日本企業の競争力を減退させたことに対して，経営者側が労働力の削減という減量経営で応えたことがあげられる。2つめにはアメリカ発の市場原理主義の台頭に伴う規制緩和の進行により，労働形態の多様化が一挙に進んだことも背景にあると思われる。要するに，ワーキングプアや労働格差などの問題は，世界的規模での企業間競争の激化による労働コストの削減や市場原理主義の台頭による労働面での規制緩和など共通の背

労働格差問題：市場原理主義が浸透する中で，労働形態の多様化が進み，労働者間で賃金など処遇面での格差が広がる事態が生じている。とりわけ，正規雇用と非正規雇用との間の格差は大きく，社会問題となっている。

景があるとみることができる。過重労働も同様の背景があるがゆえに，その一掃に向けて企業レベルだけでの対応には限界があり，政府の積極的取り組みも不可欠である。

そもそも過重労働とは，労働者が精神的もしくは肉体的に耐え難い過酷な労働を指し，具体的には限度を超えた長時間労働や精神的・肉体的に過大な負荷がかかる労働などが考えられる。それによって多くの労働者が精神的・肉体的損傷を負って労働不能の状態に陥ったり，さらに最悪の場合には**過労死**に至るなど，近年の日本においても深刻な社会問題となっている。

ところで，この過重労働問題は，資本主義社会誕生以降，どの時代にも共通してみられる深刻でかつ解決が難しい労働問題である。資本主義的企業の経営者は，生産量や労働生産性の増大を図るために，労働者に所定労働時間の範囲内でできるだけ多くの仕事を割り当て，その達成を彼らに強制する。また，場合によっては，違法と承知しつつ，所定労働時間を超過した労働を強制する。それゆえに，過重労働問題は発生する。歴史的にみると，第二次世界大戦前の日本の紡績工場で働く女性労働者（女工）の過酷な労働生活を取り上げた細井和喜蔵のルポルタージュ，『女工哀史』（改造社，1925年）が過重労働の実態を生々しく物語っている。この中では，女性労働者の労働の過酷さが主として取り上げられているが，この時代には男性労働者も同様の状態に置かれていた。

むろん，過重労働は日本企業に特有のことではない。アメリカ企業においても，古くからこの問題は存在していた。約1世紀前の管理の近代化の中で登場した科学的管理の実践において，労働者側がその導入に反対した主な理由は，過重労働の問題であった。日本では第二次世界大戦前には労働者を保護する労働法が整備されておらず，アメリカでも1935年に全国労働関係法（National Labor Relations Act），通称ワグナー法が成立するまでの間，労働者は無権利状態に置かれており，ある意味では過重労働が常態化していたといえるであろう。しかし，第二次世界大戦後は日本でも労働者を保護する法律が整備されたこと

過労死：長時間にわたる残業や過酷な労働を長く続けることによって，疲労が蓄積した結果，体力が回復しないままに体が衰弱して死に至る状態を指している。過労自殺を含めて大きな社会問題となっている。

や，労使関係の変化に伴い経営者が労働者に対して強権を発動できなくなったこともあって，過重労働それ自体が問題にはあまりならなくなっていた。

　ところが，近年，過労死問題を契機に過重労働が再び大きくクローズアップされてきた。その背景については前述したとおりであるが，近年の日本の企業経営では世界的規模の企業間競争に打ち勝つために労働力の大幅な削減や正規労働から非正規労働への切り換えとともに，年功的処遇から成果主義への転換にみられるような人事・労務管理の再編が進んでおり，その結果として過重労働が頻繁に発生するようになったのである。われわれは世界的規模で激しさを増す日本企業への競争圧力を十分に理解しているが，だからといってこれを助長する企業の労働者管理のあり方を容認するわけにはいかない。そこで本章では，過重労働の本質について経営学の観点から歴史的に検証するとともに，今日の過重労働の実態の考察を通じて，日本企業から過重労働を一掃する方策について検討したい。

2　科学的管理にみる過重労働

　過重労働という言葉を聞いて，経営学を学んでいる者なら誰もがまず思い浮かべるのは経営学の父と呼ばれているF. W. テイラーが考案した科学的管理であろう。

　周知のように，科学的管理は20世紀の初頭に，テイラーが自らの工場労働の経験に基づき，工場作業における能率の向上という課題に挑戦したところから誕生したものである。テイラーは能率の向上を妨げている最大の原因が出来高と賃金をめぐる労使の紛争にあると考え，労使双方が互いに満足する低労務費と高賃金とを両立させる管理手法を考案した。それが科学的管理である。

　テイラーが働いていた工場をはじめとして当時の大半の工場では，労働者側は個々に手を抜くとすぐさま当該個人の賃率を経営者側が引き下げるのを回避する手段として，経営者や現場監督者を欺いて集団で作業速度を意識的に落とす組織的怠業が蔓延していた。一方，経営者側も作業方法の変更や新機械の導入に伴う労働生産性の向上などを口実に労働者の賃率を絶えず下げることで，

組織的怠業に対抗した。そうした出来高と賃金支払とをめぐる労使の対立が続く状況をみて双方が互いに損失を被っていると考えたテイラーは，労働者の労働意欲を喚起し作業能率を上げる方法を模索した。そこで彼は出来高と賃金支払をめぐる労使双方の不満を抑えるには，両者が納得する科学的方法を用いるのが最善だと考えたのである。そのために，テイラーは労働者の作業量を科学的に算定する研究に着手した。それが科学的管理を科学たらしめるストップウオッチを用いた時間研究であった。

彼は，この研究を通じて労働者が1日になすべき標準作業量＝課業を科学的に割り出したのである。続いて，テイラーの弟子であるF. B. ギルブレスは作業の無駄を省き労働能率を向上させる研究に着手した。それが煉瓦積み作業を対象に動作の無駄を徹底的に排除した動作研究である。また，もう1人の弟子のH. L. ガントは，作業を計画的に実施するためのガントチャートと呼ばれる工程管理図を考案した。こうしてテイラーは弟子達の協力を得て，コンサルタントとして自ら考案した科学的管理の手法を各企業に普及することに残りの人生を費やした。

ところで，科学的管理はその科学性ゆえに労使中立を装い客観性を備えたものであるかのようにみえるが，現実には多くの点で経営者側に立脚したものであった。現に科学的管理を導入したほとんどの工場では経営者からは歓迎されたものの労働者や労働組合からはそれに反対する声があがり，その実施を困難にしていた。

労働者側が科学的管理導入に反対した理由は，まさしくその導入が労働者に過重労働を強制する結果をもたらしたからに他ならない。まず，最大の問題はストップウオッチを用いた時間研究による1日の標準作業量＝課業の導出方法にあった。テイラーが時間研究の対象としたズク（くず鉄）運び作業に用いた被験者の労働者は，人並みはずれた体力の持ち主で，いわゆる「一流の労働者」であったため，時間研究の結果から導かれた標準作業量は一般の労働者では到底達成することができない，とてつもなく高い水準に設定されてしまった。さらに，彼は標準作業量を達成した労働者と未達成の労働者とを差別出来高払賃金制度を考案することによって区別しようとしたのである。これは標準作業

量を境にして両者の賃率を低賃率と高賃率に分け，賃金に大幅な格差を設けたものである。ところがテイラーの標準作業量は「一流の労働者」のみが達成できる水準に設定されていたため，ほとんどの労働者は標準作業量を達成できず，低賃率の賃金額しか受け取ることができなかった。その結果，科学的管理を用いる限り標準作業量の達成をめざす労働者に過重労働を強いるのは明らかで，労働者や労働組合が強硬にその導入に抵抗したのは無理もなかったといえよう。

　ロシア革命を指導したレーニンは，社会主義における科学的管理の利用可能性に一方で言及しながらも，もう一方では労働者から汗を搾り出す制度，すなわち「苦汗（くかん）制度」と呼んで批判している。まさに，この言葉に科学的管理が労働者に過重労働を強いる管理手法であることが象徴的に示されている。1911年8月にウォータータウン兵器廠において科学的管理に反対する大規模なストライキが労働者側によって引き起こされたのも，科学的管理の導入によって過重労働を強いられることを彼らが実際に体験した結果に他ならない。このストライキの結果を受けて，アメリカ下院議会でも企業への科学的管理導入の是非が問題となり，1911年末には科学的管理調査委員会が設置された。同委員会は，テイラーなどから意見を直接聴取する公聴会を1911年11月から翌年の2月にかけて開催して，その導入に関する検討を重ねた。その結果，1914年についに連邦議会は科学的管理（時間研究）の禁止を決議した。しかし，その直後に第一次世界大戦が勃発し，戦時体制下でこの決議は棚上げされたのである。

　約1世紀前のアメリカで誕生した科学的管理の実践においてみられた過重労働は，近年の日本企業においても人事・労務管理の実践のなかで形を変えて存在している。そこで，次節では近年の日本企業にみられる過重労働について言及する。

3　日本企業にみる過重労働

　過重労働は，主として限度を越えた長時間労働と精神的・肉体的に過大な負荷がかかる労働とに分けられるが，ここでは日本企業にみられる過重労働の実

態について前者の問題を中心に議論したい。長時間労働による過重労働の最近の事例としては，サービス残業など過酷な残業や「**名ばかり管理職**」の労働実態がこれに該当する。加えて，ここでは非正規雇用にも過重労働が及んでいることについて言及する。

1 長時間労働による過重労働

　日本における過重労働を象徴しているのが「過労死」という言葉である。その「過労死」を生んでいる背景に，過剰な残業を強いるような労働時間を無視して労働者を酷使する経営者側の働かせ方がある。もちろん，法定労働時間は，労働基準法32条において「使用者は，労働者に，休憩時間を除き一週間について四十時間を超えて，労働させてはならない」とあり，さらに「使用者は，一週間の各日については，労働者に，休憩時間を除き一日について八時間を超えて，労働させてはならない」と規定している。むろん，労働組合との取り決め等の例外規定により，残業を課すこともありうる。その場合，残業手当が支給されるのはいうまでもない。

　ところが，サービス残業は残業手当が支給されない労働基準法に違反する不当労働行為である。サービス残業をさせた企業もしくは管理者は処罰の対象になる。こうした罰則規定があるにもかかわらず，サービス残業をさせたとして労働基準監督署から是正勧告を受ける企業は枚挙にいとまがない。例えば，2007年8月には日本最大の宅配業者であるヤマト運輸が，ドライバーにサービス残業をさせたとして大阪南労働基準監督署から是正勧告を受けている。また，2008年6月にはトヨタ自動車がこれまで労働者個人の自発的な活動と位置づけていた「**QC（品質管理）サークル**」を会社の正規業務と認め，生産現場の労働者約4万人に対し残業代の全額支払いを開始する措置を講じている。こ

名ばかり管理職：経営に関わる事柄について何ら決定権ももたず，部下に対する権限ももたされていない管理者のことを指している。ただ，名目的には管理職であるため，残業手当が支給されないことから社会問題となっている。

QC（品質管理）サークル：現場労働者による自主的な品質改善ないしは提案活動である。労働者の自主的な活動であるため，企業は原則関与しないとされている。そのため，労働時間外に実施されるが，客観的にみた場合，企業の関与は明らかである。

のように，これまでサービス残業によって労働者に過重労働を強制していた企業への風当たりも強まっているが，その対応は個別企業の域を出ておらず，問題の根本的な解決には程遠いといえよう。なお，近年労働者が裁判を起こす事例の増加によって抑止がかろうじて働いている状態である。もちろん，残業手当が支給されたにしても限度を超えた長時間労働それ自体が，過重労働であることにかわりはない。

　ところで，長時間労働で過重労働を強いられるのは一般の労働者に限らず，特定の管理者にも広がっている。それが合法的に長時間労働を強いられる「名ばかり管理職」と呼ばれる管理者である。「名ばかり管理職」とは，部下に対する権限をもたないかもしくは権限を名目的に与えられているだけで，実質的には何の権限ももたされていない管理職の総称である。通常，労働基準法41条の適用除外により「事業の種類にかかわらず監督若しくは管理の地位にある者」は労働時間，休憩，休日の規定から除外されており，彼らは所定労働時間を超えて働こうと法律上問題とはならない。この法規定を悪用したのが「名ばかり管理職」である。名目上，管理者の地位につけることによって，経営者側は合法的に無給で長時間労働を彼らに強いるのである。

　この「名ばかり管理職」の長時間労働とそれによる過重労働が問題になったのは，比較的最近のことである。この問題も，日本マクドナルドの店長が実質的には何ら権限をもたされていないにもかかわらず，管理職として無給の長時間労働を強いられた結果，残業手当の支給を求めて裁判を起こしたことで明るみになった。管理職と位置づけられた店長の主張を要約すると，実質的に権限をもっていないわけだから，残業についても非管理職と同じ処遇にすべきで残業手当が支払われないのは不当であるというものであった。2008年1月の東京地裁の判決は，店長の主張を全面的に求め，日本マクドナルドに対して未払い残業手当と慰謝料あわせて約750万円の支払いを命じた。

　この訴訟を契機に多くの企業でこうした事態が生じていることが明らかになった。問題は管理職に残業手当が支払われないことだけでなく，彼らが異常に低い賃金で長時間労働を強いられ，体調を崩す者が続出するなど過重労働問題が浮き彫りになったことである。実態のない管理職が異常なほどの長時間労

働を強いられることに対して，現在早急な見直しが企業に求められている。

2　非正規雇用にみる過重労働

　近年，厚生労働省の調査で判明した事実は，非正規雇用労働者の過重労働が深刻になっていることをうかがわせる内容のものである。それは，非正規雇用の代表的な雇用形態である派遣労働において労働災害（以下，労災と略記）が多発している事実である。その調査によると，2007年に労災によって死亡または4日以上休業した派遣労働者数は5885人となり，前年（3686人）から1.6倍，2004年（667人）との比較では8.8倍に増加していることがわかった。この集計は，事業者が提出した「労働者死傷病報告」によるもので，全労働者の死傷者数は前年から約2800人減少（死傷者総数13万1478人）している事実からも，派遣労働者の労災増加が際立っている（厚生労働省調査，『読売新聞』2008年8月21日付記事参照）。

　厚生労働省では，この結果を単純に派遣労働者数の増加によるものと分析しているが，筆者は派遣労働者の過重労働が多分に影響しているとみている。つまり，派遣労働者に労災が増加する大きな理由の1つは，彼らが収入面の不安などから長時間労働を厭わずに引き受けたり，精神的あるいは肉体的に過酷な労働に就いている結果だとみられる。

　要するに，派遣を含めた非正規雇用の過重労働は**バブル崩壊**以降，減量経営に踏み切る企業が続出し，労働力の不足分を臨時やパート，さらには派遣に切り換える動きが加速して彼らに負担が集中した結果だとみることができる。しかも，そうした非正規雇用の多くが労働組合にも所属できず，極めて企業に対して弱い立場にあるため，危険な労働や過酷な労働を引き受けざるをえない状況に置かれている事実にも注目しなければならない。また，派遣に限らず非正規雇用の場合，賃金水準が正規雇用に比べて絶対的に低いため，生活を維持す

バブル崩壊：1980年代の日本は，不動産価格や株式の高騰が続き，好景気に沸いた。その状態をバブルと呼んだが，ところが，90年代に入ると一転して不動産価格や株式が暴落した結果，不況が長期にわたって続き，多くの都市銀行は公的資金が投入されてようやく破綻を免れた。90年代の日本経済の状態をこのように呼んでいる。

るために休暇を取る時間的余裕がなく，体力が十分に回復することなく仕事に従事していることも労災増加の一因とみることができる。

4 過重労働と日本的人事・労務管理

1 成果主義の導入と過重労働

　テイラーの科学的管理以降，アメリカにおいて労働能率を向上させる方法として労働者の心理的側面に働きかける人間関係論，それをさらに発展させた行動科学的管理論といったような管理手法が誕生した。だが，これらの手法はおおむね労働者の心理的な側面に働きかけて彼らの満足水準を引き上げ，過重労働を軽減するかのようにみせかけるものがほとんどであった。この後も，労働者に対する管理は，労働法の整備や労働者の人権に対する一般的な意識の変化などによりテイラーの時代にみられたような荒っぽいものではなくなった代わりに，産業社会学，生理学，心理学などの成果を利用した，より緻密で複雑なものに変化していったとみることができる。

　近年の日本企業で注目を集めている成果主義も労働者の心理的側面への巧みな働きかけによって，自らが進んで過重労働に陥る危険性を孕んだものとみることができる。周知のように，成果主義は近年，能力主義的処遇の一環として導入する企業が増加しており，いわゆる成果と処遇とを連動させることを目的とした人事管理の手法である。これは一見すると科学的管理とはまったく異なる管理手法のようにみえるが，その目的とするところは極めて似ている。それは両者ともに能率の増進および高賃金と低労務費の両立を狙いにしているところにある。つまり，処遇（高賃金）と成果（能率増進）との同時達成によって，労使の満足水準を上げようというものだが，現実には労働者を過重労働に導く可能性を孕んだものである。

　成果主義は，それを実行する手段として目標管理の導入を伴い，個人が設定した目標の達成度が成果として評価の対象となるのだが，実際の運用に際して目標設定の仕方や目標達成に対する評価方法など種々の問題が生ずる。その具体例が2001年に問題が表面化した富士通のケースで，目標管理による成果主

義の欠陥が如実に現れた。同社では，あらかじめ上司と相談して職能区分と等級のマトリックス表に規定されている職務レベルに見合った目標が立てられるが，その達成度によって評価が決まってしまうため，困難な目標を立てず容易に達成可能な目標を立てる結果となった（藤田実〔2003〕「IT企業の『危機』とリストラ・事業構造転換——富士通の場合」増田壽男・吉田三千雄編『長期不況と産業構造転換』大月書店，134-135頁参照のこと）。そのため，同社は当初意図したような成果を得ることができなかったのである。

ところが，逆に目標を達成が困難なレベルに設定した場合，真剣に目標を達成しようと努力する労働者ほど，過重労働に陥りかねない。つまり，成果主義は目標による動機づけによって労働者を鼓舞するだけに自らが意識しないままに長時間労働を厭わずに引き受けたり，さらには精神的・肉体的ストレスを内包したまま労働に没頭する危険性を秘めている。労働者がこうした労働を自分の意思で受容していると錯覚してしまうため，事態はなおさら深刻である。したがって，本人の自覚がないまま，成果主義によって生じる過重労働は精神的・肉体的損傷を負ってはじめて気がつく性質のもので，問題が潜在化しやすい傾向がある。

2　日本的職務構造と過重労働

日本企業が有する競争力の源泉の1つとしてしばしば取り上げられるのが，極めて柔軟な職務構造である。すなわち，労働者個々人に対して職務内容や職務範囲は一応割り当てられているものの，それは決して固定的で不変的なものでもない。割り当てられた職務の状況や同一部署における職務の進行状況に応じて，臨機応変に個々人の職務内容や職務範囲は変更される。それを可能にしているのが「**ワンマン・マルチジョブ**」と呼ばれる複数の職務をこなすことができる，日本の労働者に固有な職務遂行能力である。

ワンマン・マルチジョブ：日本企業の職務構造を語る場合，キー概念として使用されるのがこのワンマン・マルチジョブである。新規学卒採用が基本である大企業では，採用後ジョブ・ローテーションを課すことによって複数の職務を担当できる労働者を育成する。それによって，複数の職務が担当できる柔軟な職務体系を編成することが可能になる。この仕組みが日本企業の競争力の源泉ともなっている。

ところが，こうした弾力的な職務構造が同じ部署における労働者間での仕事量の違いを生む原因となりうるのである。この傾向は，柔軟な職務構造の部署であればあるほど強くなる。しかも，職場の人間関係や直属上司の評価などが加わることにより，仕事量の違いが大きなものになる可能性も否定できない。例えば，職場の人間関係に敏感で，かつ上司の評価に敏感である労働者の場合，仕事が遅れている同僚を手伝ったり，またある場合には境界が不明瞭な業務を率先して遂行することなどが考えられる。つまり，弾力的な職務構造と成果主義的処遇も加わって，特定の個人に大量の仕事が集中する可能性を捨てきれないのである。事実，労働政策研究・研修機構の調査でも，回答した労働者の54.8％が「仕事のできる人に仕事が集中するようになった」と答えている（労働政策研究・研修機構編〔2006〕『変革期の勤労者意識』〈労働政策研究報告書，No.49〉，および鈴木安名〔2007〕「過重労働と人的資源管理」『労働科学』第83巻第2号，73-74頁も参照）。これも誰からも強制されることなく，みずから過重労働を招いている一例である。ただ，こうした事例でもって，弾力的かつ柔軟な職務構造を否定することはできないが，仕事量の公平性を保って，過重労働を回避する役割をすべて管理者に負わせることにも無理がある。結局，現在のところ，労働者自身の自覚を促すしか解決方法がない極めて難しい問題である。

5　過重労働に対する政府の取り組み

ここでは，過重労働の克服に向けて政府（厚生労働省）が取り組んでいる施策について時系列的に紹介するとともに，その問題点についてもあわせて指摘したい。まず，過重労働を根絶する政府の取り組みの背景には，前述したように近年になって長期間にわたる疲労の蓄積による健康（**メンタルヘルス**を含めた）障害やいわゆる過労自殺（過労死に含まれる）などが相次ぎ，過重労働が

メンタルヘルス：長時間労働や過酷な労働を強いられた結果，体の健康を害する人だけでなく，精神的な健康を損なう人が大幅に増加している。最近では，とりわけそうした精神面でのケアの重要性が指摘されるようになっている。そのケアを忘れば，過労自殺に至るなど重大な事態を招くことになる。

表2-1 過重労働による健康障害を発生させた事業場数（東京労働局管下）

事業場規模	2005年	2006年
10人未満	6	7
10〜50人未満	19	7
50〜300人未満	18	15
300〜1,000人未満		4
1,000人以上	5	4
合　計	48	37
労働時間の把握をしていなかった		10
健康障害を発生させた時期に，医師による面接指導等の措置を講じていなかった		25

（出所）　森田哲也（2008）「過重労働対策——小規模事業場における面接指導」『産業医学プラザ』15号，産業医学振興財団，2頁。

社会問題化したことが挙げられる。表2-1は，東京労働局管轄下にある過重労働による健康障害を発生させた事業場数を示したものであるが，経営者側が労働時間の把握をしていないケースや医師による面接指導を実施していない企業もみられる。これは，如何に過重労働に対して経営者側が深刻に捉えていないか，あるいは無視していることを示しているが，それだけにこの問題に対する政府の取り組みは重要であるといえよう。

　厚生労働省では，2004年4月から学識経験者を集めて「過重労働・メンタルヘルス対策の在り方に係る検討会」を開催し，計6回にわたって分析・検討を重ねてきた。そこで纏められた報告書（http://www-bm.mhlw.go.jp/shingi/2004/08/dl/s 0823-3 a.pdf　2008年9月1日アクセス）では，過重労働に取り組むべき政府の対策の方向性が示されている。すなわち，1つめが過重労働による健康障害防止対策のあり方で，労働者に長時間労働など過酷な労働をさせて疲労が蓄積した場合に，医師による労働者への面接指導などを制度化すべきなどの提案を行っている。2つめがメンタルヘルス対策のあり方で，2002年の労働者健康状況調査（2003年8月厚生労働省発表）によれば，メンタルヘルス対策に取り組んでいる事業場は7.6％に過ぎないという結果を受けて，事業場におけるメンタルヘルス対策計画を早急に策定することなどを提案している。3つめは

体制整備の問題で，事業場内の体制整備，事業場外の機関の活用そして国の支援措置に関する提案がなされている。同報告書の「おわりに」では，提言が確実に実施されるためには必要な事項の法制化と法令の施行にあたる都道府県労働局，労働基準監督署の事業場に対する指導の徹底を含め，環境の整備を進めることが不可欠であると結んでいる。

この検討会からの提言を受けた厚生労働省では，2005年に労働安全衛生法の改正を行い，長時間労働に従事する労働者への医師による面接指導の実施を義務化した。この後も厚生労働省は労働安全衛生規則といった省令において過重労働による健康障害防止対策に関する通達を出し，さらにその説明のための「過重労働による健康障害防止対策の手引き～過重労働による健康障害から従業員を守るために～」と題するパンフレット等を発行している。

続いて厚生労働省は，2007年10月に翌11月を「過重労働・賃金不払残業解消キャンペーン月間」として1カ月間行うことを発表し，具体的な啓発活動を展開した。これは，前年度の賃金不払残業解消キャンペーンに新たに過重労働による健康障害の防止を目的に加えたものであった。政府がこうしたキャンペーン活動を展開する意図には，企業への啓発活動と労働者個々人の働きすぎに対する自覚を促すという意味も含まれていた。その結果，ようやく個々の企業の中には過重労働による健康障害防止策を本格的に検討するところもでてきたが*，現段階では過重負担要因の除去やメンタルヘルス対策といった対処療法の域をでていない。

* 東京労働局では，都内に本社を置く規模300人以上の企業に対し，健康管理等の取組状況に関する調査を実施したところ，1367社から回答を得た。その結果，2006年4月に法制化された「長時間労働者に対する医師による面接指導制度」を設けている企業は691社（50.5％）で半数に止まり，面接指導に準じた措置の制度を設けている企業も315社（23.0％）となっていることが明らかになった。この点については http://www.roudoukyoku.go.jp/news/2008/20080512-kenkokanri/20080512-kenkokanri.html （2008年8月25日アクセス）を参照されたい。

「名ばかり管理職」についても，厚生労働省は2008年9月10日に管理監督者にあたるかどうかの具体的判断基準を示す通達を全国の労働局に出した。管理監督者かどうかの判断基準が従来のそれよりも今回の通達では詳しくなって

おり，①職務内容と権限，②勤務時間の裁量，③賃金などの待遇についてそれぞれ判断基準を細かく示している。特に，長時間労働を強いられて過重労働に陥るケースの勤務時間の裁量については，「長時間労働を余儀なくされるなど，実際には労働時間に関する裁量がほぼない」場合に「名ばかり管理職」に該当するとしている。今回の厚生労働省の指導強化が「長時間労働の改善にどこまで効果があるかは不透明だ」（『朝日新聞』2008年9月10日付朝刊）との厳しい見方もあり，今後の政府の対応が注目される。

　これまでのところ，過重労働の解消に向けて，労働時間管理や人事配置を含めた人事・労務管理の抜本的な見直し，なかでも成果主義導入の是非についての検討，さらには減量経営の見直しといったところまで踏み込んだ対策を考えている企業は皆無に等しい。こうした姿勢に対して，厚生労働省も過重労働を防止するための具体的でかつ積極的な指導を企業に行うまでには至っていない。過重労働の解消に向けて個別企業の対応に任せるには限界があるため，政府の企業に対する積極的でかつ具体的な指導が不可欠であり，場合によってはサービス残業や過労死に対する企業責任について罰則を強化することも考慮する必要がある。

6　過重労働の克服に向けての提言

　最後に，過重労働を企業から一掃するための具体的提案を行いたい。現在から約1世紀前のアメリカ企業でも過重労働は，科学的管理の実践の中にみることができた。それは，現代の日本企業にもいまだに根強く存在している。そもそも資本主義的企業においては，労働力が市場で売買の対象となる1つの商品であるため，経営者側と労働者側との間ではその売買をめぐる利害の対立は不可避的に生ずる。

　ところで，労働力が他の商品と決定的に異なる点は，労働力が人間固有に付随する能力であるため，経営者は商品としてその持ち主から時間決めで使用権を購入する他なく，持ち主の労働者の意思に反して労働力の使用はできないところにある。そうした労働力商品の特殊性を考慮しつつ，経営者は労働者の労

▶▶ Column ◀◀

科学的管理と現代の労働

　テイラーは科学的管理を今から100年ほど前に発表しました。なぜ，ここであえてそのような古い人の研究を取り上げるのか，多くの人が疑問をもつかもしれません。その理由を一言でいえば，今でも科学的管理は企業管理の様々な面においてその影響力を失っていないからです。科学的管理の「科学」の拠りどころとされた動作・時間研究は，労働者の作業速度をどれくらいにすればよいのかという根源的な問題を取り扱いました。科学的管理について批判的に分析したH. ブレイヴァマンも，テイラーの研究は現代労働のワークデザインの基本的な問題を扱ったとしてその重要性を高く評価しています。

　たしかにテイラーは本文中でも述べましたように，経営者側に立って科学的管理を実践しようとしたため，労働者側から批判され，その理論の有効性にも疑問をもたれましたが，理論自体は現代の生産管理研究にも大きな影響を与えています。現在，多くの近代的な工場では，生産ラインは多くの面で自動化されており，それを代表しているのが自動車のアセンブリーライン（組立ライン）です。それではそのラインの速度はどのようにして決められているのでしょうか。アセンブリーラインでは，ラインが動いている最中に労働者が受け持ちの作業を担当します。ラインの速度が速すぎますと，作業を終えることができませんし，逆に遅いと生産性が落ちてしまいます。労働者の疲労なども考慮しなければいけません。実はその速度の決定に動作・時間研究ならびに疲労研究が生かされているのです。約100年前の研究が現代の工場の中に生きているというのはすばらしいことだと，皆さんは思いませんか。現代的な観点から，科学的管理を読んでみることをぜひともお勧めします。

働意欲を引き出しかつ労働力を効率的に利用しようと様々な工夫を試みる。その問題に挑戦した最初の人がテイラーであったが，結局，科学的管理は労働者や労働組合から過重労働をもたらすとして批判される結果となった。要するに，テイラーの例をみるまでもなく，企業経営者が利潤優先の考え方を改めない限り，過重労働を一掃することはできない。

　昨今の日本では，企業経営者は世界的な競争や市場原理主義の台頭の中で，株主などの利害をまず優先した行動を選択している。そのために，彼らは労働者の負担増を考慮せずに労働力の削減＝減量経営を断行している。具体的には，

正規労働者の大幅な削減やそれを補う低賃金の非正規労働者への切り換えである。しかし，長期的な観点からみると，多くの労働者が疲弊したり，失業によって市場における彼らの消費者としての購買力が低下すれば，それは企業利潤の減少に直結することは明らかである。労働者は，一方では企業の生産の担い手であると同時に，他方では企業の製品を購入する消費者であることを経営者は看過すべきではないであろう。市場原理主義一辺倒の労働者の生活を考慮しない企業経営は，いずれ消費者から見放されることは間違いない。

　そこで，企業には過重労働に直結する減量経営の見直しを求めたい。もちろん，その見直しを企業自身で実行することは現段階では難しいので，まず，政府が中心となって積極的に労働力の活用を図る企業に対する何らかの支援を行う仕組みを用意するところから始めたい。正規労働から非正規労働への切り換えの動きを押しとどめる唯一の方法は，オランダなどで成功している同一労働・同一賃金の議論を加速させ，一刻も早くそれを企業に実質的に定着させることである。次に，成果主義に代表される過重労働に直結する人事・労務管理の見直しである。これについても企業自体にその見直しを求めても限界があるため，政府からの働きかけが必要となる。特に企業の社会的責任という観点から，労働者管理のあり方について見直しを求めるのも有効であると思われる。最後に，労働者のみならず，経営者に対しても「働くこと」への意識改革に政府が率先して取り組むことを提案したい。2007年に厚生労働省の労働経済白書において，仕事と生活の調和を掲げた「**ワーク・ライフ・バランス(WLB)**」という言葉が登場したが，この考え方を経営者に定着させることが過重労働を防止する最善の方法だと考える。企業は株主のものであると同時に，そこで働く労働者のものでもあることを経営者は忘れてはならない。

ワーク・ライフ・バランス（**WLB**）：企業で働く女性が増加し，男女共同参画社会という言葉も定着してきた感があるが，果たして仕事と生活（家庭）との調和が図られているかというとまだまだ理想に程遠い状況である。厚生労働省が労働経済白書でこの言葉を用いているのは，男女ともに仕事と家庭の両立ができる社会の実現を願望してのことだと思われる。

第2章　過重労働の経営学

推薦図書

守屋貴司（2005）『日本企業への成果主義導入——企業内「共同体」の変容』森山書店
　本書は，成果主義について企業内「共同体」という観点から批判的に考察しているところに特徴がある。調査に基づいて議論を展開しているだけに説得力がある。

笹山尚人（2008）『人が壊れてゆく職場——自分を守るために何が必要か』光文社
　本書は，現代の困窮する労働者の姿を実際に起こった事件を題材に分析したものである。事例を中心にまとめているため，とても読みやすい。

天笠崇（2007）『成果主義とメンタルヘルス』新日本出版社
　本書は，成果主義賃金制度の下で，心の病に罹る労働者の実態を精神科医の立場から分析したものである。

設　問

1．過労死を防ぐために企業で採られている対策について，過去の新聞や企業のホームページを参考にして調べましょう。
2．日本における過重労働の歴史を第二次世界大戦前と大戦後とに分けて調べ，その違いについて教科書を参考にして述べてください。

（井藤正信）

第3章

「現場疲弊」の経営学
―― 「現場疲弊」から持続可能な企業経営へ ――

　　日本製造業企業の経営基盤は，労働者を企業の長期的資産とみなして育成・活用し，高品質の製品を効率的に生産する仕組みにありました。しかし近年，多くの企業は人件費削減と柔軟な雇用量調整を目的に大量の非正規労働者を活用しており，それはまるで労働者を短期のコスト要因としか捉えていないようにみえます。企業は社会の中に存在し，多くの人々の協働で成り立っています。その視点から企業の競争力を問い直す必要がありそうです。

1　「現場疲弊」の分析視角

　1990年代後半以降，日本企業における労働環境が急激に悪化している。正規雇用労働者（以下，正規労働者）は，比較的高賃金ではあっても労働時間が非常に長く，家族や自分のための時間をもてないでいる。その一方で，雇用が不安定で賃金も著しく低いためにまともな生活を維持することのできない非正規雇用労働者（以下，非正規労働者）が増えている。つまり「タイムプアとマネープアに引き裂かれた状態」が生じているのである（森岡孝二〔2008〕「悪化する労働環境と企業の社会的責任」労務理論学会編『企業の社会的責任と労働』晃洋書房，116頁）。しかもこうした状況は，1998年度以降，企業の経常利益が上昇基調にあったにもかかわらず生じ，定着している。

　こうした問題の背景には，「バブル経済」崩壊後の長期不況や世界規模でのメガコンペティション（大競争）に対応するために日本企業が行った雇用戦略の「転換」*がある。新たな雇用戦略の基本的方向性を示したといわれている**日経連**の報告書『新時代の「日本的経営」――挑戦すべき方向とその具体策』（新・日本的経営システム研究プロジェクト編〔1995〕日経連）においては，経営

環境の変化に対応するための新しい「経営と労働」の仕組みとして，**日本的経営**（終身雇用や年功賃金）にかわる「雇用ポートフォリオマネジメント」と賃金の成果主義化が提示され，それは**新自由主義**的労働市場改革（労働者派遣法の規制緩和など**）と表裏一体となって展開されている。

> * 1990年代中葉以降，日本的経営の主な構成要素である終身雇用と年功賃金が，日経連『新時代の「日本的経営」』にみられるような雇用形態の多様化と成果主義賃金の導入によって変化したことを「転換」と表現できる（小越洋之助〔2006〕『終身雇用と年功賃金の転換』ミネルヴァ書房，まえがきⅰ頁）。
>
> ** この点については労働者派遣が認められる対象業務が徐々に拡大されていることなど，労働者派遣法の規制緩和が象徴的である。1985年の同法成立当時には，労働者派遣は13業務に限り認められるポジティブ・リスト方式であったが，1999年の同法改正時には製造業務を含む6つの業務以外で労働者派遣を原則自由化するネガティブ・リスト方式に転換され，2003年成立の改正労働者派遣法では，製造業への派遣も認められるようになっている。

ところがその結果，上述したように労働環境は著しく悪化し，働く人の仕事に対する満足度も低下してしまった（厚生労働省編〔2008〕『平成20年版労働経済白書——働く人の意識と雇用管理の動向』）。また，非正規雇用化と成果主義賃金に代表される新たな雇用戦略は，それを展開した企業においても多くの問題を生み出していることが明らかになってきた。安定的な雇用関係を前提に構築されてきた従来の日本企業の競争力の基盤，例えば企業内技能形成の仕組みや現場におけるチームワークに対して，非正規雇用化や成果主義賃金が負の影響を与えることが懸念されている（例えば，小越〔2006〕124頁）。

日経連：日本経営者団体連盟の略称。労働問題を専門に扱う経営者団体。2002年に経済団体連合会（経団連）と合併し，現在は日本経済団体連合会（日本経団連）。経済，産業，労働分野に関する経済界の意見を取りまとめ発信している。現会長はキヤノンの御手洗会長。副会長はトヨタの張会長など。

日本的経営：日本企業に広くみられる経営制度・慣行。定説はないが，一般的には終身雇用，年功序列（年功賃金・年功昇進），企業別（内）組合のいわゆる「三種の神器」を日本的経営と呼び，日本企業の発展を支えた経営慣行として重視されている。

新自由主義：個人の権利と自由は市場を最大限に利用することで保障されるとして，国家による経済運営の調整，規制，介入を否定し，「小さな政府」や規制緩和を強調する経済思想。市場個人主義，市場原理主義ともいわれる。

以上のことを踏まえて，本章では日本企業における雇用戦略の「転換」のうち，非正規労働者の活用拡大を促進している雇用ポートフォリオマネジメントに焦点をあて，それが労働者の労働・生活の質の低下と生産現場の生産・労働慣行の機能低下，いわば「現場疲弊」ともいえる問題を生み出していることを明らかにする。その上で本章では，企業とは「社会の中の企業」「多くの人々の協働によって成り立つ企業」であり，それ故に社会性や人間性を重視しなければ持続可能な経営システムを構築することはできないという視点から，企業の人材育成・活用の方向性について論じていく。

2　新しい雇用戦略の展開

[1]　雇用ポートフォリオマネジメントの概要

　日本企業における雇用戦略の変化を知る上で手掛かりになるのは，前節でも紹介した日経連の報告書『新時代の「日本的経営」——挑戦すべき方向とその具体策』である。日経連はこの報告書において，経済成長の鈍化，少子高齢化，産業構造の転換，およびグローバル化の進展など1990年代以降の環境条件の変化に対応するための新たな「経営と労働」の仕組みを提示した。

　ここで重要になるのは，新たな「経営と労働」の理念と仕組みである。まず，理念について同報告書は，従来の日本的経営の制度や仕組みの根本には「人間中心（尊重）の経営」，「長期的視野に立った経営」という理念があったのであり，それは雇用の安定，働く人の働きがい，能力向上，チームワークづくり，および良好な労使関係をもたらしてきたために今後も堅持するべきであると強調している。しかし，具体的な制度や仕組みについては環境条件の変化に応じて変える必要があるとして，産業構造・労働市場の変化および労働者の就労・生活意識の変化に柔軟に対応できる新しい雇用のあり方，すなわち雇用ポートフォリオマネジメントを提起したのである。それは，企業にとっては長期雇用者と流動化させる雇用者との組み合わせによって必要な時点で必要な人数・能力を確保できると同時に，働く人に対しては個々人のニーズに応える多様な選択肢を与える仕組みであると説明された（新・日本的経営システム研究プロジェ

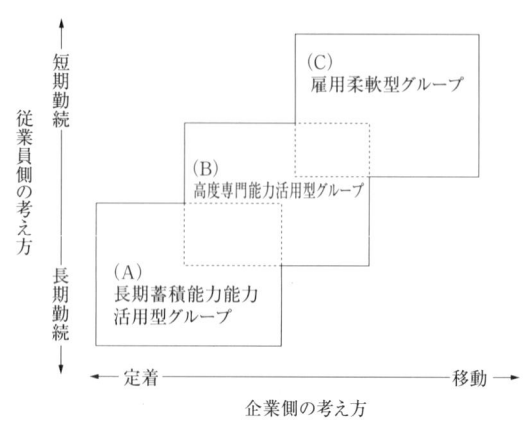

図 3-1 日経連による雇用ポートフォリオマネジメント（企業・従業員の雇用と勤続）
(注) 1：雇用形態の典型的な分類。
2：各グループ間の移動は可。
(出所) 新・日本的経営システム研究プロジェクト編（1995）『新時代の「日本的経営」――挑戦すべき方向とその具体策』日経連，32頁，図表7を加筆修正。

クト編〔1995〕22-34頁）。

雇用ポートフォリオマネジメントとは，具体的には**図3-1**のように，雇用管理の対象を3つの労働者グループに分類し，それらを効率的に組み合わせる雇用管理のあり方である。3つのグループとは，長期勤続と企業への定着を前提とする「長期蓄積能力活用型（A）」グループ，中期的雇用を前提に専門的業務を担う「高度専門能力活用型（B）」グループ，そして短期的雇用と頻繁な移動を前提にする「雇用柔軟型（C）」グループ，である。報告書はこの分類を基礎にして，従来の正規労働者に該当する長期雇用関係を管理職，総合職，および技能系の基幹職等に限定するとともに，専門職や一般職については短期・中期の有期雇用労働者グループを広く活用することを主張している（**表3-1**）。

日経連の報告書を踏まえると，雇用ポートフォリオマネジメントの展開は，正規労働者の限定と非正規労働者（**非正規雇用**）の拡大（つまりAグループの限定＋B・Cグループの拡大）という図式を意味していることが理解できる。

表3-1　雇用ポートフォリオにおけるグループ別の処遇

	雇用形態	対象	賃金	賞与	退職金・年金	昇進・昇格	福祉施策
(A)長期蓄積能力活用型グループ	期間の定めのない雇用契約	管理職・総合職・技能部門の基幹職	月給制か年俸制　職能給　昇給制度	定率＋業績スライド	ポイント制	役職昇進　職能資格昇格	生涯総合施策
(B)高度専門能力活用型グループ	有期雇用契約	専門部門（企画，営業，研究開発等）	年俸制　業績給　昇給なし	成果配分	なし	業績評価	生活援護施策
(C)雇用柔軟型グループ	有期雇用契約	一般職　技能部門　販売部門	時間給制　職務給　昇給なし	定率	なし	上位職務への転換	生活援護施策

(出所)　新・日本的経営システム研究プロジェクト編（1995）『新時代の「日本的経営」――挑戦すべき方向とその具体策』日経連，32頁，図表8を加筆修正。

2　雇用ポートフォリオマネジメントと企業の目的

　企業にとって，正規雇用を限定する一方で非正規雇用を拡大する利点はどこにあるのだろうか。第一に柔軟性の確保という利点がある。非正規雇用の特徴は期間に定めのある有期雇用という点にあるから，非正規雇用を拡大することで事業運営や経営状況に応じた柔軟な人材活用が容易になる。第二に人件費削減という利点がある。非正規雇用を拡大して労働力を柔軟に活用できる体制ができあがれば，人件費の「**変動費**」化が可能になる。その意味で，雇用ポートフォリオの本質は低賃金労働力の利用拡大にあるとも指摘される（浪江巖〔2000〕「雇用形態の多様化と正規雇用の変容」原田實・安井恒則・黒田兼一編著『新・日本的経営と労務管理』ミネルヴァ書房，29頁）。

　実際に，多くの日本企業は人件費削減と柔軟な雇用量調整を主な目的として非正規雇用を活用している。厚生労働省の調査によると，日本企業が非正規雇

非正規雇用：正規雇用の反対語。期間に定めのある有期雇用契約であり，正規雇用よりも労働時間，就労期間が短く，時間あたり賃金も少ないという特徴がある。厚生労働省の「労働力調査」では，非正規職員・従業員としてパート・アルバイト，派遣社員，契約社員などが含まれる。
変動費：変動費とは製造量・販売量などの営業量に比例して増減する費用のことである。これに対して営業量にかかわりなく発生する一定の費用を固定費という。非正規労働者活用の目的は，固定費の「変動費」化にあることが指摘されている。

用を活用している理由は，第1位「賃金の節約」51.7%，第2位「一日，週の中の仕事の繁閑に対応する」28.0%，第3位「景気変動に応じて雇用量を調節する」26.5% である（厚生労働省「平成15年就業形態の多様化に関する総合実態調査」）。また，労働政策研究・研修機構（以下，JILPT）の調査によると，2006年時点における企業の非正規雇用活用理由の第1位は「労務コスト削減のため」80.3% であった（JILPT「多様化する就業形態の下での人事戦略と労働者の意識に関する調査」）。

このように，人件費削減と柔軟性確保という目的を達成するために正規雇用の限定と非正規雇用の拡大が進められ，総務省「労働力調査」によれば，1995年に正規労働者3779万人，非正規労働者1001万人（非正規労働者比率20.9%）であった雇用者内訳は，2007年には正規労働者3441万人，非正規労働者1732万人（33.5%）と大きく変化した。1990年代半ばから今日にかけての約10年の間に，正規労働者が300万人以上減少したのに対して，非正規労働者は700万人程度増加したのである。こうして正規労働者の非正規労働者への置き換えが進み，今日の日本では働く者の3人に1人が非正規労働者となっている。

3 非正規雇用の特徴と現状

ここでは，近年急速に増加している非正規雇用という雇用形態に注目し，その特徴と現状について掘り下げて考えたい。今日の社会や企業のあり方は「格差社会」や「雇用崩壊」と特徴づけられているため，読者には非正規雇用に対する明るいイメージはないかもしれない。しかし特定の企業に長期雇用され，長期勤続するという従来型の雇用関係と異なるその働き方には，仕事と生活のバランスや価値観・ライフスタイルの多様化を反映できる肯定的な側面もある。自由な時間帯に働くことや，専門的な資格等を多様な職場で活かすことなどに適しているからである。そのため自ら非正規雇用という働き方を選択することそれ自体は否定されるべきものではない。

しかし注意が必要なのは，非正規雇用と正規雇用の間には，次のような処遇上の格差が存在するということである。つまり非正規労働者は，①有期雇用であるため雇止めのリスクにさらされており，②昇格・昇進に基づく昇給制度の

対象にならないために低賃金であり，③仕事において単純労働に就く場合が多くキャリア展開の可能性が乏しい，という問題を抱えている。その他にも，労働者としての権利の享受や社会保障給付がきわめて限られているという特徴も指摘されている。こうして非正規労働者という働き方には，労働者の希望に適合的な側面があるといわれる一方で，低賃金や雇用不安，セーフティ・ネットからの自由と共存しているという，労働者にとっての否定的側面もある（熊沢誠〔2007〕『格差社会ニッポンで働くということ──雇用と労働のゆくえをみつめて』岩波書店，111-116頁）。

そしてなにより問題なのは，上述したような非正規雇用形態の否定的側面が，人件費削減と柔軟な雇用量調整を追求する企業にとっての強力な目的達成手段になるということである。そのため，近年の非正規雇用の拡大は労働者の自発的な選択ではなく，なによりも企業の営利性追求の論理（とりわけコスト削減と柔軟性の追求）が前面に出たものといえる。このことは，正社員で働ける会社がないために，パート等で働くことを選択せざるを得ない「不本意な就業者」の増加にも端的に表れている（厚生労働省編〔2008〕29-30頁）。

そもそもポートフォリオという用語は，金融の世界において収益性と危険性とを勘案して利益が上がるように多様な投資対象を組み合わせることを示すものである。その意味で企業の雇用ポートフォリオマネジメントにおける非正規労働者の位置づけは，低コストで短期的・流動的に活用できるいわば「使い捨て労働力」（小越〔2006〕108, 124頁）であり，そうした形で働かざるを得ない労働者が増えているのである。グローバル化と長期不況の下で競争力再構築の一環として展開された新たな雇用戦略は，長期的視野から人間性を尊重して展開されたのではなく，むしろあくまでも短期的に人件費と雇用量を調整する緊急避難的な対応策として展開されたと言わざるを得ない。こうして，短期的効果やコスト削減を重視し，企業の根幹にかかわる人材育成・活用に関する明確な理念を欠いて進められた一連の改革は「理念なき試行錯誤」（青島矢一編〔2008〕『企業の錯誤／教育の迷走──人材育成の「失われた一〇年」』東信堂，16-17頁）とも表現されている。

その結果，わが国では低賃金・不安定就労者層が増加しており，「ワーキン

グプア」など将来への見通しが立たない労働者層の増加にも注目が集まっている。また，労働者の労働・生活の問題にとどまらず，正規雇用を限定し非正規雇用を拡大する雇用戦略は，正規労働者を長期にわたり企業内部で育成して基幹的業務を担わせ，非正規労働者には必要に応じて周辺的業務を担わせるという従来の一般的な雇用形態の組み合わせに大きな修正を迫る。そのため，日本製造業企業の現場の生産・労働慣行が十分に機能しなくなること，つまり競争力の基盤が弱体化することも懸念されている。①長期雇用者が限定される中での技能形成の問題，②チームワーク形成や正規労働者の過重負担など作業の組織，管理の問題，③雇用保障が後退する中でのモラール維持や企業内労使関係の問題など，企業が解決すべき新たな問題点は多い（浪江〔2000〕30頁）。

3　競争力の源泉としての「技能活用型」生産システム

　新たな雇用戦略の展開によって生産現場ではいかなる問題が生じているのだろうか。その点を考察する前提として，日本企業の競争力の源泉である生産現場の生産の仕組みと人材活用の特徴について整理しておこう。ここでは「トヨタ生産方式」を取り上げ検討する。
　自動車企業など，加工組立型産業分野の日本企業は1970～80年代にかけて世界市場で高い国際競争力を発揮した。従来はトレード・オフ関係にあると考えられてきた低コスト・高生産性などの価格競争力と，高品質や多様な品種などの非価格競争力の両方を高水準で実現したのである。その**競争力の源泉**の1つが日本企業の生産や人材活用のあり方，すなわち**生産システム**であり，その代表格がトヨタ自動車によって1950年代頃から形成され，1970～80年代に広

ワーキングプア：働く貧困層。働いているにもかかわらず貧しい生活を強いられている労働者層のことであり，年収が200万円に満たない労働者を便宜的にワーキングプアと呼ぶとすれば，日本では2005年時点で約550万人程度存在するといわれている。
競争力の源泉：1970～80年代における日本企業の国際競争力，とりわけ製造業企業の製品競争力（コスト・品質・納期など）を生み出す源泉として，工場レベルの生産システムの他にも，製品開発システムやサプライヤー・システム（自動車メーカーを頂点とした部品メーカーの下請け系列システム）も重視されている。

く日本企業に普及したトヨタ生産方式である。

　トヨタ生産方式の大きな特徴は「ジャスト・イン・タイム（以下，JIT）」生産にある。JITとは，顧客の注文に合わせて「必要なものを，必要な時に，必要な量だけ」効率的に短い時間で生産することである。具体的には，最も市場（消費者）に近い最終組立ラインを基点にして，市場で売れた分だけ，後工程が必要な半製品・部品を前工程に引き取りに行き，前工程は引き取られた分だけを生産するという仕組みである。この後工程による引き取り方式を実現するには，各製品の1日の生産量を平均化（＝生産の平準化）して後工程が引き取る部品のバラツキ（変動）を抑制し，前工程が余分な在庫を抱え込まないようにして全工程間をよどみなく流す（同期化する）必要がある。これによって小ロット混流生産が実現されれば，無駄がなく短いリードタイムで，市場変動に対応した生産が可能になる。そのためにトヨタ生産方式では，小ロット生産を実現するための**シングル段取り替え**や混流生産を実現するための**U字型ライン**が導入されており，またそれを支える労働者の多能工化が実施されている。多能工化とは，職場組織の複数の仕事に習熟した労働者を育成することであり，そのことにより職場組織は生産量の変動等に応じて柔軟に労働編成を組み替えることができ，チームワークを形成して対応することができる。

　さらに，JIT生産の下では各工程が在庫の極小化を通じて緊密に連結されているために，時間や原材料の浪費および不適正な機械動作が顕在化されやすい。これに加えて，トヨタ生産方式においては「自働化」，すなわちトラブル発生時に自動的に機械をストップさせる"人間の知恵のついた自動機械"が重視さ

生産システム：多様な捉え方があるが，本章では工場における生産技術とそれを利用し管理する人間集団の組織およびその管理方式を含めて生産システムと定義している。開発―調達―生産―販売の生産のプロセス全体を生産システムと捉える場合もある。

シングル段取り替え：汎用機械において加工対象が変更になる場合，機械の金型や治具・工具を取り替える段取り替えが必要になる。トヨタでは改善活動などを通じて，加工作業の中断を伴う「内段取り」を，中断なく行える「外段取り」に転化させる工夫を積み重ね，1970年代には10分以内での段取り替えを実現した。

U字型ライン：品種別作業職場に専用自動機械をU字型に配置して，多能工労働者が複数の機械を操作して1個ずつ加工対象を加工する。生産量の変化に対して柔軟にラインを組み替えること，それに応じて柔軟に労働編成を組み替えることができる。

れており，不具合を顕在化させる機械設備上の工夫も取り入れられている。そして不具合が発生した場合には，その場で問題を解決する「品質の工程作り込み」が強調されている。こうしたシステムの特徴は，職場組織単位での**QCサークル**の実施など，労働者が作業方法・工程を改善し，コスト低減や品質向上に貢献する仕組みを通じていかされていく（トヨタ生産方式の構造的特徴については，大野耐一〔1978〕『トヨタ生産方式——脱規模の経営をめざして』ダイヤモンド社，および門田安弘〔2006〕『トヨタプロダクションシステム——その理論と体系』ダイヤモンド社）。

このように，高い競争力を実現する基盤であるトヨタ生産方式は，労働者の多能工化，チームワーク，および改善活動への参加などを通じて機能するのである。そのため，労働者の能力活用が前提になる側面を捉えて，トヨタ生産方式を「技能活用型」生産システムと特徴づける場合もある（小川英次編著〔1994〕『トヨタ生産方式の研究』日本経済新聞社，142頁）。もちろんトヨタ生産方式も1つの大量生産システムであり，その生産労働においては分業と標準化が徹底されている。とはいえ，複数の作業に習熟し，チームワークや改善活動を機能させられる労働者を育成するにはある程度の長期を要するのであり，そのため日本企業は長期雇用の正規労働者に対して，仕事に就きながらの訓練である**OJT**（オン・ザ・ジョブトレーニング）や，幅広い仕事を経験するための**ジョブ・ローテーション**など，多様な企業内教育訓練機会を提供している。

4　生産現場の疲弊

ここまで2つのことを述べた。第2節では，1990年代後半以降の日本企業

QCサークル →第2章52頁参照
OJT：企業内教育の方式の1つで，仕事に就きながらの現場訓練のことをいう。通常は職場の上司が部下に対して必要な知識・技能を指導する。これに対して仕事を離れての座学研修などをOff-JT（オフ・ザ・ジョブトレーニング）と呼ぶ。
ジョブ・ローテーション：労働者が所属する職場内のいくつかの仕事を定期的に交替して担当する。欧米では労働の人間化の一手段として作業の単調感を克服するために発達したが，日本では柔軟な労働編成など効率的な職場運営のために多能工化育成の手段として活用されている。

表3-2 トヨタの作業組織：1980年代と1990年代後半以降の比較

1980年代までの典型的職場

職位	人数	年齢／人数
組長	1名	40代×1
班長	2名	40代×1 30代×1
一般	15名	40代×2 30代×4 20代×8 10代×1

1990年代後半以降の職場の事例

職位	人数	年齢／人数
組長	1名	30代×1
班長	3名	50代×2 30代×1
一般	9名 (他職場からの応援1名含む)	50代×2 30代×2 20代×5
非正規労働者	期間従業員 11名	50代×1 40代×2 30代×5 20代×2 10代×1
	派遣労働者 1名	20代×1

(注) 単純化のために，職位の表記は1980年代を基準とした。
　　（組長＝GL，班長＝EX，一般＝中堅・初級・基礎の各職位）
(出所) 小山陽一編（1985）『巨大企業体制と労働者——トヨタの事例』御茶の水書房，141頁，表2-13，および猿田正機（2007）『トヨタウェイと人事管理・労使関係』税務経理協会，96-97頁，掲載資料，を参考に筆者作成。

　は競争力を再構築するために雇用ポートフォリオマネジメントという形で低賃金・短期雇用の非正規労働者の活用を拡大したが，それは短期的な人件費削減と柔軟な雇用量調整を実現することを主要な目的としており，そこにはかえって競争力基盤を弱体化させる可能性も含まれていることを述べた。第3節では，従来の日本企業の国際競争力は正規労働者の多能工化，チームワークの形成，および改善活動への参加など，「技能活用型」生産システムを基盤として生み出されてきたことを概観した。そこで本節では，以上にみてきた2つの論点が交差する生産現場の現状について，トヨタ自動車の事例を中心に考察したい。

　自動車市場において高い国際競争力を誇ってきたトヨタは，これまでもできる限り最小限の人員で現場を運営しながら，景気変動に対する調整弁として季節工や期間工などの非正規労働者を活用してきた。とはいえ従来は，生産現場の労働力構成の中心には正規労働者が据えられていた（**表3-2**）。非正規労働

者が無視できない割合を占めるのは下層の関連企業においてのことであると考えられてきたのである（野原光・藤田栄史編著〔1988〕『自動車産業と労働者――労働者管理の構造と労働者像』法律文化社, 41頁）。

ところが1990年代後半以降になると，トヨタ本体でも正規雇用の限定と非正規雇用の拡大が進められている（表3-2）。グローバルな市場競争の激化，従業員年齢の高齢化，および「バブル経済」崩壊後のコスト削減努力とのかかわりで，製品価格の引き下げ，人件費総額の抑制，および生産量変動への対応が必要になり，拡大する海外拠点への出張・出向者の穴埋めも必要になったからである。そこでトヨタでは，1990年代後半になると「従業員の『少数精鋭化』」と「社外戦力の活用拡大」という雇用戦略を明確に打ち出すようになっている（トヨタ自動車人材開発部〔1999〕『技能系新人事制度』2頁）。

その結果，2003年時点においてトヨタの生産現場労働者に占める非典型雇用者＊の割合は3割を超え，またその中心となっている期間従業員数は2005年に1万人を超えるなど，無視しえない存在となっている。それに対してこの間，同社の正規労働者数は逓減し続けている（小松史朗〔2007〕「トヨタ生産方式と非典型雇用化」辻勝次編著『キャリアの社会学――職業能力と職業経歴からのアプローチ』ミネルヴァ書房, 148-149頁）。

　＊　非典型雇用とは，企業が直接雇用しているが正規労働者ではないという意味での非正規労働者（パート，アルバイトや期間従業員など）と，企業が直接雇用せず他企業が雇用した労働者を受け入れて活用しているという意味での社外労働者あるいは組織外人材（請負労働者，派遣労働者および社外工など）を含めた表現である。

非正規労働者の多くを占める期間従業員の特徴をみると，その雇用契約期間は基本的に6カ月（初回は4カ月半。更新は最長2年11カ月まで可能）であり，また正規労働者と比較した場合の賃金水準は正規労働者を100とした場合，平均賃金で57.6～65.9ポイント，年収で50.8～54.6ポイントと，明らかに短期雇用の低賃金労働者である（杉山直〔2008〕「トヨタの賃金格差」猿田正機編著『トヨタ企業集団と格差社会――賃金・労働条件にみる格差創造の構図』ミネルヴァ書房, 92-100頁）。

A自動車（トヨタ―筆者）およびグループ企業に対する調査報告をみても，

生産部門において非正規労働者を採用している理由の上位は、「景気・季節変動に対する調整」と「人件費の節約」であり（中部産業・労働政策研究会〔2004〕『労働力多様化のなかでの新しい働き方』1頁）、人件費削減や雇用量調整という短期的な効果が追及されている。そのため、表3-2のように、非正規労働者がメンバーの半数程度を占める職場もあり、1980年代の平均的な生産現場の労働力構成と比較すると大きく変化している。

　ところが企業の生産現場では、非正規雇用の活用拡大に伴って技能形成やチームワーク形成など競争力の基盤が弱体化するような問題も生じている。そのメカニズムは以下の通りである。①非正規雇用の拡大は、短期間で習熟可能な作業・工程の担い手の増大、つまり作業範囲・水準が限定的＊で、長期にわたる内部育成の対象にならない労働者層の増大を意味している。②そうした非正規労働者は短期的契約の下で活用されるため、職場への人の出入りが頻繁になり職場を流動化させる。③作業範囲・水準が限定的な短期雇用者が流動的に活用される職場を正常に運営するためには、正規労働者が業務領域を拡大したり、現場監督者層が非正規労働者に対する訓練や「ケア」＊＊を行うなど、正規労働者の負荷が全体的に増大する。これらの要因によって、生産現場では正規労働者の技能形成を行う時間的・人的余裕がなくなり、またチームワークの形成が妨げられる可能性がある。

　＊　一般的に、期間従業員は職場ごとの「初心者工程」などに配置され、細分化・標準化が進んだ定型的な作業に割り当てられている（小松〔2007〕171頁）。
　＊＊　非正規労働者は企業の理念や規律を内面化しておらず、正規労働者と比べると品質意識にも大きな差がある。そのため正規労働者には、コミュニケーションを通じて問題を察知し、解決するという、非正規労働者に対する固有の「ケア」が必要になるといわれている（伊原亮司〔2007〕「トヨタの労働現場の変容と現場管理の本質——ポスト・フォーディズム論から『格差社会』論を経て」『現代思想』第35巻第8号、青土社）。

　上記のような問題は、実際にトヨタの職場でも生じている。例えば、中部産業・労働政策研究会によるA自動車（トヨタ—筆者）とそのグループ企業に対する2002年の調査（職場長に対するアンケート結果）では、非正規労働者の比率が高まる中で「技能の伝承や教育訓練がうまくいっているか」どうかについて、約3割の職場は否定的な回答を示している。また**表3-3**にみられるよう

表 3-3 非正規雇用比率と職場運営上の問題点の関係

正規以外の労働者の比率	10% 未満	10-20% 未満	20-30% 未満	30% 以上
品質の維持・向上が難しい	44.5	47.3	55.8	56.1
職場内でローテーションができにくく，正規従業員の育成が妨げられる	41.8	47.3	55.0	51.7
職場における技能・技術の蓄積が困難になり，現場での改善力が低下する	32.0	34.9	38.3	44.4
定着率が低く，要員管理が難しい	24.1	30.1	36.7	42.4

(注) 調査対象は現場監督者1,241名。
(出所) 中村圭介（2005）「雇用システムの継続と変化」東京大学社会科学研究所編『「失われた10年」を超えて〔Ⅰ〕経済危機の教訓』東京大学出版会，160頁，より転載。
(原資料) 中部産業・労働政策研究会（2003）『ものづくりの伝承と中期的な労務政策』155頁。

に，非正規労働者の比率が30%を超える職場では，その4割以上において「定着率が低く，要員管理が難しい」，「職場における技能・技術の蓄積が困難になり，現場での改善力が低下する」，「職場内でのローテーションができにくく，正規従業員の育成が妨げられる」，「品質の維持・向上が難しい」などの状態が生じるとしている（中部産業・労働政策研究会〔2003〕『ものづくりの伝承と中期的な労務政策』155頁，および中村圭介〔2005〕「雇用システムの継続と変化」東京大学社会科学研究所編『「失われた10年」を超えて〔Ⅰ〕経済危機の教訓』東京大学出版会，160頁）。

こうした状況に対してトヨタの生産現場では「高負荷で張り詰めた状況」，「無理な人員体制」との声が上がっている。そして実際に，技能形成の弱体化，モラールの低下，および安全の後退が生じるなど，従来の競争力の基盤が揺らいでおり，トヨタ自動車労働組合も「人の入替えが頻繁に発生する中，応援者が慣れるまでは計画年休，ローテーション，さらには人材育成が実施できないなどの問題で厳しい職場運営を行っている」と，新たな雇用戦略が生み出す問題点*について指摘している（トヨタ自動車労働組合〔2001〕『評議会ニュース』No.0636—③）。

* 電機産業の多くの事業所でも，業務量変動に対する柔軟性確保のために請負労働者など非正規労働者の活用が進んでいる。しかしそれに伴って，非正規労働者に対する訓練，業務管理および欠勤対応が必要になるなど，正規労働者の負荷が増大してしまい現場に

おける「ノウハウの蓄積・継承」が困難になるという問題が生じている（佐藤博樹「ものづくりと人材活用：外部人材——競争力基盤の維持のために」工藤章・橘川武郎・G. D. フック編（2005）『現代日本企業　企業体制（上）』有斐閣，116-121頁）。

このように，日本企業の新しい雇用戦略は，人件費削減や雇用量調整という点で短期的には競争力の再構築に貢献しているかもしれないが，その一方で生産現場レベルでは職場が流動化し，正規労働者の負荷も増大し，これまでのように生産現場における技能形成やチームワークが機能しないという問題が生じてきている。まさに現場の生産・労働慣行が機能低下するという意味で生産現場が疲弊しているのである。非正規雇用拡大により職場の流動性が高まれば，組織というチームが安定的に組めなくなり，生産現場では技能形成やチームワーク形成が困難になる。さらに，いずれ放り出されると思いながら働く労働者の企業へのコミットメントは小さく，正規労働者にも負担が積み重なる。その結果，企業の発展に必要な知恵とエネルギーを労働者は出してくれなくなる。生産現場の疲弊問題は，まさに企業にとって「自由の代償」（伊丹敬之〔2007〕『経営を見る眼——日々の仕事の意味を知るための経営入門』東洋経済新報社，43頁）である。

5　「現場疲弊」から持続可能な企業経営へ

1990年代後半以降，多くの日本企業は雇用ポートフォリオマネジメントに基づく雇用戦略を展開した。日経連報告書は，「人間中心（尊重）」「長期的視野」という日本的経営の理念を継承することを強調したのであるが，その実態は人件費削減や柔軟な雇用量調整など短期的な効果を追求した非正規雇用の拡大であった。そのため，低賃金・不安定就労で将来に向けたキャリア展望にも乏しい労働者が大量に生みだされるなど労働者の労働・生活の質は低下している。また，非正規労働者の急速な増大は，技能形成やチームワークなど日本企業の強みである生産・労働慣行の機能を低下させているという側面もある。競争力再構築の一環である新たな雇用戦略は，「現場疲弊」を生み出して競争力基盤を衰退させるという新しい矛盾に直面しているのである。

では，「現場疲弊」問題の考察から私たちは何を学ぶことができるだろうか。本章の課題に照らして企業の人材育成・活用問題に限定して述べるならば，労働者を短期的なコスト要因としかみなさない今日の雇用戦略は，人間性を重視した持続可能な企業経営の構築には結びつかないということである。

　企業の一般的特質は，たしかに営利性原理にある。しかし，**継続事業体**としての企業は環境（＝社会）との相互作用の中に存在し，また労働者の協働によって成立していることにも注目する必要がある。企業の存続・発展のためには，長期的に持続可能な経営システムの構築が必要となるのである。その持続可能な企業経営のためには，企業外に対しては安心して利用できる高品質の製品・サービスを適正な価格で生産・提供するとともに，地球環境保全や地域社会への貢献を経営の仕組みに取り込んでいく必要がある。また企業内においては人権の配慮，雇用の安定，労働条件の向上，能力向上機会の提供，および働きがいの提供など，広く労働者の人間性を向上させる努力が必要となる。また，社会的にはそうした企業行動を促進するような制度，規制も重要になる（以上，藻利重隆〔1973〕『経営学の基礎』森山書店；林正樹〔1998〕『日本的経営の進化』税務経理協会，および村田和彦〔2006〕『経営学原理』中央経済社）。

　この点に関して，田中照純氏による「人間に優しい企業」という問題提起は重要である。田中氏は現代企業の根本的な変革の道筋として，2つの「優しさ」を提起する。1つは企業内における労働者の人間性（人間らしさ）重視，人権擁護という人間尊重経営への転換であり，もう1つは企業外の地域住民や消費者に対して「企業も他の人々と同様に良き市民である」と考え行動するように心掛けるという「コーポレート・シチズンシップ」の重要性の強調である。この2つの方向性を包括するような企業経営こそ，継続事業体としての持続可能な企業経営といえよう（田中照純〔1998〕「人間にやさしい企業」片岡信之・篠崎恒夫・高橋俊夫編著『新しい時代と経営学』ミネルヴァ書房，193-195頁）。

　以上に示した持続可能な企業経営像を踏まえると，近年の非正規雇用の拡大

継続事業体：ゴーイング・コンサーン。企業の基本的な性格の1つであり，企業は株主，従業員，顧客，そして地域住民など多様な利害関係者（ステークホルダー）との関係を継続させることによって存続・発展できるということを示す。

> ▶▶ *Column* ◀◀

雇用戦略の「転換」は日本企業を活性化したか？：成果主義賃金の行方

　非正規雇用化とならんで日本企業の新たな雇用戦略といわれているのが賃金の成果主義化です。従来の日本企業では，勤続年数や職務遂行能力を重視した賃金制度が定着してきましたが，1990年代後半以降，"仕事の成果に基づいて賃金や賞与を決定する"成果主義賃金の導入が相次いでいるのです。日本労働研究・研修機構の調査によると，多くの企業はこれまで賃金決定の際に，年齢給的および勤続給的要素を重視していたのに対して，今後は個人業績・成果給的要素を重視すると回答しています。また，こうした賃金制度の見直しの理由は，従業員の満足を高めるために一人ひとりに応じた賃金決定が必要になっていることや，経営状態に照らした総額人件費抑制が必要になっていることにあるようです（JILPT〔2008〕「従業員の意識と人材マネジメントの課題に関する調査」）。

　しかし，成果主義賃金の二面性に注意しなければなりません。企業にとっては，年功主義賃金で発生していた毎年の自動的な人件費増大を抑制できる一方で，職場に短期的成果を競う雰囲気が広がると連帯感や協働を壊してしまう恐れもあります。また働く人にとっては年齢，学歴，性別などに左右されず各人の仕事の成果を評価してもらえる一方で，賃金の格差や変動性が生じるなど，安定した生活を考える上では不安も拭えません。

　厚生労働省の平成20年版『労働経済白書』では，現時点の成果主義賃金は評価基準の曖昧さゆえに労働者の納得感を低下させていることや，厳しい経営環境の下では人件費抑制的な視点に傾きがちになっていることが指摘されています。そのため労働者の満足感を低下させる要因になっているようです。いかに公正な評価体制を確立するか，生活の安定と職場における労働者の協働をいかに維持するか，日本企業の経営の今後を考える重要なポイントです。

は短期的な人件費削減と柔軟な雇用量調整を目的に進められたものであり，長期的視野から人間性と社会性を重視して持続可能な経営のあり方を見通したものではないという限界がある。もしも労働者を短期的なコスト要因とみなす施策が広範に用いられ続ければ，第一に多くの労働者の生活の質の向上が実現されず，そのことによって企業経営に必要不可欠な消費需要が減退することが懸念される。また第二に，多くの労働者のキャリア形成が実現されず，これまで蓄積してきた日本企業の強みを活かせなくなるという問題がある。特に，企業

にとって将来の競争力の源泉となる若い労働者の能力開発と成長が妨げられることは，企業にとっても社会にとっても大きな問題である。そうなれば企業は高品質な製品の効率的な生産を安定的に実現できなくなるため，消費者，株主，地域住民など多様な利害関係者との関係も悪化してしまい，企業経営の持続性が損なわれることになる。

これに対して，従来の日本企業の生産システムや雇用システムには，労働者を長期的資産とみなして育成・活用していく側面があったことを再認識することは重要であろう*。たしかに従来の日本的経営には，長期安定的な雇用の保障とその下でのキャリア形成という肯定的側面と同時に，長時間・過密労働や過労死など，職業生活に偏重した企業中心社会としての否定的側面があった。しかし数多くの限界や問題点を含むとはいえ，人間性を重視した持続可能な企業経営を構想する上で，労働者を長期的資産と捉えて，雇用保障やキャリア形成の可能性を提供してきた従来の日本企業の人材育成・活用のあり方を見直すことの意義は小さくないように思われる。

* ロナルド・ドーア氏は，今日の日本企業に広くみられる非正規雇用の拡大や雇用ポートフォリオマネジメントについて，技能を移転可能な商品とみなして人的資源の配分効率を強調する「市場志向」システムと特徴付ける。その一方で，従来の日本企業にみられたような人材育成・活用のあり方を，企業の効率は人的資源の蓄積にかかっておりそれは企業内部の組織的学習で築かれるという「組織志向」システムと特徴づける（ロナルド・ドーア／石塚雅彦訳〔2005〕『働くということ——グローバル化と労働の新しい意味』中央公論新社，98-100頁）。

周知のように，2008年秋に生じた米国金融不安に端を発する景気後退の中で，多くの日本製造業企業は生産量の減少に対応するため，これまで活用してきた非正規労働者の雇止め等を進めている。その数は，厚生労働省の発表（2009年2月27日）によれば，約15万8000人（2008年10月～2009年3月まで；実施済みと実施予定を含む）にのぼるといわれており，多くの労働者の生活と生命が危険にさらされると同時に，生産現場にも動揺が広がるなど，問題はますます深刻化している。1990年代後半以降に日本企業が展開してきた雇用戦略を問い直す必要性がより一層高まっているのである。

いま求められているのは，経済社会の発展を担ってきた日本企業の生産や人

材育成・活用の有益な部分を，長期的視野から持続可能な経営システムとして再構築することにある。その際に重要になるポイントは，企業を支える労働者の人間性に配慮した人材育成・活用をいかに行えるのかという点にある。現代日本企業は，本章で明らかにしたような「現場疲弊」問題をいかに取り除き，そして従来の日本企業の経営の何を見直し，継承し，新たな経営システムに鋳直していくか，重要な課題に直面している。

推薦図書

熊沢誠（2006）『若者が働くとき――「使い捨てられ」も「燃えつき」もせず』ミネルヴァ書房

　現代日本企業で働く若者が直面する問題とは？　自らの問題として現代の企業経営と労働を考察できる好著。

ロナルド・ドーア／石塚雅彦訳（2005）『働くということ――グローバル化と労働の新しい意味』中央公論新社

　先進工業国における労働世界の変化の行方は？　グローバリゼーションとのかかわりから現代の労働を理解できる名著。

伊丹敬之・藤本隆宏・岡崎哲二・伊藤秀史・沼上幹編（2006）『リーディングス日本の企業システム第Ⅱ期第4巻　組織能力・知識・人材』有斐閣

　日本企業の経営システムは限界か？　組織能力，知識創造，熟練形成に焦点をあて日本企業の課題と可能性を展望する研究書。

設問

1．本章や参考文献の内容を参考にして，日本企業の人材育成・活用の特徴（1980年代までと1990年代以降）を整理し，比較してみよう。
2．関心のある企業の人材育成・活用の特徴を，「持続可能な企業経営」「人間に優しい企業」という視点から調べてレポートを作成し，ゼミや学習グループのメンバー同士で比較検討してみよう。

　　　　　　　　　　　　　　　　　　　　　　　　　　　　（島内高太）

第4章

監視企業と社会の経営学
――監視（盗撮・盗聴）の告発と市民的人権の確保――

　　監視という現代的な管理現象の深部をみていくと，人の保護や安全対策という表向きの管理とは全く相容れない，企業犯罪としての組織的な盗撮・盗聴を発見します。本章では，それを目撃する筆者の一人の労働体験報告（証言）に基づいて，監視犯罪の法律論的解明を行うとともに，現代の企業管理の特質を考察し，監視構造の解明を行います。

1　変貌する監視

　最近，「監視カメラあり」「監視カメラ作動中」「防犯カメラ設置店」などの表記ステッカーをよく見かけるようになった。銀行や郵便局など金融機関をはじめとして，スーパー・量販店・商店街，はたまた高速道路・主要幹線道路においても至る所に「カメラ」が設置されていることは周知の通りである。
　これまでのカメラの「向いている方向」（目的に相当）は犯罪の未然防止等，われわれ市民に何らかの恩恵をもたらすことにその主眼があると思われてきた。しかし，最近のカメラの向いている「方向」をよく観察すると，これまでは金融機関にあってはカウンターの外側（出入口）方向にのみ向けられていたのが，今ではカウンターの内側（従業員）方向にも向けられるようになってきている。また，スーパー・量販店にあっては，レジ付近を含め店舗通路全体にカメラが四方八方に設置されるようになっている。商店街においても，通り全体の様子がカメラに収められるような設置形態となっている。また，高速道路・主要幹線道路等において，速度違反等を記録するいわゆるオービス（ギリシャ語orbis：眼）と呼ばれる速度自動測定装置以外に，走行全車を常時記録するNシステムなどが配置されている。警察庁による国民移動監視システムであり，

犯罪の予防・抑止の名目で一方的に市民の移動状況を監視・記録・保存しており，しかも市民にその具体的情報の開示が行われていないという問題点がある。

このように，監視カメラの多様な利用が展開されている。それらに対して，「監視社会」の表れとして忌み嫌う社会的風潮が出ていることもまた事実である（竹内貞雄〔2005〕「現代企業の監視への凝視――市民的批判のために」中村共一編著『市民にとっての管理論――公共性の再構築』八千代出版，66頁）。

このような監視社会が加速化している背景に，おそらくIT（インフォメーション・テクノロジー）の急速な発展があるだろう。監視カメラの「向き」に象徴されるように，全従業員，特に，現代的な病理現象として，大量に産出された非正規従業員の動向に関し，ITをフル活用することで逐一動向を監視，記録，評価するため，人的管理が変化していることを見逃してはならない。ネットワーク動画音声管理システム，いわゆる**遠隔監視**による管理手法がそれである。その際，監視カメラの「在り処（ありか）」が，本来の犯罪防止等に寄与しているとは認め難い事実，すなわち，客観的に外界から監視カメラが確認し難く，いわゆる盗撮・盗聴に値する遠隔監視による管理手法の実態があることを見逃してはならない。それは，筆者（稲木）自身が現在勤務する某鉄道会社における労働経験を通して明らかになりつつある。

2　遠隔監視の犯罪的管理手法を斬る：某鉄道会社付帯施設等における実体験を通して

本節では，2つの重要な事例を示す。1つには，筆者自身がかつて勤務した製造会社工場現場における実態であり，もう1つは，A駅付帯施設における当社社員（特に上級正規社員）の，アルバイト員に対するいわば遠隔監視（盗撮・盗聴）の犯罪的管理手法の実態である。特に，後者については詳細に検証し，その問題点を提起するとともに，犯罪的管理手法に対抗するため，問題解決への糸口を明らかにしたい。

遠隔監視：設置した防犯カメラの映像を設置場所とは離れた場所で，インターネット環境を通してリアルタイムに監視を行ったり，カメラ設置場所に配置してあるデジタルレコーダーの映像を検索・再生するシステムのこと（http://www.altaclasse.co.jp　参照）。

なお，製造会社名・鉄道会社名・鉄道関連企業名・駅名・社員名などの実名公表は，社会的影響の重大さを考慮し差し控える。以下，筆者（稲木）を一人称の「私」として表示する。

1　証言Ⅰ：製造会社工場現場における正規社員による遠隔監視体制

当製造会社現場作業員に応募した頃，たまたま久々のクラス会が催され，その席上で，遠隔監視に関する情報を耳にした。もとより生活の糧を得る目的もあってのことである。私を含めた3名の新規パート社員，1名の派遣労働者の計4名が同期に入社し，連日，主に工場内ラインにおいて製造作業および製品移動積込作業に従事した。そこでは，次のような事態を経験することになった。

工場内外ともにセキュリティーが施され，勤務時間帯は，いわゆる警備員は常駐しないが，長期パート社員の日々の報告と合わせて，正規社員による遠隔監視が常態化している。工場内外での労働者はパート労働者と派遣労働者で定員を充足させている。通常，正規社員は事務所内でのカメラを通した工場内監視・ライン故障時の対応・製品の品質検査および内務処理・来客応対が主たる業務である。長期パート社員は，就業前にその日1日の生産数表を正規社員から受け取る。男性パート労働者・派遣労働者は，その指揮の下，就業前に速やかに作業に就けるように下準備を行う。その後朝礼があり，朝礼後，パート労働者・派遣労働者は，指示された所定の配置箇所へと向かう。ライン稼動・保守作業は，通例すべてパート労働者・派遣労働者のみで行う。

工場内にはエアコンはなく，小型のスポットクーラーがあるが，機器後方から熱を発するためほとんど効用をなさず，高温下での労働を強いられる。休憩場所および休憩場所への通路は正規社員と場所を異にし，さらに，正規社員在室の事務所への出入りも厳格である。また，休憩場所が正規社員と異なるため，一切正規社員とは切り離され，いわゆる「現場長」（長期パート社員）が絶対的権力を握り，常時指揮・監視している。本来ならば，休憩時間は拘束されない時間であるはずであるが，現実は座席が指定され，指定された座席で休憩をする。また，就業時間以外の時間（休憩時間あるいは就業時間前）の，あらかじめ指定された掃除区域があることや，暗に現場長の圧力主導による，休憩後就業

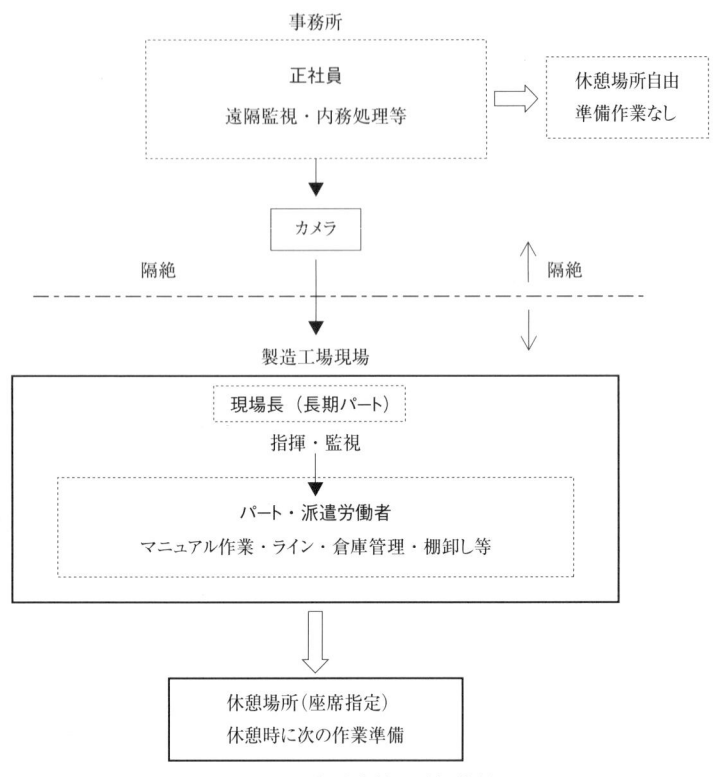

```
          事務所
    ┌─────────────────┐
    │      正社員      │      ┌──────────────┐
    │ 遠隔監視・内務処理等 │ ──→ │ 休憩場所自由   │
    │                 │      │ 準備作業なし   │
    └─────────────────┘      └──────────────┘
            │
            ↓
         ┌─────┐
         │カメラ│
         └─────┘
隔絶                            ↑ 隔絶
─ ─ ─ ─ ─ ─ ─ ─ ─ ─ ─ ─ ─ ─ ─ ─ ─
            ↓
        製造工場現場
    ┌────────────────────────────┐
    │   ┌─────────────────┐      │
    │   │ 現場長（長期パート）│      │
    │   └─────────────────┘      │
    │       指揮・監視             │
    │   ┌─────────────────────┐  │
    │   │   パート・派遣労働者    │  │
    │   │マニュアル作業・ライン・  │  │
    │   │ 倉庫管理・棚卸し等      │  │
    │   └─────────────────────┘  │
    └────────────────────────────┘
            ↓
    ┌──────────────────┐
    │ 休憩場所（座席指定） │
    │ 休憩時に次の作業準備 │
    └──────────────────┘
```

図4-1　製造会社の監視体制

時間が始まる前の準備があり，ほとんど休憩（食事）する時間がない。そして他方，現場長のテーブルには，生計維持上ここを去れずに残留している労働者が献上した多くの菓子類が置かれているという有り様である。当然，献上しない労働者は陰湿な厳しい差別（いじめ）を受ける。もちろん，正規社員はこの実態を知っているが，工場内の作業内容をすべて知る現場長は，監視する側（正規社員）にとって不可欠の存在という理由から，この差別を黙認せざるをない。過去に管理者等に直訴した労働者がいたが，以降も全く変わっていないとのことである。

　通常，正規社員は工場内には不在で，製造には従事しないため工場内の労働者との意思疎通もない。そのため，製造過程で不具合が生じても，現場長の主導による不具合改善が図られ，機械が故障し稼動できなくならない限り正規社

員との共同作業はあり得ない。しかも，作業内容に関してはすべて現場長（長期パート労働者）によりマニュアルが作成され，その内容すら正規社員は知らない状況である。その上，正規社員は現場長作成によるマニュアル内容の確認さえもしない状態である。

　図4-1は，以上の当製造工場現場における正規社員の非正規労働者に対する管理形態を図解したものである。製造工場内の現場は，過度の監視により，現場長の道具として，いわば古来の監獄内の囚人のように奴隷拘束の場と化している状態にあるといっても過言ではない（稲木隆憲〔2007〕「遠隔監視は何をもたらすか――製造工場現場における労働体験から得たもの」『情報問題研究』第19号，晃洋書房，5-6頁，補筆）。

[2]　証言Ⅱ：某鉄道会社A駅付帯施設における社員等による遠隔監視体制
　　　（実体験順）

　前記製造社を退職し，当該会社に就職応募，アルバイト清掃作業員として入社した。そこでは，さらに驚くべき事態を経験することになった。

①勤務形態と会社
ア）A事業所内全体（A駅ならびにA駅付帯施設）の構成　（2008年8月現在）
　社員（含次長）7名，準社員（所長）1名，契約社員4名，アルバイト員（7～22時まで）13名，深夜アルバイト員（22～6時まで）4名，駅案内担当契約社員3名　計32名
イ）勤務体制（A駅付帯施設）
　a.　勤務時間と人員
　　　　7～16時　　　社員1名　　アルバイト員2名
　　　　16～22時　　　主にアルバイト員1名
　b.　勤務形態
　　　早朝勤務1（7-11時）　　　アルバイト員
　　　　〃　　2（　〃　）　　　主に社員
　　　　〃　　3（　〃　）　　　アルバイト員

日中勤務1（12〜16時）		アルバイト員
〃 2（ 〃 ）		アルバイト員
〃 3（ 〃 ）		主に女性社員
夜間勤務　（18〜22時）		主にアルバイト員

　c．勤務内容

　　　上記いずれの勤務も，男女トイレ・多目的トイレ（身障者用）・各通路・従業員休憩室等の清掃作業が含まれている。

ウ）A駅付帯施設内の某鉄道会社関連企業

　　ショッピングモール（B株式会社A支店）

　　警備業運営子会社管理センター（C株式会社，以下，管理センターと表記）

　など。

エ）その他，某鉄道会社関連企業以外の企業（飲食店等）あり。

②管理センター員および社員による遠隔監視体制の疑惑事例（一部）

実例①　於：清掃員詰所兼休憩室

　私が日中・夜間通し勤務の休憩時間（食事中）において，ラジオ講座を微小音量で聴いていたことが社員間で認知されていた。当時，私1人しか詰所におらずドアも完全に閉められた状態であったため，外に音が漏れることは考えられず，しかも詰所でラジオ講座を聴いた初日であった。不自然さを覚えた。

実例②　於：多目的トイレ（身障者用）

　　私と当時女性a契約社員（当時，2007年9月社員に昇格）がトイレ付近通路にて作業打合せ中，突然，管理センター員b氏が速足で多目的トイレ（身障者用）を訪れ，ドアをノック「今，通行人から通報を受けた」旨，荒々しい口調でドアを開けさせ，トイレ内にいた若い男女カップルを説諭し帰宅させた。

　　当該時間帯には従業員を含めて通行人は皆無で，しかも，管理センターへの直通電話は公にされておらず，加えて，通行人が通報しようにも管理センターへは外部者進入禁止の従業員専用通路を通らなければ行くことができな

い。施設内外共に管理センターへ行く案内板はなく，いったん，施設外へ出て再び案内板のない従業員専用通用口から施設内に入り管理センターへ行くことは考えられない。不自然に感じた私と女性a契約社員（社員昇格前）は，その時，トイレ内における「隠しカメラ」（盗撮）の疑いをもち始めた。

実例③　於：多目的トイレ（身障者用）

　私が多目的トイレ（身障者用）清掃後，ドアを開けたままの状態で男子トイレに移動し清掃中，管理センターc氏が訪れ，「モニターに外が映っている。ドアを閉めておいて」と明確にモニターの存在を発言し，管理センター方面へ戻って行った。

　不自然に感じた私は，先の実例②女性a社員（社員昇格後）に隠しカメラ（盗撮）について詰問したが，「何も言えない」と回答するのみであった。

　管理センター員c氏の言から推測すれば，多目的トイレ（身障者用）ドアを開けると真正面には洗面鏡があり，鏡壁内に隠しカメラが設置されていると思われる。

実例④　於：多目的トイレ（身障者用）

　私が多目的トイレ（身障者用）清掃中，トイレ前通路にて大人同士の口論が始まったため，トイレ内より管理センターに社内用携帯電話で連絡すると，「トイレ内は強力な電波が飛んでいるから，携帯電話では話が聞き取りにくい。通路へ出てくれ。大きな声をあげて喧嘩しているのはここでわかる。今，行く」と管理センター員d氏は応答した。数分後，d氏がトイレに到着，口論は静まったが，「聞き取りにくいトイレ内で大きい声で話をすると，向こうで響く」と注意された。隠しカメラのみならず，音声（盗聴）も遠隔で確認されている疑いがもたれ始める。

実例⑤　於：お客様専用女子トイレ・お客様専用男子トイレ

　アルバイト員z氏のトイレ洗面ガラスにおける作業について，f社員（班長）は「z君は独り言を言いながら仕事をしている」と私に語った。また，最近目立つ陶器の汚れにつき「（汚れを除去する）ブラシを使っていない人（アルバイト員）がいる。スポンジだけの人（アルバイト員）がいるので，どんどん汚れが溜まってくる」と不満を漏らした。各々のアルバイト員の作業

動作やトイレ洗面ガラス前における単独作業中の独り言をも確実に把握していた。洗面ガラス壁内に音声つきカメラ設置の疑いが濃厚となる。

実例⑥　於：お客様専用男子トイレ

　　個室内より若い男女の声がするため声を掛けたところ，知的障害のあると見られるカップルが足早にトイレを後にした。数分後，私から連絡しなくとも管理センター員ｃ氏が訪れ，「知恵遅れのような感じだから仕方がない」と述べ，戻って行った。たとえ同カップルとｃ氏とが途中で出会ったとしても，同カップルの人がトイレ個室内にいたことまで知るはずがない。不自然であった。隠しカメラでトイレ個室内の状況が把握されていた（盗撮・盗聴）と思われる。

実例⑦　於：多目的トイレ（身障者用）

　　サニタリーボックス（金属製）の置き場所が日々異なっているため，ｆ社員（班長）に置き場所についてたずねたところ，ｆ社員は「（あなたは）前の方に置いているのだね。人（アルバイト員）によって違っている。女子が作業をする時は，陶器の前の方に置くし，男子が作業をする時は，後ろの方に置いている」と語った。また，殺菌剤の使用にあたって，ｆ社員は「女子が作業をする時は多く使う（噴霧する）が，男子が作業をする時はあまり使っていない（噴霧していない）」と語り，個室内での作業動作をあたかも直接見たかのように，詳細に語っていた。

実例⑧　於：従業員休憩室

　　夜間，通常の作業内容とはなっていないテーブル拭き作業を自主的に行ったところ，後日，アルバイト員ｏ氏は「夜間のテーブル拭きを，社員より行うよう指摘された」と，語った。当日，夜間私１人が自主的に行った作業を社員は知っていた。また，ドアも閉まっており誰も知る余地はない。その室内の壁掛け時計中心に円型状の赤く光る部分あり（周期的に赤く点滅する）。壁掛け時計に関し，ショッピングモールの内部者にたずねたところ「以前よりあった」と答えた。赤色発光点滅時にモニタリング中の疑い濃厚となる。

実例⑨　於：ゴミ庫・荷さばき

　　ｆ社員は「ｒ君はゴミ庫を今日はやってない（作業していない）し，昨日も

していない」「荷さばきも車が空いた時に，機転を利かせてやってしまえばいいのに，まだここもやってない」と私に不満を漏らした。ゴミ庫内で静かに耳を澄ませていると，カチッという音が周期的に聞こえた。この音はゴミ庫以外のすべての箇所で聞こえた。

実例⑩　於：ゴミ庫

　私1人でゴミ庫内を清掃中，誤って備品を落下させた際に，大きな音が生じたところ，間もなく管理センター員c氏が慌てて入庫し，注意を促して戻って行った。

　なお，同様のこととして，客専用入口通路において，管理センター員c氏は「あまり大きな声で話をしないでくれ」と断ってから話を始めた。

　これは，遠隔監視装置機能として一定量以上の音に反応した場所にモニター画像が切り替わる可能性あり。その確認のため試しに，女子トイレにおいてサニタリーボックス（金属製）を故意に床面に横倒しにして高い金属音を出すと，間もなくカチッという音が天井付近から聞こえてくる。天井を見ると，換気口がトイレ個室と個室の間に設けられているが，それ以外特異物はない。しかし，以前にf社員（班長）より「全面清掃の際には個室上天井の格子つき換気口部分の汚れをフラワー（長い柄のついたハタキ様の掃除用具）で落としておくように」との指示を受けていた事実があり，そのことと符合する（カチッという音はトイレ個室・ゴミ庫・清掃員詰所などにおいても，何度も確認できた）。

　たとえ，他の場所をモニタリング中であっても，大きな音がした場所に向かって直ちにモニタリングするシステムになっていると思われる。

　さらに，アルバイト員間における会話内容が次長他社員に筒抜けになっていることは日常茶飯事である。もっとも，耳元において耳打ちする内容にあっては，所長より後日，「仕事中に何をコソコソ話しているのか」と注意を受けた。周りには誰もいなかったので，不自然である。耳元で耳打ちする音声までは監視システム機器は拾うこと（盗聴）ができなかったのであろう。

実例⑪　於：避難通路

　私が作業移動中，避難通路に多くの自転車が放置されており，歩行者の通

行が妨げられていたため，相談するため社内用携帯で管理センターに連絡したところ，管理センター員c氏は「ここで見ていて，どうしょうかと考えていた」と回答した。

実例⑫　於：お客様専用女子トイレ

客より遺失申告を受けたため，管理センターへ社内用携帯で連絡したところ，管理センター員d氏は「今，見ていないのでわからない。巡回中だ。案内カウンターへ行ってくれ。i さんがいるはずなのに見てないのかな」と返答した。管理センター員が巡回時には，社員が当時管理センターにて遠隔監視中であったと思われる。遠隔監視が秘密になっていることを理由にか，i 社員は遺失申告の件に何も触れようとしなかった。

実例⑬　於：管理センター前

個室部分クリーニング終了後，管理センター前で管理センター員d氏より「（あなたは）左利きなんだね」と声を掛けられたが，これまでd氏の前で字を書いたことなどなく，個室での作業では私は左手で行う方が効率的なのであるが，そのことは，d氏が個室内をモニターで確認していない限り知るはずがない。

実例⑭　於：清掃員詰所

私が客専用男子トイレを清掃中，破れた薄手袋を新品のものと交換するために詰所に戻ったところ（詰所から当該トイレまで数メートルというわずかの距離しかない），詰所内でパソコンに向かっていたeチーフ社員が慌てて電源を切った。わずかの差で画像を確認できなかったが，私が画像を認知してしまったと恐れてか，心配そうな表情を隠せない様子であった。管理センター以外にも，清掃員詰所のパソコンにおいて遠隔監視が可能と思われる。

同様のこととして，かつて駅勤務の時も同様に手袋を交換するため，事務所へ戻ったところ（事務所から当該現場まで数メートルというわずかの距離しかなかった），パソコンに向かっていた次長が，慌てて電源を切ったことがあった。

実例⑮　於：ゴミ庫

ゴミ庫内設置のドラム洗濯機内に残された使用済みクロスの枚数が少な

かったことから、「mアルバイト員（の作業）を見てこないといけないな」と、f社員は呟きながら立ち去った。

実例⑯　於：運転センター（A駅付帯施設と距離をおいた別棟施設）

　j女性元社員が、清掃作業中は自己携帯電話使用禁止となっているにもかかわらず、携帯操作していたところ、親会社社員による監視により携帯操作事実が発覚し、以降、精神疾患となり、医師の診断書が所長に提出された。遠隔監視によるものか否かは未確認であるが、退職後、jさんは同時期に退職したvさんと共にA駅付帯施設で作業中だった私を訪れ、監視カメラを意識しつつ「気をつけて」と告げて立ち去った。（当時社員であったjさんは、当然遠隔監視の存在は知っていたと思われるが、しかし、在勤中、jさんはゴミ庫等で遠隔監視の事実を未だ知らないアルバイト員と共に雑談に耽っていたこともあり、さらに、20歳代という若さゆえに、遠隔監視の全容については知らされていなかった可能性がある。）

実例⑰　於：避難通路

　かねてより駅付帯施設担当eチーフ社員が社内用携帯を携帯せず、カート内に入れたまま作業を行う状況にあったため、不審に感じていたが、労働組合A支部長兼駅担当kチーフ社員に携帯の必要性について確認しようと、あえて、「アルバイト員各々の居場所確認が必要なためGPS機能をも導入して、信用が全くないとお思いなんですかね」とたずねたところ、kチーフ社員は「そうなんだ。何も信用していないのだろう。何でも（＝GPSのこと）付けやがってな」と答えた。また、kチーフ社員に「この（監視）体制には問題がありますね」と伝えたところ、「そうなんだ。おかしいな。」と、盗聴されているのを意識しつつ小声でささやいた。

実例⑱　於：清掃員詰所

　7時の朝礼時、次長から、「最近、携帯を持たない者がいる。必ず携行して作業をするように」との指示があった。また、申し送り連絡帳にも、次長直筆によるその旨の記載がなされた。社内用携帯へのGPS搭載疑惑が一部のアルバイト員間で持ち上がった時期と一致する。

実例⑲　於：男子更衣室・従業員専用女子トイレ

従業員専用女子トイレの清掃を終了し，男子更衣室内の清掃に取りかかろうと出入口ドアを開けると間もなく，カチッという音がした。出入口ドアを開けるとすぐ左側には，壁面に等身大以上をも映し出す巨大な姿見鏡が設けられている。また，その鏡の壁を背にした隣は従業員女子トイレとなっており，壁を背中合わせにして従業員女子トイレ内にも等身大以上の巨大な姿見鏡が設置されている。なお，従業員専用女子トイレ内には，壁一面の洗面鏡が2面と等身大以上の巨大な壁面姿見鏡1面が設けられている。男子更衣室内にも，鏡壁内カメラ設置の疑いが濃厚となる。

実例⑳　於：ゴミ庫

　次の作業場所へ移動中に，資機材を準備しようとゴミ庫に立ち寄ったところ，eチーフ社員が通常の作業では使用しない洗剤を用いて作業をしていたため，その洗剤の用途・保管場所についてたずねたところ，eチーフ社員は「ゴミ庫にはこの洗剤は置いてない。ちょっと言えない場所にある。アルバイトはちょっと入れない」と答えた。アルバイト員は入れず，ちょっと言えない場所とは，正に，終日，アルバイト員を遠隔監視している場所である，という確信を得る。遠隔監視室ともいうべき「別室」が駅付帯施設内に設けられているといってよい。

③遠隔監視（盗撮・盗聴）を通したアルバイト員に対する管理と勤怠評価

　以上のような隠された監視カメラによる遠隔監視の存在が極めて濃厚な実例に鑑みて，今やパブリックスペースにおける一般防犯という観点からの監視だけでなく，トイレ内に至るまで監視（盗撮・盗聴）の眼が及んでいることには驚きさえ感じさせられる。そして，今日では遠隔監視の実態を知る，社員以外の数名の者は，小声での会話，あるいは，居場所の特定を回避すべくGPS機能搭載の社内用携帯をいったんカート内等に収納し，施設から完全に出て離れた場所まで行って，また，ゴミ庫内に設置してある生ゴミ庫内（かつて，関係社員よりカメラなしとの情報を得た）で話をするようにまでなっている。この現象は，まさに，人間関係破壊からの回避と自己防衛の現れといえるだろう。

　ところで，社員によるアルバイト員に対する勤怠評価は，社内専用マニュア

ルに従い，すべて遠隔監視を通して主に次長によって行われている。社員による直接現場において行われる目視確認は約1年間1度もなく，その代替としての役割を遠隔監視が担っている。また，新しいアルバイト員（見習い）に対しては，はじめに社員（班長）が清掃手順を教示し，教示通りに作業がなされているか否かのチェックをし，「忘れ物を取りに行ってくる」等と伝え，管理センター別室（あるいは清掃員詰所）で遠隔監視・勤怠評価する。見習いを終えたアルバイト員に対しては通常は，終日，次長あるいはチーフ社員・班長が事務所（清掃員詰所）・管理センター別室にて遠隔監視を，そして公休日には，管理センター員が遠隔監視・勤怠評価を行う。また，管理センター員の巡回時には社員が交替して遠隔監視にあたり，必要時には所長が監視代行するという体制をとっている。いずれにせよ，社員と契約社員・アルバイト間では相当に大きな格差と壁がある。特に，「アルバイト員は何をするかわからない。だから徹底して監視を行うように」との言質のあったことも耳にしている。

　数年前，新駅（A駅）の完成式が催されたが，新駅建設にあたり遠隔監視（ネットワーク動画音声管理システム）導入に不可欠の工事に携わった電気機械関係の企業を調査した結果，いずれも某鉄道会社グループ関連会社2社であることが判明した。また，A駅担当チーフ社員兼当社労働組合A支部長k氏は，「駅付帯施設の隠しカメラはラブホテル同様のものであり，何か問題が発生した時に，録画してある映像等を確認するためにある。従業員等が問題を起こすことはないと思うが，見ている。監視は駅とショッピングモールとは別々であり，ショッピングモールはB会社管理の下で行い，契約社員もアルバイト員を監視するようになった。あまりにもヒドイと感じたら言ってくれ。組合で問題にする。実は，他の駅付帯施設でも今，（監視が）問題になってきている。」と語った。かつて管理センターc氏の「あなたらの上司は，管理センターではなく，むしろB会社のほうではないか」との言が想い起こされる。現在の当社社長o氏は，元B株式会社A支店の支店長である。

　今後，他の地域においても新たな駅の建設が進むことになれば，前記A駅同様，建設される駅ならびに周辺商店街において，あるいは比較的小規模な旧駅においても，鉄道会社関連企業にかかわる遠隔監視システム工事がなされ，

```
                    ┌──────┐
                    │ 本社 │
                    └──┬───┘
                    ┌──┴───┐
                    │ 所長 │
                    └──┬───┘
           ┌───────────┴───────────┐
  ─ 次長 ─                ─ チーフ社員・社員・管理センター員 ─
  事務パソコン・モニター      清掃員詰所パソコン・管理センターモニター

                    ┌────────┐
                    │ 契約社員 │
                    └────────┘
           格差（壁）              格差（壁）
  ─ ─ ─ ─ ─ ─ ─ ─ ─ ─ ─ ─ ─ ─ ─ ─ ─ ─ ─ ─ ─ ─ ─
    ┌──────────┐              ┌──────────────┐
    │ A駅構内外 │              │ A駅付帯施設内外 │
    │ (一般市民) │              │  (一般市民)   │
    │ アルバイト員│              │ アルバイト員  │
    └──────────┘              └──────────────┘
```

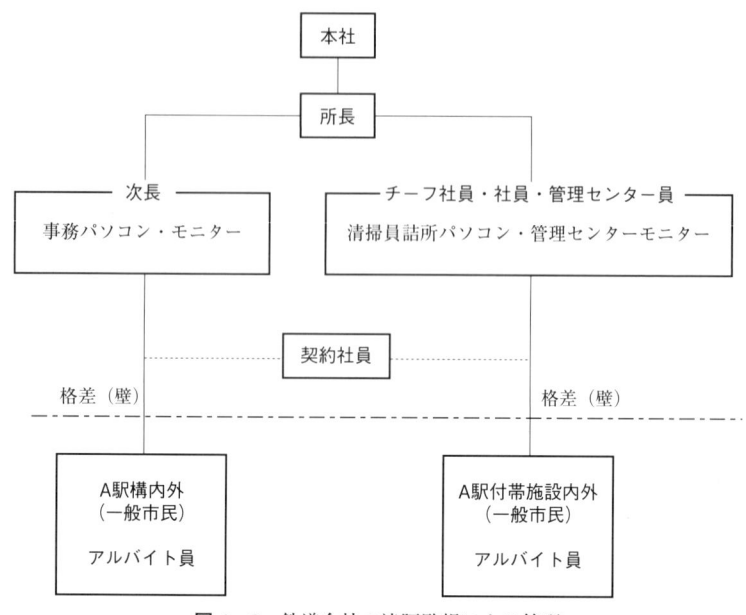

図4-2　鉄道会社の遠隔監視による管理

同システムの波及が十分予想される。

　図4-2は，当該の監視（盗撮・盗聴を含む）による管理形態を模式的に示したものである。次長等上級正規社員のアルバイト員に対する監視は，犯罪予備軍（何をしでかすかわからない存在）＊として，一般市民に対する監視とも一線を画することがない。換言すれば，上級正規社員が，監視のターゲットとして一般市民，非正規社員（アルバイト員）を区別せず同列視し，なおかつ，それらへの人格的差別の監視（盗撮・盗聴を含む）が行われている。電子化された技術の展開を背景に，容易に，差別（人格的差別）が温床化している。

　なお，この構造は，証言Ⅰで示した，製造会社の正社員によって行われる非正規労働者への差別的管理（前掲図4-1）と基本的に同じである。

　＊　アルバイト員は，原則，雇用期間3カ月という短期間の雇用契約が所属支店長との間で締結される。そして，3カ月間何ら問題がなかったことを条件に，以降，3カ月毎に雇用契約が更新されることになっている。この点，本社との契約であり期間限定のない正規社員および期間1年の契約社員と性格を異にする。アルバイト員は3カ月の間に何

らかの問題を引き起こす危険性が高いであろうことが認識されているといってよい。

④遠隔監視をトイレに持ち込むことの是非と企業経営手法に対する疑問

このように，社員（主に次長）によってアルバイト員に対する場所を問わない遠隔監視により記録，評価等が行われているが，そこに2008年4月から始まる新年度事業計画が発表された。同計画のスローガンの1つに「安心と信頼のブランド確立」，また重点行動指針の1つに「企業倫理の取組み強化」なるフレーズが盛り込まれている。しかし，これまでの経験に鑑みても，新年度事業計画および重点行動指針と現実（現場）との間には，大きな乖離が認められ，「信頼ブランド・企業倫理」等は見出し難い。

さらに，当事業所における最近の情勢として，ⓐ急にその後，所長が他の事業所に異動となった。ⓑ新たに従業員専用通路に「防犯カメラ管理区域」なる表示ステッカーが貼付された。ⓒ異動となる所長に対し「（監視）体制に問題がある」と最後に伝えたところ，所長は首を縦に振り肯いた。ⓓ頻繁に複数の制服警察官が管理センターに出入りするようになった。ⓔ遠隔監視（ネットワーク動画音声管理システム）導入に不可欠の工事に携わった機械設備関係企業（某鉄道会社グループ関連企業社名入り腕章付）の社員2名が付帯施設内を巡回するようになる，など新しい動きがみられるようになった。

先の実例②でも紹介したが，2007年9月に社員昇格のa女性社員と共に多目的トイレ（身障者用）前で目撃した事実を発端に，a女性社員は，現在の遠隔監視による管理体制について未だに職務上知り得た機密事項としての扱いに大いに疑問を感じながらも，現在も頑なに口を閉ざす彼女自身，不安を隠せず，所長に相談をした結果の暫定的措置が，上記ⓐⓑⓒⓓⓔの現象となって現れたと思われる。かつて，f社員から過去にj社員以外にも精神的に異常を来たし，退職した作業員がいたとの話を聞いたことがあり，a女性社員のメンタル面の行方が心配される。

⑤内部統制報告制度への抵触

この実態に関係する外部の動きとして，2002年7月に成立したアメリカ企

業改革法［アメリカSOX法（サーベンス・オクスリー法）〕404条をベースにして，2008年4月に導入された日本版SOX法における内部統制報告制度*において，モニタリング（監視活動），ITへの対応，情報と伝達，統制活動，リスク評価等の内部統制に関する基本的要素（評価バロメーター）が認められるようになった（秋田量正〔2008〕「会社法および金商法による内部統制の整備――内部統制システムの構築と日本版SOX法への対応」日本経営実務法学会2008年7月26日報告ペーパー，3頁）。本来，防犯（監視）カメラは外界から客観的にその存在を人に知らしめることにより，未然に犯罪を防止（抑止）する効果が期待できると考えられ，そのような効果を目的としてこれまで設置されてきたといってよい。しかし，これまで実例で取り上げてきたことからも明らかなように，その本来の防犯（監視）カメラの設置から逸脱した，トイレや休憩室等，個人の基本的人権を侵害する場所における隠しカメラ（盗撮・盗聴）が常態化している。設置方法・目的とも極めて問題である。ましてや，事業活動の法令遵守を掲げる内部統制報告制度が，盗撮・盗聴を承認することはあってはならないにもかかわらずである。

* 内部統制とは，業務の有効性・効率性，財務報告の信頼性，事業にかかわる法令等の遵守及び資産の保全という4つの目的を達成するために，組織内の全ての者によって遂行されるプロセスである（秋田〔2008〕3頁）。

3 遠隔監視（盗撮・盗聴）の法的問題：監視の濫用によるプライバシー権への抵触

これまでみてきたように，外界からは容易に監視カメラの存在を認識し難い壁等に埋め込ませる（忍び込ませる）ことにより，いわば隠された監視カメラを通してアルバイト員の作業動向を記録・管理・評価している実態がある。

そこで，これらを法に照らした場合，当然に現行法への抵触が問題となる。第一に，トイレ内における隠しカメラの設置の公言が「職務上知り得た機密事項」として，社員等がその守秘義務を負う理由はなく，その公言は公益に資するものであり，その通報（公言）者は公益通報者保護法（2006年4月1日施行）によって保護され得る*。第二に，プライバシーという新しい人権に対す

る侵害の是非である。本来，プライバシー権は，アメリカの判例・学説の影響からも，「ひとりで居させてもらいたい権利」（the right to be let alone），換言すれば，「私生活をみだりに公開されないという法的保障」として，憲法13条（個人の尊重・幸福追求の権利）の重要な内実（人格的利益）を構成している。「私生活」とは具体的には，自己の空間，自己のアイデンティティ（氏名・肖像・語った言葉や年齢経験・習慣・態度など），親密行動（非公然の性行動・他人との秘密の共有）などを意味する。その先行事例に，東京地裁1964年9月28日判決（「宴のあと事件」）がある。東京地裁はプライバシー権侵害の成立要件に関し，「……(イ) 私生活上の事実または私生活上の事実らしく受け取られるおそれのあることがらであること，(ロ) 一般人の感受性を基準にして当該私人の立場に立った場合，公開を欲しないであろうと認められることがらであること，換言すれば，一般人の感覚を基準として公開されることによって心理的な負担，不安を覚えるであろうと認められることがらであること，(ハ) 一般の人々に未だ知られていないことがらであることを必要とし，……」と判示した（松本昌悦〔2000〕「プライバシーと表現の自由──宴のあと事件」『別冊ジュリスト憲法判例百選Ⅰ』第4版，68号事件，有斐閣，138頁）。

　＊　通報対象事実（個人情報の保護に関する法律に違反する事実他）が生じ，または正に生じようとしていると信ずるに足りる相当の理由がある場合，公益通報をした労働者に対する事業者が行った解雇は無効となる（公益通報者保護法3条）。

ここで今一度，憲法13条の規定をみると，「すべて国民は，個人として尊重される。生命，自由及び幸福追求に対する国民の権利については，公共の福祉に反しない限り，立法その他の国政の上で，最大の尊重を必要とする」としている。条文から，「公共の福祉」なる概念が，人権のいわゆる「内在的限界」の存在を注意的に表すものであり，それに反しない限り「最大の尊重を必要とする」ということである。人権の内在的限界とは，①他人の生命・健康を害してはならない，②他人の人間としての尊厳を傷つけてはならない，③人権と人権とが衝突する場合の相互調整の必要，という観点の限界である。すなわち，逆に内在的限界を超えるものとして（つまり「害悪」をもたらすものとして）規制する場合には，必要最小限の規制に留まらなければならないことを意味する。

人権制限の程度・手段が合憲とされるには，それが目的達成のための必要最小限度のものであることが証明されなければならないのである。

ここに，1930年代後半以降，アメリカの連邦最高裁において支配的となった「二重の基準*」，すなわち，1つはプライバシー権という精神的自由の規制立法について，人権制限の目的基準として「明白かつ現在の危険」（目的審査基準）が伴っているという厳格な基準が，またもう1つは，人権制限の程度・手段審査の基準として「必要最小限度の基準」（LRA：Less Restrictive Alternativeの基準）があることが主張され得る。アメリカにおける確立されたその判例を背景として，それらは日本においても学説上有力に主張されるようになった。日本の最高裁判例においても，小売市場判決（最大判1972年11月22日）や薬事法違憲判決（最大判1975年4月30日）のごとく，「二重の基準」論に類似した判決がみられる（浦部法穂〔1993〕『憲法学教室Ⅰ』日本評論社，100頁以下）。

* 二重の基準とは，経済的自由と精神的自由とを区別し，精神的自由を優越的地位にある人権として，それを制限する法律の合憲性審査には厳格な基準を適用する反面，経済的自由の規制立法には合憲性を推定し，より緩やかな基準によって審査する，という考え方である（浦部〔1993〕119頁）。

この二重の基準を，特に今回の，トイレ内における遠隔監視手法の管理是非問題についてあてはめると，①遠隔監視手法による管理の必要不可欠性が，トイレ内における明白かつ現在の危険性の回避という局面から要請されるのか否か，が問題となる。この点，私が経験した約1年間，付帯施設トイレ内で危険性を帯びた事件事故等の発生は認められず，トイレ内洗面鏡他における隠された遠隔監視カメラの設置の必要性は認め難く，人権制限の厳格な目的審査基準を満たしていると思われる実態はない。また百歩譲って，たとえ目的審査基準を満たし得たとしても，②遠隔監視手法による管理の手段・程度が，人権を制限する上で必要最小限度のものといえるか否か，が問題となる。この点は，経営者側が終日の遠隔監視に依拠するのでなく，警備員（管理センター員）等の増員によって施設内外の巡回等，他に採り得る選択の余地が十分あることが認められる限り，二重の基準を越えているとはいえない。

したがって，トイレを利用する不特定多数人を含めたアルバイト員に対する

人権（プライバシー権）を制限する正当な理由は全く認められない。現在の遠隔監視による管理を貫く当企業の経営手法は，今日，急速に進展を遂げつつあるITを悪用した，管理者（社員）の従業員（アルバイト員）に対する犯罪行為でしかないのである。

4　現代企業と社会における監視"悪"構造の解剖

前節までにおいて，企業の監視行動の実態とその法的問題が審らかとなった。本節においては，さらにこの監視（盗撮・盗聴）が発生する問題を，企業の管理構造の問題として解き明かしたい。

1　限界を超える監視

現代のテクノロジー化した監視は，現実には，1つの限界点を超えて展開しているといわねばならない。人間への集団的監視を超えて，個々の人間を対象とした犯罪としての盗聴・盗撮への展開がみられる。監視される側としての個人にとっては，もとより集団としての個人ではなく，監視は個々の「私に向けられた監視」である。それは，身体感覚をもって監視に遭遇する個人である。実態は，人間たちへのプライバシー侵犯から，個人の人権侵犯（＝犯罪）まで拡大しつつある。こうした企業や組織による犯罪的監視の広がりをどうとらえたらよいだろうか。

それに際して，フーコー（M.Foucault）によって示された**パノプティコン**（一望監視）にも着目してみよう。その意味内容は，監視している事実の明示によって監視されている側の心理を形成し，監視というフレームにて機能するとされているが，実際はどうであろうか。第2節で提示された監視実態では，

パノプティコン：M.フーコーによって，監獄の監視構造が，社会の権力構造モデルとして取り上げられた。囚人は，監獄の一望監視（パノプティコン）という独特のしくみにより，四六時中見張られている。自己を良好な囚人，あるいは積極的な囚人として振る舞うのは，監視者の視線を感じながらも，その「不可視」の監視ゆえにである（M.フーコー／田村俶訳〔1997〕『監獄の誕生——監視と処罰』新潮社）。

電子化したテクノロジーを背景に，パノプティコンは展開しているのか，検討を要する。

2 自律分散管理と監視

　今日の企業管理は，自律分散管理の色彩を帯びて遂行されるようになってきている。

　この自律分散管理において前提とされる担い手の人間は，彼の周辺で起こる事態への自律的対応を進んで図るという，一定の主体性と合理性をまとった存在である。資本の管理が自律分散化を進めるのは，そのシステムに何らかの縦関係を含み得るがためであり，そこには管理を受容し精励する何らかの理性的存在（限定合理的人間状況など）も想定されている。こうした担い手たちによって自律分散管理は進められている。

　それは正規労働に限定されるものではない。非正規労働といえども，自律化の様相を強めており（本来の正規労働を非正規化しているにすぎないともいえる），そこでも自律分散化を波及させ，それに従った管理をどう実現するかが課題となる。本章で示された鉄道会社や製造会社では，「遠隔監視」という異常な形態でその管理が志向されたのではないだろうか。

　ITによる技術状況と自律分散管理では，人間の活動を，時間と空間において大きく拡大させ（時間短縮と空間圧縮），その調整をも可能にする。しかし，それは人間の労働を多様化させ（消費にあっても多様化），自律的対応のフレキシビルな労働を求めるため，特定の管理状態に持ち込むことが容易でなくなる。自律分散管理は管理者（経営者）と従業員間に一定の信頼関係があるときはじめて成立するのであり，技術を背景に形式的・機械的にそれを導入しても不首尾に終わるだろう。むしろ「自律分散」は「自由分散」に変質する可能性をはらみ，不確実性をはらんだものとなる。したがって管理者は，その導入は，確実性の担保として一定の管理状況に収まっているかどうかをチェックする機能を求めるようになる。人間への監視は，監視技術の登場と相まって，人間状況を生で常時把握（記録）するための有効な方法として登場する。そして，それはやがて目的化することになる。管理は監視へと変質するのである。

近年，企業の機密情報の漏洩を防止するためセキュリティ対応が声高に叫ばれることがあるが，それは企業内部のコミュニティ（共同体的関係性）を崩してきていることと表裏の関係にある。日本的経営から成果主義的管理への移行は，コミュニティ再生の機会を失うものとなる。ましてや，自律分散管理の管理手法を導入することは，さらにそれを加速するものとなる。企業経営が現代的な知識型経営に移行し，従業員の労働における自律性を高めるには，コミュニティとしての内的信頼や倫理を確保できる態勢をとることと相まってはじめて可能となる。監視は本来そうした経営とは無縁であり，逆にいえば，監視は経営の必要悪として導入されるものである。経営による監視の効用というとき，その前提自体に問題があるといえるだろう。

その際，意図的にその間で情報遮断や情報格差づけを行うこともまた有効となる。いや技術的には，経営者と労働者を差別化（格差形成）しようとするならば，有効な手段は情報遮断または情報格差化しかないのである。これにより，自律分散管理の手法は異常に歪んで導入されることになる。

３ 監視構造をとらえる

①監視問題をとらえる方法について

監視の構造を解明する上で，その方法をまず明らかにする必要がある。

「管理の二重性」という理解の仕方によれば，営利企業では，管理はオーケストラの指揮のごとく，一定の一般的指揮機能を果たしつつ，その本質として，搾取機能（専制機能）を遂行するように貫徹する（二重機能）と考えられる。そこでは一般的管理と管理本質が一体のものとして現象していく。その際，管理機能の本質である専制機能における強弱が，一般的指揮機能の現れ方を規定

管理の二重性：K.マルクスによってはじめて，資本家の管理（監督・指揮）の二重的性格が示された。「資本家の指揮は内容から見れば二重的であって，それは指揮される生産過程そのものが一面では生産物のための社会的な労働過程であり，他面では資本の価値増殖過程であるというその二重性によるのであるが，この指揮はまた形態から見れば専制的である」（K.マルクス／大内兵衛・細川嘉六監訳〔1968〕『資本論』マルクス・エンゲルス全集第23巻，大月書店，435頁）。これは篠原三郎によって見直しが行われ，実践的な理論として再生された（篠原三郎〔1978〕『現代管理論批判』新評論，ならびに同著〔1994〕『現代管理社会論の展望』こうち書房）。

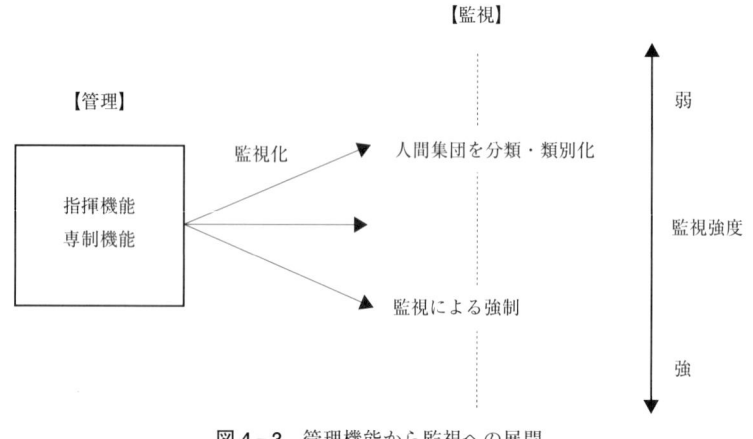

図4-3 管理機能から監視への展開

し，弱い管理から強い管理まで管理強度が変動し得ると考えられる（図4-3）。

監視は，そうした管理構造の派生物であると考えられる。監視は，人間集団を分類・類別化するレベル（D. ライアン*）から，個別人間への強制機能まで，多様な形態で派生し得る。現代の電子テクノロジーを駆使する監視は，効率的に人間集団を分類・類別化するレベル（多中心性による人間分類）の現象もあり得るし，他方では個人への専制機能の強い現れとして，被管理者（人間）の心理に影響を及ぼしてその行動を規制していくこともあり得るのである。

* ライアンは『監視社会』において，アメリカ社会の情報ネットワークにおける監視状況を，ポストモダン（脱近代）の社会学問題として取り上げ，詳細な解明を行った。だが筆者は，そこには企業管理論的分析がないために，監視の本質的な構造の解明には至っていないと考えている（D. ライアン／河村一郎訳〔2002〕『監視社会』青土社）。

②監視の犯罪化構造

第2節で詳述されたように，監視は実態的にすでに盗聴・盗撮という犯罪性をもって現れている。それは，監視が企業現場において，人間を類別化するデータ取得という目的をはるかに超えて，すべての個人を犯罪予備軍分子（何をしでかすかわからない存在）としてとらえて，犯行の未然防止を行うという，監視による強制力が現れる。その現れ方はいささか複雑である。

パノプティコンにおける監視は，監視する側（看守）と監視される側（囚

人）の一定の緊張関係の中で進行する。監視は常時監視（者）を不可視化して行い，それにより監視される側は，そうした監視を受容し，監視下にある自己をコントロールするようになる。監視する側は，監視される側の何らかの理性を前提に，監視する側の矯正者の論理という理性的姿勢を取ることが求められる。そこには，管理の二重性によって説明できる管理の二重機能——指揮と強制（専制）——が認められる。

したがって，一般的に，監視による強制の次元だけでみれば，それは露出した監視へと姿を現す可能性がある。監視の強制力が，見える監視によって本質的に発現し得るからである。したがって，監視はそうした露出への衝動を常に内在する。故に，監視は隠蔽した監視を外部から告発・指摘する以前に，自らにてその姿を露見させてくる可能性すらある。

したがって，一般の街頭における監視カメラ設置においても「カメラ作動中」の表示は，本来それ自体重要な意味がある。それは，不特定多数に対する監視機能の性格からパノプティコン（個への一望監視）ではないが，その狙いはパノプティコンに擬似的なものと考えられる。だがこれは，その技術的特質に依存して，次のように常に一線を越える可能性もはらんでいる。

ビデオ監視や音声キャッチによる，いわゆる「防止機能」（犯罪防止，防犯）は，不特定を対象とするがゆえに，監視カメラが露出するならば，犯罪可能者からの見破り（いわゆる"ばれる"）によって機能が弱まる。監視は露出することで犯罪防止効力があるが，同時に，それでは見破りによって効力を喪失するというジレンマに陥る。したがって，あえて監視活動を隠蔽し，監視した結果の事後的な証拠化という代替措置に向かう。そこから結局，監視カメラ設置の事実すら極めて控えめに一部明示しつつ，露出したカメラ以外に盗撮カメラ・盗聴マイクを多数忍ばせるという手口になる。未然の犯罪抑止を表向きの目的にしつつ，結局，盗撮・盗聴を駆使して，事後的な検証対応に重きを置かざるを得なくなる。すなわち管理の方法として，事後的な，監視記録による組織内部での証拠化という監視の正当化しかないのである。言い換えると，パノプティコンとしての犯罪抑止的な監視機能にすら到達することなく，稚拙な盗撮・盗聴に向かってしまうのである。

では，組織内部での証拠化に意味はあるのか。監視担当者は組織内部において，監視の"精励"があり，その証拠として意義が認められる。全く公開されない証拠化ゆえに無意味でなく，場合によっては，警察などとの関係においてむしろ評価されている可能性もある。市民からみての盗撮・盗聴という破廉恥さも，実は監視を公開することによって抑止機能不全に陥るため，それらを秘密にせざるを得ず，組織内部（または組織間）での証拠化として正当化していると考えられる。組織としての盗聴・盗撮が日常化する所以である。

しかし他方で，社会的にはそれを抑止する機能もある。それに対する法律的規制や市民的追跡によって，「監視」そのものの犯罪性が常に問われ得る。したがって，その犯罪性のギリギリにおいて，監視システムと監視者が顔を現し得るのである。その際，そこに向かって市民的訴求が行われ得るのであり，またそうする必要がある。

かくして，ここでの事例では監視はフーコーのパノプティコンの一望監視性に向かわず，陰湿な盗撮・盗聴へと変貌を遂げている。ましてや，人間集団を分類・類別化する管理レベルでのスーパーパノプティコンは，ここでは機能し得ない。したがって，市民的訴求は，パノプティコン的監視という監視的管理の問題へでなく，個人へと向けられる犯罪的監視そのものへの異議申し立てにならざるを得ないのである。

③テクノロジー呪縛の構造

こうした隠蔽した監視ならびに街頭等における監視（カメラ設置など）が進む，人間と技術における有り様を，どうとらえるべきだろうか。

それは，現代においては一定の技術条件が現出してくると，そのテクノロジーに一貫して依存性が強まり，その利用からの離脱が行われ難くなり，そのため倫理性や社会的合理性からの判断ができなくなる。情報技術（IT）は，今日，単なる機器の利用技術（ハウツー）としてでなく，企業の生産活動など人間活動の過程（プロセス）を支配する技術として登場している（竹内貞雄〔2008〕「過程としての技術」西崎雅仁・竹内貞雄編著『技術経営の探究』晃洋書房，第2章）。これにより技術受容の意識が強く形成される。テクノロジーは**物象化**（そして一人歩きへ）し，それへの批判を受け入れず，オルタナティブな方法が

あり得なくなってしまう。テクノロジーを手段としてでなく，その利用を，意味を問うことなく目的化するようになる。その効率性や利便性による利用——形式合理と呼べる——だけが追求される。こうして，現代の人間（管理者たち）における呪縛の1つとして，「テクノロジー呪縛」という事態がみられるようになっているといえる。それが昂じて，物象化した技術への信仰ともいえる技術物神崇拝（フェティシズム）の状況もあり得る。今日の社会を，そうした技術的特質の社会としてとらえることは一定の有効性をもっていると思われる。

4 監視（盗撮・盗聴）の告発の意義

これまでに明らかにしたように，監視による個人への強制が生み出す構造としての悪しき犯罪性は，その専制性にかかわるものである。それは身体性のある「私」によって感じ取られ得る犯罪性である。監視が通常の管理（形式合理としての監視的管理）を超えて，テクノロジー利用を背景あるいは効率的手段として，各個人（私という個人）に向けられた犯罪に大きく踏み入れてしまっていることこそ問題なのである。

そこには明瞭に企業論理が働いている。社会的合理性も市民的合理性（人権）もはるかに及ばない企業論理だけがある。監視のテクノロジー依存から逃れ得ず，法律をも事実上犯し，企業内論理のみによって，個人への人格無視と差別化へと向かっていく。そうした逃れ難い企業内部構造を「監視悪構造」と呼ぶことにしよう。かくして，市民や消費者に向けられる管理が，社会性のない企業内論理だけで大きく変質している。企業の社会的責任（CSR）の最低ラインが守られない深刻な事態を，今日的な経営問題としてとらえる必要があるだろう。

監視は，それを通して効率的に人間を分類・類別化すること自体（形式合理としての監視）は犯罪ではない。したがって社会も，犯罪の未然防止として防

物象化：人間的関係がモノ的関係へと転化して現象する，あるいはそのように意識上に投影されること。それにより，現代，人は人格としてでなくモノあるいは記号として認識され，また実際にそうして扱われる傾向を強めている。

▶▶ Column ◀◀

人が勝手に監視し始める奇妙な社会：「他者への配慮」を考えよう

都会といわず観光地などで時折みる光景があります。タレントや珍しい現場をみかけると人が群がる。昔からそういうことはよくありました。珍しいものをみつけた思いで出る自然な行動でしょう。しかし，きょう日は違っています。群がる人は奇声をあげ，時には無言で，一斉にケータイ電話を取り出し，付属カメラで撮り始めるのです。それを持った手を突き出し，まるでカメラの背面で多数の壁を作るかのようです。何とも奇妙です。最近起きた東京秋葉原の無差別路上殺人事件でも，多くの人が現場の被害者を助ける行為でなく，ケータイのカメラを向けていたといわれています。

こうした行為に違和感をもつ人も多いでしょう。晒された人や被害者にはプライバシーもなく，無神経・破廉恥な行為という思いが先に立つでしょう。それは法律的には肖像権を侵している可能性が高い。しかし，それ以上に「人が人を勝手に監視している」という奇妙な行動をとっているとはいえないでしょうか。しかも，それは確実に記録されていく監視です。

街頭はおろか住宅街やマンションでも監視カメラが睨みつける。コンビニをはじめ公衆の施設では当然のごとく監視記録されている。高速道路に乗れば走行路上にあるカメラで撮られていく。そして職場でも……。個人は部屋を出るや監視状態に置かれるといっても過言ではありません。

そもそも，近代社会の都市空間や公共空間の中で得られるようになった貴重なものは，個人が匿名のままでその利便性を享受し，自在に動けることでしょう。それは他面，社会に仕組まれた活動という面があるとはいえ，一応は自らの意思で空間を利用できています。しかし，そうした人たちが，手軽に取得した，ケータイ用カメラという撮影機能（＋送受信機能）を使って，時に「人を監視する」ことを進んで引き受け，監視（記録）を始めるという行為に及んでいます。無意識とはいえ，技術に強依存して動く人間の行為です。

本当は，自己が自由・自在で居られることを欲するならば，他人に対してもそれを侵してはならず，時にはそれを支援し護ることも必要です。「他者への配慮」が積極的に尊重される社会——市民社会のあるべき姿を考える必要があるのではないでしょうか。監視社会を止めさせるには，奇妙な監視を批判するとともに，自らの中に潜む奇妙な監視行為を捨て去ることも大事でしょう。他者への配慮，それは自分へ向けられる配慮にもつながることなのです。

犯カメラ等の設置を容認する。そうした社会的な監視的管理機能を受け入れてしまう社会心理が形成されつつある（監視バックボーン形成）。しかし，他方では監視による管理強制機能が現れ，それは個人に向かう犯罪としての性格を帯びている。それを全体として理解するならば，監視は，前者の社会的監視の容認——監視アレルギーの排除，監視の日常化等々——を梃子として，個人に向けられる監視（その強制機能）が展開している。社会的監視の広がりを隠れ蓑として，諸個人への監視的強制が進行している。社会的監視（一般的監視機能）が監視的強制（監視的強制機能）に重畳化して現象しているととらえることができる。これは，先に図示によって説明したように，監視における多様性は，その監視の重畳的現象の中に監視の問題の本質が隠されていることを意味する。現代の悪しき監視（盗撮・盗聴）へは，そうした社会的広がりと構造の深さをとらえた上での批判と抵抗が必要とされる。

　監視は，日本企業が内部コミュニティを大きく変質し，人間対人間の信頼関係を崩壊させてきた中での，悪しき手だてとして導入するに到った悪構造のシステムである。その構造は，監視と被監視の関係を保持しつつ，隠匿した監視を持続しなければ存続し得ない企業倫理に支えられている。それはいったん導入するや，電子化技術に強依存して盗撮・盗聴から逃れ難いものとなる。監視の形式合理性と監視者の非理性が渦巻くおぞましき世界となる。

　それを救い出し克服する手だては，市民による社会的理性による批判と告発しかないであろう。そうした市民的理性を呈示するための方法の議論が求められている。

[推薦図書]

竹内貞雄・重本直利編（2002）『IT 社会の構造と論理——情報化論批判』晃洋書房
　　加速する IT 化・情報化社会の政治・経済・経営・文化的構造に対して，その根源を理論的・実態的に解明し，その構造内に潜む情報化推進論への批判視角から実践課題を探求する。

中村共一編（2005）『市民にとっての管理論——公共性の再構築』八千代出版
　　これまでの市場経済の管理（独占的大企業により管理された市場社会）を脱却し，市民サイドからの新たな企業管理（市民管理）を希求しようと，その斬新

な市民管理の意義・課題を探る。

小林雅一（2005）『プライバシー・ゼロ　社員監視時代　You Are Always Watched』光文社

　　企業の情報管理担当者やソフトウェア技術者などへのインタビュー等により，社内メールやWeb利用が，情報漏洩・セキュリティ対策の名の下に監視される実態が赤裸々に明らかにされる。

伊原亮司（2003）『トヨタの労働現場――ダイナミズムとコンテクスト』桜井書店

　　「改善」という名目によって露骨な管理統制をとらず，経営側の論理が浸透し，管理が遂行される。労働現場で人の眼差しによって相互監視される実態がとらえられる。

設問

1. 今日，企業内外を問わず，日本社会において様々な監視活動（行動）が行われるようになってきています。その増えている理由とそれがもたらす功罪（メリット・デメリット）について考察しましょう。
2. 現代において，パノプティコンの管理形態は，監視（管理）する側とされる側がどのような関係になるときに成り立つのか，具体例も挙げて説明してください。

（稲木隆憲・竹内貞雄）

第5章

不安定化する若者の経営学
――社会的排除から平等・生存権保障のセーフティネット再構築に向けて――

　わが国では特に 1990 年代後半以降，若者の雇用や就業環境が厳しくなる中で，長期失業者や非正規などで働く不安定就業者，あるいは「ニート」と呼ばれる若年無業者が増加してきました。なぜ，若者の雇用や就業状態がこれほどまでに不安定になってきたのでしょうか。本章では，正社員も含めて現代若者の雇用や就業・生活が不安定化しているその現状，その構造を明らかにし，どんな働き方を選択しても，差別のない平等で生存権を保障されたセーフティネットの仕組みについて考えてみたいと思います。

1　企業社会の下で不安定化する若者の就業と生活

　1990 年初頭に生じたバブル経済の崩壊は，それまでのわが国の企業の雇用制度や雇用・労働市場の構造を根本から変えてしまった。学校から供給されてくる新規学卒者を毎年春に一括採用し，企業が求める職務遂行能力を OJT により高め，昇進・昇格させていく内部昇進の仕組みが基本的に崩れたことにより，わが国の若者をめぐる雇用や就業環境は大きく変わってしまった。特に職業能力をもたない新規学卒者が真っ先に雇用調整の対象とされてきたのである。まずは，バブル経済崩壊の影響が最も深刻に現れてきた 90 年代後半以降の若者の雇用・就業並びに生活における不安定化の現状を，マクロデータにより確認しておこう。

社会的排除：高度成長に支えられた福祉国家が危機的状況に直面し始めた 1980 年代以降，失業または不安定雇用にある人々が，労働市場から排除されるだけではなく，住宅や教育機会の喪失，家族の崩壊・社会的孤立，失業保険・医療保険などのセーフティネットからも排除されている状態をいう。

1　失業構造の変化

　図5-1は，求職理由別に若者の失業率と長期失業率の推移をみたものである。バブル経済が崩壊するまでのわが国の失業率は先進諸国と比較して極めて低く，特に若者（以下若者という場合には「15～34歳」の者をいう）の失業率は，年功処遇の下で雇用調整されやすい中高年層に較べてかなり低位であった。しかし，バブル経済崩壊後は状況が一変し，特に「15～24歳」層の失業率は2003年には12％まで高まった。失業理由についても，会社の倒産やリストラによる非自発的失業，卒業しても就職がない学卒未就職の者が増加していった。そうした中で，特に深刻なのは，失業期間が1年以上と長期にわたる長期失業者の割合が一貫して増加傾向を示していることである。先進諸国ではすでに80年代から若者の失業者の増大と長期失業問題に悩まされていたが，10年遅れてわが国も同じような問題に直面している。たしかにここ数年間は景気回復や「2007年問題」（昭和22～24年生まれの戦後第一次ベビーブーマーの世代，いわゆる「団塊の世代」が60歳をむかえることにより，大量に定年退職するという問題）の追い風を受けて，新規学卒者の就職状況はかなり改善されてきている。しか

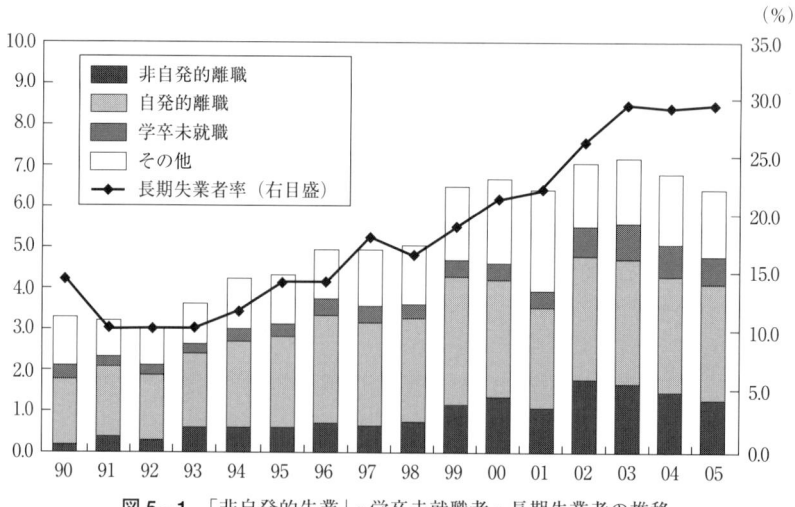

図5-1　「非自発的失業」・学卒未就職者・長期失業者の推移

（出所）　総務省『労働力調査特別調査報告』および同『労働力調査年報』（1990～2005年）。

し，今から約10年前の90年代後半の「超就職氷河期」に学校を卒業した若者たち（戦後の第二次ベビーブームで，「団塊の世代」の子どもたち）は，依然として長期失業の状態，「フリーター」もしくは無業の状態に置かれている者も少なくない。

2　非正規労働者の増加と多様化する雇用形態

　若者にとっては失業問題だけでなく，仮に職に就けたとしても非正規の仕事しかなく，やむを得ず「フリーター」や請負・派遣などの形態で働かざるを得ない若者が急速に増加してきている。わが国において非正規労働者はバブル経済崩壊後の90年代後半頃より急速に増え始め，「平成19年版就業構造基本調査」によれば，雇用者総数に占める非正規労働者の割合は約35％にまで高まっている。非正規雇用化の流れの中で，最近の特徴は請負や派遣などの間接雇用形態で働く若者が増加してきていることである。彼・彼女らの多くは店頭販売，引っ越し・運搬，建設現場の後片づけ，イベント会場設営，電機・精密機器・自動車関連の量産型組立職場などで就労している（長井偉訓〔2007〕「デジタル家電産業の新たな労働編成とその問題点」井上照幸・林倬史・渡邉明編著『ユビキタス時代の産業と企業』税務経理協会，133-160頁参照）。こうした仕事の多くは一般的に低賃金で，長くても6カ月短ければ1カ月未満の有期雇用契約である場合が多く，まさに**不安定就業労働者**である。若者不安定就業の典型は「フリーター」であるが，日々雇用の典型は「**日雇い派遣**」である。厚生労働省の定義に基づいて「フリーター」数の推移についてみたのが**図5-2**である。97年までと2002年以降では定義が異なるので正確な比較はできないが，2003年には217万人に達している。2007年では，ピーク期より減少しているとはいえ，年齢的に35歳以上の者や短期間の有期雇用を繰り返しながら請負や派遣形態で働いている者は含まれていない。

不安定就業労働者：非正規労働者の中でも特に雇用が不規則・不安定，低賃金・低労働条件，社会保障の未適用，未組織などの特徴をもち，事実上，「半失業状態」にある者をいう。
日雇い派遣：労働者派遣法が1999年に原則自由化されたことにより，特に雇用契約期間が1カ月未満や1日単位の登録型派遣契約で働く若者が急増し，「ネットカフェ難民」の温床となっている。

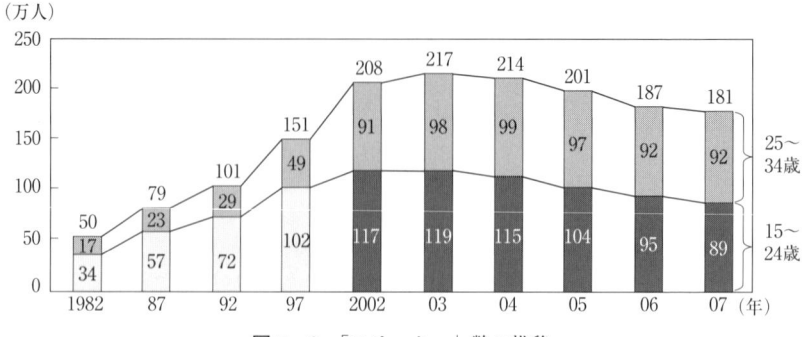

図 5-2 「フリーター」数の推移

(注) 1：1982，87，92，97年については，フリーターを，年齢は15～34歳と限定し，①現在就業している者については勤め先における呼称が「アルバイト」または「パート」である雇用者で，男性については継続就業が1～5年未満の者，女性については未婚で仕事を主にしている者とし，②現在無業の者については家事も通学もしておらず「アルバイト・パート」の仕事を希望する者と定義し，集計している。
2：2002年以降については，フリーターを，年齢15～34歳層，卒業者に限定することで在学者を除く点を明確化し，女性については未婚の者とし，さらに，①現在就業している者については勤め先における呼称が「アルバイト」または「パート」である雇用者で，②現在無業の者については家事も通学もしておらず「アルバイト・パート」の仕事を希望する者と定義し，集計している。
(出所) 1982，87，92，97年については「平成17年版 労働経済の分析」より転記。2002年以降については総務省統計局「労働力調査（詳細集計）」『平成20年版 労働経済白書』20頁。

3 「ニート」的状態にある若者の増加

いわゆる「ニート」とは，Not in Education , Employment and Training の略称である。この用語が最初に使われたイギリスでは，ブレア政権時に特に16～18歳の若者の中で，働いてもおらず，かといって学業も職業訓練も受けていない者を「ニート」と定義し，こうした若者に対する最も重要な社会政策として職業訓練を通じて，就労と自立のための支援に取り組んでいった。

我が国では，2003年頃から無業状態にある若者の存在が注目されはじめ，その実態に関する調査や研究が進められていった。「ニート」の定義については，後に詳しく検討する予定であるが，取りあえず厚生労働省の定義（「15～34歳の年齢層に限定し，非労働力人口の内，家事も通学もしていない者」）に従い，その推移をみたのが図5-3である。若年の無業者は2002年頃から増加し，60万人台と高止まり傾向を示しているほか，年齢的にも高くなっている傾向が伺える。

図5-3 若年無業者の推移

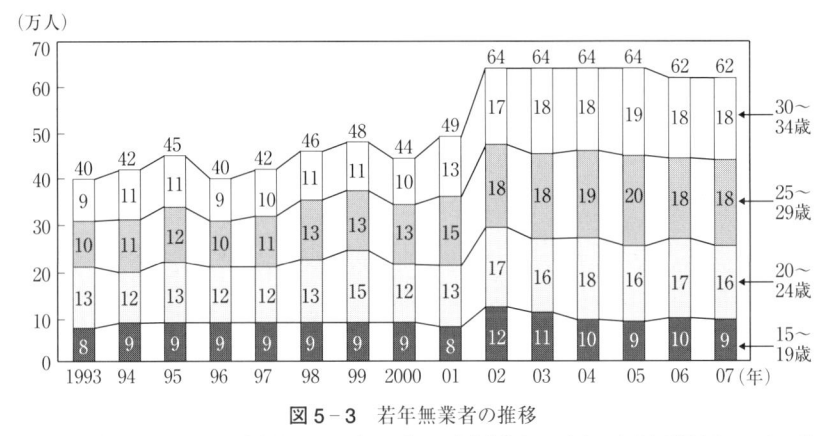

(注) 若年無業者について、年齢を15〜34歳に限定し、非労働力人口のうち、家事も通学もしていない者として集計。
(出所) 総務省統計局「労働力調査」、『平成20年版 労働経済白書』21頁。

4 賃金・労働時間ならびに社会保障における格差の拡大

若者においても非正規労働者が増えるに伴い、雇用形態間における収入(賃金など)、労働時間や作業環境・安全衛生、企業内福利や社会保障面での格差が拡大しつつある。

従来からパートタイマーと正社員との賃金格差が問題にされてきたが、近年、様々な非正規雇用で働く若者が増える中で、特に20歳代後半から30歳代において、年収200万円以下の**ワーキングプア**が増加する傾向にある。「就業構造基本調査」を基に、年齢別の年収比較を行った日本総研の太田清主席研究員によれば、「20〜24歳」の年収200万以下の男性の割合は2002年の31.8%から2007年には30.1%へ、「25〜29歳」では12.6%から14.2%、「30〜34歳」では7.2%から8.6%、35〜39歳では、5.7%から7.3%に増加している(『朝日新聞』2008年7月23日付)。

労働時間や就労日数、職場の安全衛生面においても、雇用形態における格差が拡大しつつある。週平均60時間以上働いている中堅の正社員が増える一方、

ワーキングプア →第3章72頁参照

日雇い派遣などの細切れ雇用による短時間労働者が増加し，労働時間の二極化の傾向がみられる。職場の安全衛生面においても，劣悪な職場環境の下で働いている非正規労働者の労働災害件数が増加しているだけでなく，偽装請負や違法派遣などとの絡みで労災隠しなどの法令違反が増えつつある。

　賃金などのように現物として支払われる給付以外にも，雇用形態による差は決して小さくない。例えば失業した時の失業給付金，ケガや病気による治療費や休業補償，引退後の生活を支える年金額など，セーフティネットにおいて正社員と非正規労働者では大きな格差がある。正社員の場合には，雇用保険法などの法律によって事業主に課せられた法定福利制度の適用により保護され，保険料負担の約半分は雇用主の負担が義務づけられている。さらに大企業や中堅企業の多くは，企業独自で運営している医療・保健，企業年金，その他様々な福利厚生の制度や施設を所有し，自社の正規従業員に提供している。

　他方，非正規労働者の場合，法的には，1日または1週間の所定労働時間もしくは1カ月の所定労働日数が正社員のおおむね4分の3以上の場合には，健康保険や厚生年金保険の適用対象となる。また，雇用保険については，雇用見込み期間が1年以上で1週間の所定労働時間が20時間以上の場合には適用が義務づけられている。しかし実際には，適用条件を満たしている場合であっても，コスト負担を軽減するために雇用主が意図的に保険に加入させないケースも少なくない。特に雇用期間が1カ月未満と短い日雇い派遣労働者の場合，そもそも雇用が著しく不安定であるにもかかわらず，失業した場合の雇用保険制度の対象外とされてきた。そこで，日雇い派遣で働く労働者が失業した場合（派遣会社に予約登録していたが，派遣されなかった場合も含む），一定の要件を満たせば「日雇労働求職者給付金」が支給されることになっている。しかしながら，そうした制度があることすら労働者が知らなかったり，あるいは雇用主が意図的に知らせなかったなどの理由により，ほとんど機能していない。したがって失業状態が長期化すれば，求職活動さえ困難になるほどの深刻な生活苦に陥らざるを得なくなる。失業している間，扶養してくれる家族などの身寄りがいない場合には，住居の確保すら困難となり路上生活を余儀なくされることになる。本来，生活保護制度は，そうした状態になった場合の最後のセーフ

ティネットの役割を果たすために設けられたものである。しかし仮に生活保護の申請をしても，稼働能力が有るなどの理由でそれ自体が拒否される違法な「水際作戦」の常態化により事実上機能していない。

　以上みてきたように，特にバブル経済崩壊後の90年代以降，若年層の雇用・就業環境は極めて厳しい状況にある。その最も大きな要因は労働需要側の人材活用戦略が大きく変化してきたことや，特に1999年からの**派遣の自由化**にみられるように労働市場への法規制が大きく緩和されてきた結果，非正規就業者による正規労働者の置き換えが急速にしかも大規模に進められてきたことによる（長井偉訓〔2007〕「雇用・労働市場の流動化と非正規労働問題」坂脇昭吉・阿部誠編著『現代日本の社会政策』ミネルヴァ書房，175-204頁参照）。そうした若者の雇用環境が激変してきたのに対して，新卒者を大量に供給する学校がそうした変化に対応しきれなかったことも，今日の若者をめぐる深刻な雇用・就業問題を引き起こしている1つの重要な要因である。そこで次に，こうした若者の不安定化の構造やメカニズムについて詳しくみることにしたい。

2　若者の不安定化の構造とメカニズム

1　不安定化の構造

　これまで詳述してきたように，特に90年代後半以降，わが国でも若者を取り巻く雇用環境が大きく変化する中で，若者の就業と生活の不安定化が進行してきた。その今日的特徴は，たとえ希望通りに正社員になれたとしても，決して「安定的」であるとはいえず，いつ，いかなる理由で不安定就業，失業，無業状態になるか，予測困難で，かつ非常に不安定な状態にあるということである。そしてこの正社員－不安定就業－失業－無業状態の連鎖は，**図5-4**に示したように，「地続き」になっている（熊沢誠〔2006〕『若者が働くとき』ミネルヴァ書房，4頁）。

派遣の自由化：派遣法が施行された1986年当時，派遣労働は専門職を中心に法的に制限されていたが，1999年には港湾・建設・警備などを除いて自由化され，2004年3月からは製造業務の派遣も解禁された。

【正社員―不安定就業層―失業―無業状態の連鎖】

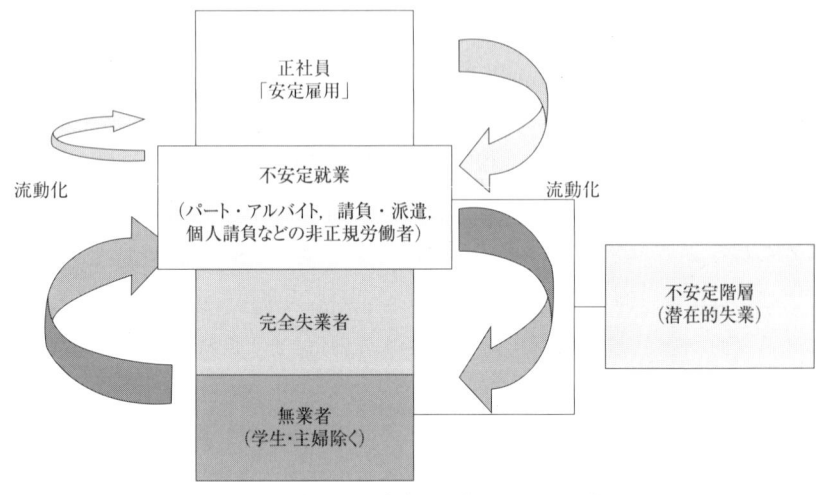

図5-4 若者の不安定化の構造とメカニズム

　若者の雇用の不安定性を示す1つの指標として，若者の「早期離職」の実態が挙げられる。『2007年版労働経済白書』(22頁)によれば，若者の離職率は高卒および大卒ともに，90年代後半から高止まり傾向を示しており，2004年では，高卒の49.4%，大卒の36.3%（過去最高の水準）が学卒就職後3年以内に離職している。

　では，このように早期に離職した若者は離職後どのような状態に置かれているのだろうか。いったん失業状態を経験した後に転職するか，あるいはなんらかの理由で求職活動を諦めたり，場合によっては就業への希望さえなくしてしまうこともあるだろう。

　図5-5は，2002年から2007年までの過去5年間に転職を経験した者1113万4000人について，前職から現職に至る雇用形態間異動をみたものである。「正規→正規」63.4%，「正規→非正規」36.6%，「非正規→正規」26.5%，「非正規→非正規」73.5%となっており，前職が正規であった者については，約6割が同じく正規に，約4割が非正規に，前職が非正規であった者については，約3割が正規に，約7割が同じ非正規に異動する結果となっている。これを男女別に見てみると，女性は男性の場合と比較して，前職が正規よりも非正規で

第5章　不安定化する若者の経営学

(単位：千人)

＜総数＞

過去5年間の転職就業者　11,133.9

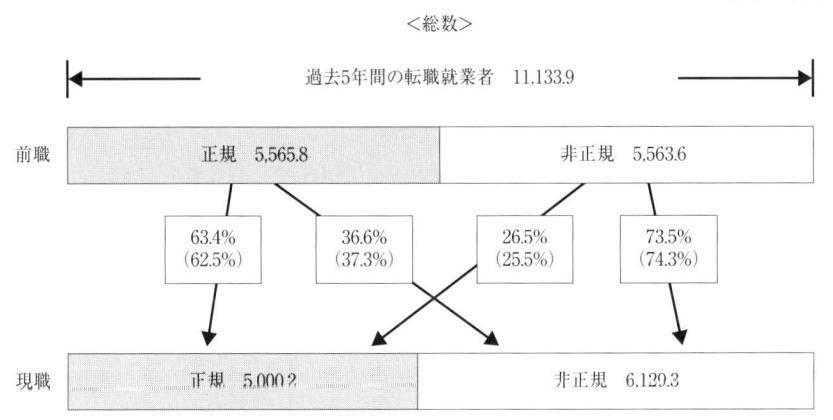

前職　｜正規　5,565.8｜非正規　5,563.6｜

63.4%（62.5%）　36.6%（37.3%）　26.5%（25.5%）　73.5%（74.3%）

現職　｜正規　5,000.2｜非正規　6,129.3｜

図5-5　過去5年間の転職者の雇用形態間異動

(注)　1：( )内は，2002年の結果。
　　　2：転職就業者総数には雇用形態不詳が含まれているため，合計に一致しない。
(出所)　総務省統計局「平成19（2007）年就業構造基本調査結果の概要（速報）」36頁。

あった者の比率が高いけれども，女性の方が「正規→非正規」52.8%（男性は28.4%），「非正規→非正規」79.6%（男性は59.5%）への異動が男性に較べて多くなっている。これはすでにみたように，最初から女性の非正規比率が高いことと，女性特有の「M字型就業曲線」と深く関連している。

　以上のデータに示されていることは，正社員の地位にあった者がいったん離職して転職した場合には，同じ正社員で再就職するのは容易ではなく，非正規を選択する者も少なくないこと，前職が非正規であった者については，より正社員への異動は困難で，多くの者が同じ非正社員を選択せざるを得ないという事実である。しかも「2007年版就業構造基本調査」が示しているように，2000年以降，「非正規就業者として初職についた者」の割合は一貫して増加傾向にあり，2002年10月～2007年9月では女性の54.3%，男性の31%の者が学卒後，初職として非正規を選択している。では何故に，これほどまでに若者の雇用や就業が不安定性を増してきているのだろうか。

2 不安定化の要因

この問題にメスを入れる前に、わが国の若者が特に90年代後半以降、何故にかくも早期に離職するようになったのか、その背景や理由について考えてみることにしよう。図5-6は若者の主な離職理由についてみたものである。この調査から読み取れる現代若者の離職の三大理由は、「将来性への不安」、「職場の人間関係への不満」、「処遇・労働条件への不満」であり、90年代後半以降のわが国企業の人事管理の変化がそれと密接に関連しているように思われる。

まず第一の理由としてあげられているのは「将来性への不安」である。これは、特にバブル経済崩壊後の日本企業を取り巻く内外の環境要因（経済のグローバル化の進展、ICT〔情報通信技術〕革命の進展など）が大きく変わる中で、企業経営の不確実性や不透明感が一層増してきたことの反映でもある。そうした環境変化に対する使用者側の対応が、1995年当時の「日経連」（日本経営者団体連盟）が打ち出した新たな雇用管理戦略であった（日本経営者団体連盟〔1995〕『新時代の「日本的経営」』）。それは、正社員として処遇する「長期蓄積能力活用型グループ」をできる限りスリム化しつつ、本業とは直接関連の薄い専門的業務を担う「高度能力活用型グループ」と、基幹的業務以外の周辺的な

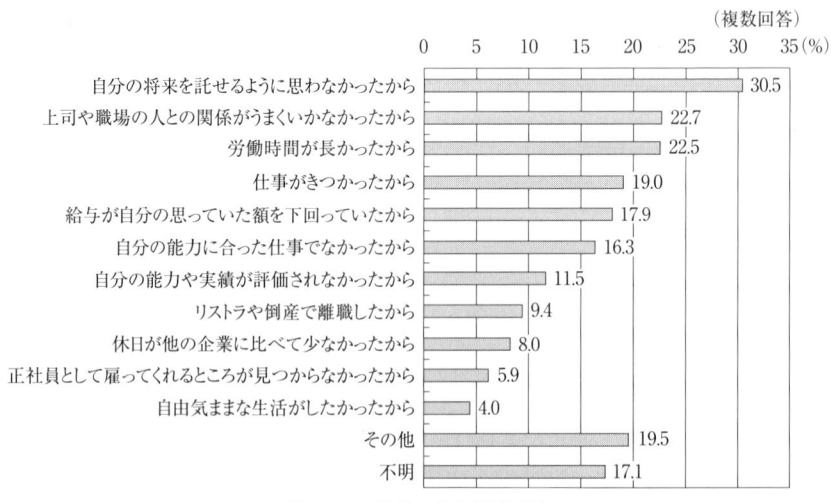

（複数回答）

理由	%
自分の将来を託せるように思わなかったから	30.5
上司や職場の人との関係がうまくいかなかったから	22.7
労働時間が長かったから	22.5
仕事がきつかったから	19.0
給与が自分の思っていた額を下回っていたから	17.9
自分の能力に合った仕事でなかったから	16.3
自分の能力や実績が評価されなかったから	11.5
リストラや倒産で離職したから	9.4
休日が他の企業に比べて少なかったから	8.0
正社員として雇ってくれるところが見つからなかったから	5.9
自由気ままな生活がしたかったから	4.0
その他	19.5
不明	17.1

図5-6 若者の主な離職理由

（出所）　愛媛県地域労使就職支援機構「若者の勤労意識に関する調査」（2004年）。

単純業務を担う「雇用柔軟型グループ」は有期雇用の非正社員に代替することにより，業務の効率性と総額人件費の削減を狙いとするものであった。しかしながら，正社員としての就職が狭められる中で，仮に正社員の地位を確保できたとしても，企業の側に従来のようにOJTを通じてじっくりと人材の育成に取り組み，職務遂行能力の伸長と共に昇進・昇格，昇給を年功的に保障するようなゆとりがなくなってきた。その結果，正社員といえども十分な教育訓練を受けることなく，成果主義が導入された職場に即戦力として放り出されていった。

　第二の理由は「職場の人間関係への不満」である。近年，多くの職場において，若者の上司や同僚との人間関係が悪くなってきているといわれている。その要因として考えられることは，個々人がパソコンを使って仕事する機会や時間が長くなってきたという仕事のスタイルの変化や，仕事の成果がますます個々人に求められてきているという働き方・働かせ方の大きな変化である。特に90年代後半以降，わが国では大企業を中心に，職能資格制度を基軸とした能力主義から仕事の成果によって処遇する成果主義が導入されていった。しかし，成果主義を導入した職場では，経営側の思惑のように，社員の仕事へのモチベーションの高揚，能力向上や成果達成への意欲というようなポジティブな側面よりもむしろ，部下や後輩の育成の軽視，従業員間の協力関係の希薄化，努力やプロセスが評価されないことへの不満など，ネガティブな側面が顕著に現れるようになってきている。その要因の1つに，従業員への過重ノルマを派生させている目標管理があると思われる。すなわち，上司にも過重なノルマの目標管理が適用される中で，部下に対する教育や指導する時間的なゆとりがなくなってきているからに他ならない。

　第三の理由は「処遇・労働条件への不満」である。過重ノルマが常態化した職場では，当然にも長時間労働が一般的になる。それは最初から残業時間込みの達成目標が設定されているからである。フレデリック・テイラーは1日に達成すべき仕事量である「課業」(task)以上の目標を達成した者により高い賃率の賃金を，反対にそれ以下の目標しか達成できなかった者には，より低い賃率の賃金しか支払わない差別出来高給制度を導入した。成果主義賃金制度はまさ

にこの制度の現代版に過ぎない。そしてそれがもつ矛盾は，今日，「名ばかり店長」や「**名ばかり管理職**」問題に明確な形で現れている。特にパートやアルバイトの多い外食産業の店長には，入社間もない若手社員が抜擢され，経営や人事，出退勤の決定権，管理職に相応しい給与の保障など本来の管理監督者に与えられるはずの地位や条件とはほど遠い劣悪な環境で働かされている。その結果，近年，20歳代や30歳代の若者の間で，長時間労働が原因でうつなどの精神的疾患を患い，最悪の場合には，「過労死」または「過労自殺」するケースが増えてきている。

以上のように，特に正社員の若者の間では，要員削減，成果主義の導入により仕事や責任に対する負荷がこれまで以上にかかってきているが，そのことが若者の早期離職の主要な要因となっている。

3 離職後の状態

前述したように，離職後転職した者の内，前職と同様に正社員で再就職した者よりも非正規で再就職した者が多くみられた。また，前職が非正規であった者については，転職により正規社員になれる者よりも，そのまま非正規の状態に留まる者が少なくなかった。それは少なくとも非正規労働者の労働条件よりも恵まれた正社員の仕事が絶対的に少ない上に，自分が本当にやりたい仕事をそう簡単にはみつけられないという現実があるからである。そうした現実の中で求職活動が長期化すればするほど，求職活動を諦めたり，働くことへの希望すらなくす若者が増えてくるのは当然である。こうして「フリーター」から失業状態へ，あるいは「ニート」的状態へと流動化せざるを得ないのである。

① 「フリーター」・失業者・「ニート」の関連性

さて，これまで「フリーター」，失業者，「ニート」の定義に関しては厳密に検討しないまま，厚生労働省の資料に基づき定量的な分析だけを紹介してきた。厚生労働省の「フリーター」の定義には，本来，失業者に分類されるべき者や，「ニート」いわゆる無業者に分類される者まで雑多な状態の者が含まれている。

名ばかり管理職 →第2章52頁参照

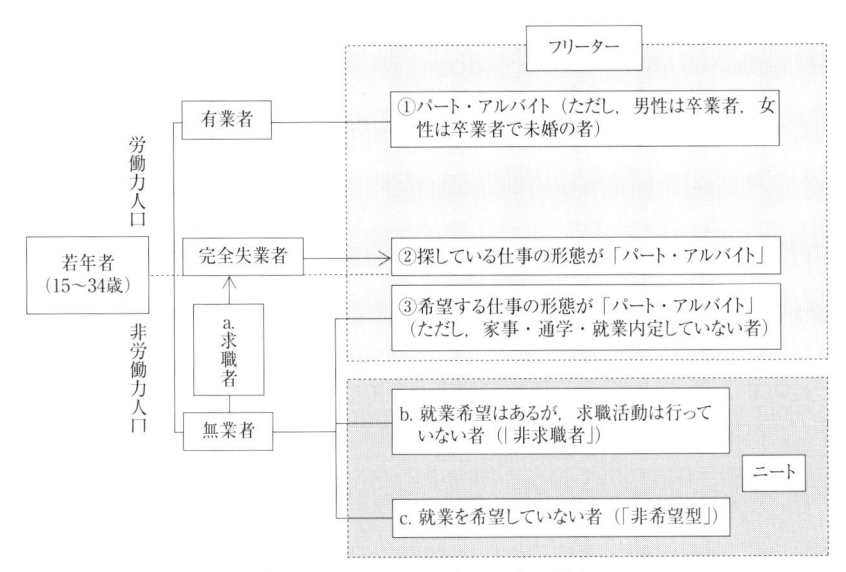

第5章 不安定化する若者の経営学

図5-7 フリーターとニートの概念

(注)「フリーター」については2002年以降の厚生労働省,「ニート」については内閣府『青少年の就労に関する研究調査』(2005年)による定義。

　図5-7は2002年以降の厚生労働省の「フリーター」と「ニート」の定義をわかりやすいように図式化したものである。同省の「フリーター」の定義には，図中の①「パート・アルバイト」(ただし，男性は卒業者，女性は卒業者で未婚の者に限定することにより，学生アルバイトと主婦パートを除外している)，②「探している仕事の形態がパート・アルバイトの者」，③「希望する仕事の形態がパート・アルバイトの者」というように，3つの異なる状態の者が「フリーター」として一括されている。厳密にいえば，②は仕事がなくて求職活動をしているわけだから文字通り「完全失業者」である。③は無業状態で，パート・アルバイトの仕事を希望はしているものの求職活動をしていないわけだから「無業者」であり，正確には，「ニート」の中のｂの「非求職型」に含まれるべき層である。

　「ニート」については様々な定義があるが，先に掲載した図5-3の厚生労働省の定義によれば，「若年無業者」とは15～34歳の年齢層で，非労働力人口(就業者と完全失業者を除く人口)の内，家事も通学もしていない者をいう。し

かし非労働力人口に分類されている「無業者」の中には，aのように求職活動をしている者（求職者）も含まれているが，この層は失業者に該当する。

このように，厚生労働省による「フリーター」や「ニート」概念は失業状態にある者との関係がきわめて曖昧であるだけでなく，近年，若者の間で増加しつつある日雇い派遣で働いている不安定就業労働者は含まれていない。今日の若者の不安定就業問題においては，こうした不安定な雇用形態で働く若者も含めて，正社員－不安定就業層－失業者－無業者との区別と関連を明確にすることが重要である。

そこでこのような不安定就業の連鎖という視点から，以下，「ニート」的状態にある若者の現状や問題点について考察することにしよう。

② 「ニート」の属性と状態

「ニート」的状態にある若者には，就業を希望しながらも何らかの理由で求職活動をしていない「非求職者」と，就業すら希望していない「非就業希望者」が存在している。図5－8と5－9に示されているように，求職活動をしていなかったり，就業の希望のない者の中には，進学の準備や資格取得の勉強をしていたり，芸術や芸能のプロをめざして準備をしていたり，あるいは結婚の準備をしていたりなど，多様な状態の者が含まれている（本田由紀他〔2006〕『「ニート」って言うな！』光文社，31-33頁）。そのような者の中でわれわれが特に留意しなければいけないのは，両者に共通して最大の理由として挙げられている「病気・けがのため」に求職活動ができなかったり，病気やけがの状態が深刻であるが故に働くことへの希望や自信をなくしていたり，あるいは頑張って求職活動をしてみたが自分にあった適当な仕事をみつけられなかったが故に，求職活動だけでなく，就業への希望や自信すら喪失してしまった若者たちである。

「ニート」的状態にある若者が実際にどれくらい存在し，具体的にどのような状態にあるのか，正確な統計的把握や分析はまだ十分になされていない。しかし，最近行われたいくつかの調査から「ニート」的状態にある若者の属性や状態が少しずつ明らかにされつつある。それに関する代表的な調査として，社会生産性本部（2007年3月）『ニート状態にある若年者の実態及び支援策に関

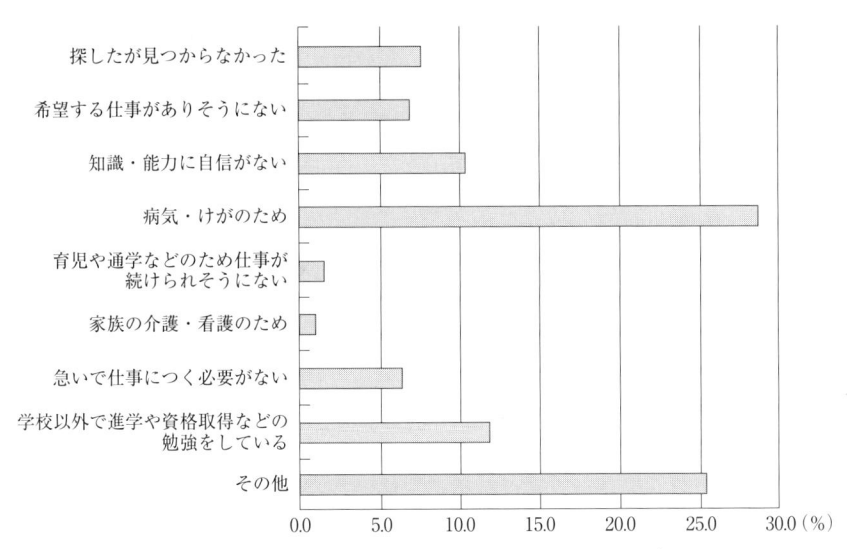

第5章 不安定化する若者の経営学

図5-8 「非求職型ニート」の求職活動をしない理由

- 探したが見つからなかった
- 希望する仕事がありそうにない
- 知識・能力に自信がない
- 病気・けがのため
- 育児や通学などのため仕事が続けられそうにない
- 家族の介護・看護のため
- 急いで仕事につく必要がない
- 学校以外で進学や資格取得などの勉強をしている
- その他

(出所) 図5-5に同じ，38頁。

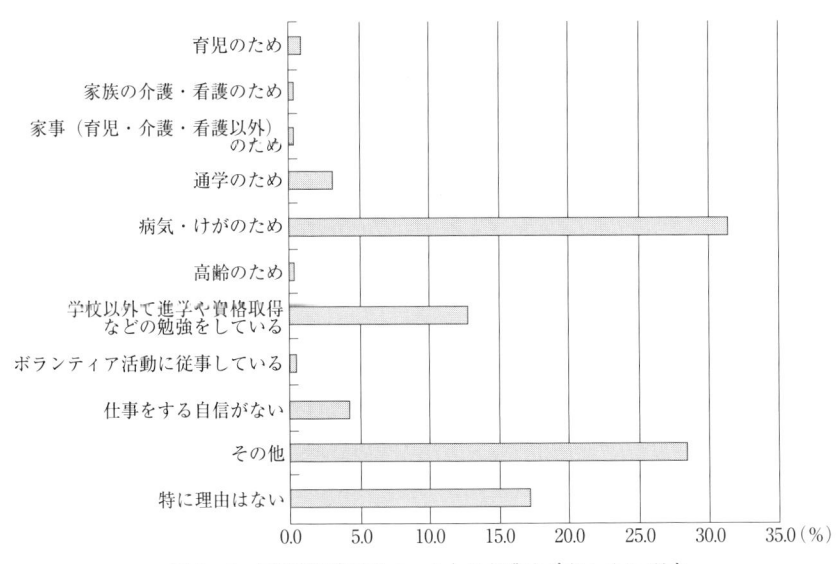

図5-9 「非就業希望型ニート」の就業を希望しない理由

- 育児のため
- 家族の介護・看護のため
- 家事（育児・介護・看護以外）のため
- 通学のため
- 病気・けがのため
- 高齢のため
- 学校以外で進学や資格取得などの勉強をしている
- ボランティア活動に従事している
- 仕事をする自信がない
- その他
- 特に理由はない

(出所) 図5-5に同じ，39頁。

する調査研究報告書』がある。そこで明らかにされた「ニート」の属性や特徴について要約的にいえば，次のようになる。

　最終学歴の点では，15〜34歳層の同年齢の若者と比較して，高校中退を含む中卒や高卒の比率が高い。中退者の場合，学校でのいじめ，ひきこもり，不登校などを経験した者が多い他，発達障害や統合失調症などの精神的疾患のため精神科や心療内科を受診した経験者が多い。所得階層についてみると，高額所得階層の子弟が減少しているのに対して，年収300万円未満の低所得階層で増加傾向にある。最後にもっと重要なことは，全体の8割近くの者が不熟練の単純な仕事とはいえアルバイトで連続1カ月以上働いた就業経験をもっていることである。

　「ニート」の自立・就労支援のために「地域若者サポートステーション」が2005年より現在まで全国77カ所に開設されている。そこに相談に来た若者やその保護者などとの面談結果からも，「ニート」的状態にある若者の属性や現状がしだいに明らかになりつつある。愛媛県の「えひめ若者サポートステーションの運営状況について」（2007年1月末現在）によれば，次のような点が明らかになってきている。多くの者がこれまでに働いた経験をもっていること。しかし，病気やケガ（その中には，発達障害や統合失調症などの精神的疾患のため精神科や心療内科を受診した経験者が多い）のために療養中であることから，働きたくても働けない状態にある。他人とうまくコミュニケーションをとるのが苦手な若者が多いこと。そして「サポートステーション」への来所後，何らかの仕事に就いても，様々な理由で耐えられずに再び「ニート」的状態に戻り，センターを再訪する若者も少なくないことが明らかにされている。このことは「ニート」的状態にある若者が様々な理由から「健常者中心の社会経済システム」に適応していくことがきわめて困難であることや，そうした若者を受容する職場や機関が絶対的に不足していることを示すものである。

　以上のように，今日の企業社会の中で，若者たちが置かれている状態はきわめて不安定で流動的であることが明らかになった。現在，「ニート」的状態にある若者に対して，「働く意欲の乏しい者」，「忌むべき存在」，「醜い堕落した存在」，「病んだ弱い存在」などの「ニート言説」がいかに現実をみようとしな

い科学的根拠の乏しい偏見であるかがわかるだろう。より深刻な問題は,「ニート」的状態にある若者の中に,低学歴で,低所得世帯の子弟が増えてきていることである(内閣府〔2005〕「青少年の就労に関する研究調査」参照)。そのことは若者においてもしだいに経済的・文化的格差が拡大し,固定化しつつあることを示している。

3 社会的排除から平等・生存権保障のためのセーフティネットの再構築に向けて

1 ディーセントワークとは

　雇用や就業さらには生活においても不安定な状態にある若者を,自己責任として社会的に排除するのではなく,社会的に支援していくことこそ焦眉の課題である。これまでの分析から明らかなように,正規で働いている状態であれ,「不安定(就業)層」の状態であれ,安心してゆとりのある仕事や生活を十分に享受できない企業社会の現実が,今日の若者の不安定化の根本原因である。そしてこうした厳しい企業社会に適応できない若者は,「負け組」のレッテルを貼られ,事実上,企業社会から排除,あるいは差別・格差づけられる対象となっている。こうした企業社会のもつ社会的排除の仕組みを,誰もが公平・平等に処遇され,すべての若者・国民が憲法の保障する最低限度の文化的な生活水準を享受することのできる社会的セーフティネットをどのように再構築していくのかが最重要課題である。それを考える上で,ILOが提起した「ディーセントワーク」は貴重なヒントを与えてくれる。

　「ディーセントワーク」が初めて提案されたのは1999年のILO第87回総会におけるファン・ソマビア事務局長の報告(「今日,ILOの第一義的な目標は,男女が自由・平等・安全・人間の尊厳という条件の下で尊厳ある生産的な仕事を獲得できる機会を促進することである」)であった(ILO〔2000〕『ディセントワーク　第87回総会(1999年)事務局長報告』ILO東京支局)。ILOのいう「ディーセントワーク」とは,簡単にいえば,「人間らしい仕事」のことである。より具体的には,雇用機会の保障を前提として上で,①十分な所得の保障,②労働者としての権利の保障,③適切な社会保障,という3つの保障を有する仕事のこ

とである。

　ILOが「ディーセントワーク」を今後の最も重要な戦略課題として提起した背景には，経済のグローバル化の進展によって国際労働基準が破壊され，世界的に貧困や格差が拡大する中で，これまでのように単に国際労働基準の遵守を訴えるだけでは，雇用や労働環境の悪化を是正することが困難となってきたこと。そして，「公正なグローバル化」に向けて，まずは職場において「働きがいのある人間的な仕事」を創出していくことが不可避的な課題となってきたからである（高橋邦太郎〔2007〕「ディーセントワークと日本の労働基準」森岡孝二編『格差社会の構造』桜井書店，159-160頁）。

　以下，これまでの若者の雇用・就業問題の分析を踏まえて，ILOの「ディーセントワーク」を足がかりにしながら，平等と生存権を保障するセーフティネット再構築のための基本原則や仕組みについて考えてみたい。

2　セーフティネット再構築の基本原則

　まず第一は，「適切な仕事」の保障である。「適切な」という表現の中には，働きがいがあり，健康で文化的な最低の生活水準を維持できるための収入が保障されているという二重の意味が含まれている。すでに詳述したように，特に非正規の若者が就く仕事は，特別な知識やスキルを必要としない単純な仕事が多く，とても働きがいのある仕事とはいえない。また雇用や就業も不規則・不安定でかつ低賃金・低所得であり，経済的に自立したまともな生活を営むことすらできない状態に置かれている。したがって，企業に対しては，若者労働を使い捨てるような人材活用戦略に規制を加え，「適切な仕事」の提供とそれを通じて若者が人間的にも成長していけるような教育訓練を通じた人材育成を企業の社会的責任として追求していくことが必要である。今日，社会的に意味ある仕事，つまり「社会的有用労働」は教育，環境保全，介護や福祉などの人間や地域社会の再生産領域においてこそ必要とされている。しかし，本来「ディーセントワーク」の1つであるべき介護職場では，低賃金と過酷な労働環境が常態化している。そのためせっかく社会的な使命感や意欲をもって介護の仕事に就いた若者たちの多くが短期間の内にバーンアウトして，次々に辞めていっ

ているのが実態である。こうした事態をもたらした原因は，介護の領域においても市場原理の導入により民間企業の参入を認めた規制緩和にある。すでにコムスンが介護事業から撤退せざるを得なった事実からも明らかなように，もはや政府がこれまで進めてきた市場原理主義による民営化政策は破綻しているといわざるを得ない。公共事業の抜本的な見直しを含めて，行政が責任をもって介護の「**ユニバーサル・サービス**」化を進めていくべきである。介護現場で働く若者たちが安心して生活していけるような報酬単価の改定，さらにはすべての若者がどんな仕事を選択しても，経済的に自立していくことが可能な最低賃金の保障である。そのためには労働組合の最低賃金引き上げに対する取り組みや大衆運動が欠かせない。

　第二は，「仕事における諸権利」の保障である。より具体的にいえば，雇用形態や人種，年齢，性などの違いにかかわらず，すべての労働者に労働基本権とその行使が保障される必要がある。特に実際の雇用主と労働に対する指揮命令権をもつ使用者が分離する派遣労働の場合には，派遣先での仕事や人間関係のトラブルに対して対等に苦情を申し入れたり，団体交渉をすることが事実上困難な状態に置かれている。それは根源的には派遣元と派遣先との力関係において，派遣先が圧倒的に強い立場にあることから派生している。したがって，派遣元企業だけでなく，派遣先企業に対しても団体交渉の応諾を義務づけるなどの規制が必要である。

　第三は，「社会保障の制度」の整備である。すでに指摘してきたように，非正規の若者たちは正社員と比較して，雇用保険，年金，健康保険など法定福利の分野だけでなく，企業内福利厚生の制度や施設の利用においても著しく不利な状態にある。特に日雇い派遣で働く若者の場合，制度的には一応「日雇労働求職者給付金」があるが，その存在自体を知らなかったり，あるいは雇用主から知らされなかったりという理由で，失業した時に失業給付を受けた者は皆無に近い。また若者の失業期間が1年以上と長期化する中で，給付期間を延長す

ユニバーサル・サービス：通信・放送・郵便などの社会的インフラストラクチャー，電気・ガス・水道，さらには福祉や介護など国民生活に不可欠なものを，誰もが公平かつ安定的に利用できるサービスのことである。

ることも必要であろう。また近年，派遣や事実上派遣労働である偽装請負の下で働いている労働者の労災事故が多くなっているが，派遣先や発注元に過失がある場合でも，下請や派遣元に責任を押しつけるケース（労災隠し）も少なくない。そうした場合には，派遣先や発注元も使用者としての責任を果たすことを義務づける必要がある。「ニート」的状態にある若者が求職活動や就業希望を無くしている大きな1つの原因に，ケガや病気が挙げられていたが，そうした状態にある若者が一刻も早くそうした状態から回復できるような医療制度の充実が必要である。回復後は，できるだけ早く希望する仕事に就くことができるように，就労を支援していく教育訓練機関の整備が重要である。また，「ネットカフェ難民」や路上生活状態にある若者に対しては，少なくとも就労できるまでの間，公共の住宅を提供することも必要である。

　第四としては，「社会的対話」（労働者への発言や代表の保障）が挙げられているが，第一の労働権の保障と密接に関わっているので，ここでは「均等待遇の原則」を挙げておきたい。近年，政府は「フリーター対策」として「フリーター25万人常用雇用プラン」（2007年4月～2008年3月）を掲げ，特に年長フリーターを対象に，約25万8000人の常用雇用を実現したとしている。しかし必ずしも「期間の定めのない雇用契約」だけとは限らない常用雇用は最近の「派遣切り」や雇い止めに示されているように雇用が不安定である。また，正社員との均等待遇が実現されない限り，非正規のままの状態にある若者の雇用状況や賃金その他労働条件は改善されないことになる。問題にすべきことは，たとえどんな働き方を選択しても，賃金や社会保障の適用において差別されない均等待遇原則を確立することである。

　以上指摘してきた「ディーセントワーク」論を基底において，若者が仮にどんな状態に置かれていても安心して安全に，働き生活できるセーフティネットを作り上げていくことが最も肝要である。

3　セーフティネットのしくみ

　図5-10は，どんな働き方を選択してもあるいはどんな状態にあっても，平等で公正な機会の提供や，仮に病気やケガなどの不慮の事故で就業が困難に

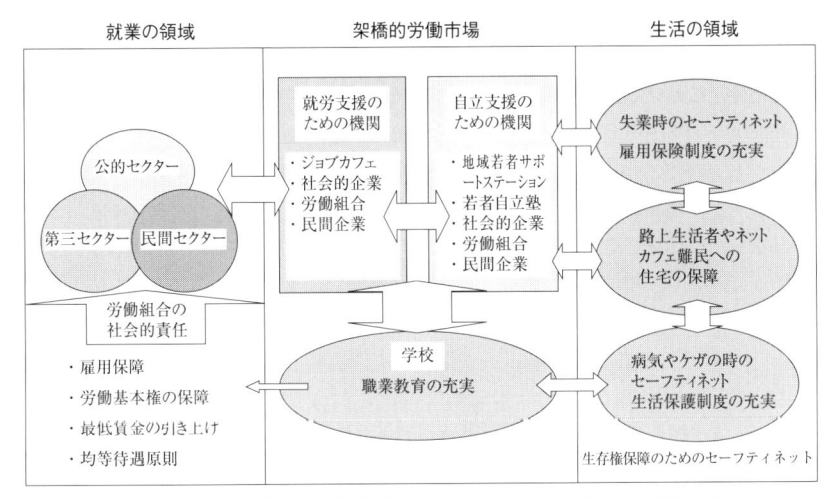

第5章 不安定化する若者の経営学

図5-10 平等・生存権保障のためのセーフティネットの概念図

なった時にも、憲法で保障された人間らしい生活を実現する上で必要となるセーフティネットを示したものである。この図で特に強調しておきたいのは、就業と生活の橋渡しとなる労働市場の形成である。従来わが国では、若者の就業ルートは学校卒業と同時に職業社会に移行するというのが一般的であった。しかしこの「学校経由の就職ルート」は企業の人事管理が大きく変化する中で、事実上、機能不全をおこしている。それにもかかわらず、学校では基本的に教育内容は従来のままであり、ますます労働力需要側とのミスマッチが拡大してきている。したがって、若者が安心して学校から職業社会に移行・適応できるように、職業的教養（働くことの意味、働く上での権利や義務関係）や職業人としての専門的知識やスキルの修得（デュアル・システム）を学校教育の中に取り込み、学校と職業社会との接合関係をより密接にしていくことが重要である。

さらに、学校以外に、若者の自立や就労を支援する機関が必要となってきている。すでに「ニート」的状態にある若者の自立支援機関として、「地域若者サポートステーション」が開設され、自立や就労のための支援を行っている。また「フリーター」や「第二新卒者」などを主たる対象に、「ジョブ・カフェ」を中心に様々な就労支援活動が行われている。しかしながら、こうした就労支援プログラムはその間の生活の保障とリンクされていないこと、各機関

>> *Column* <<

職場と生活において孤立する若者

　2008年6月8日日曜日，多くの買い物客で賑わう東京・秋葉原で，25歳の派遣社員が17人を死傷させるという悲惨な事件がおきました。マスコミなどの報道によりますと，作業場に行ったらツナギ（作業着）がなかったことが直接のきっかけになったようですが，事件発生前の携帯サイトには，「辞めろってか」「お前らが首切っておいて，人が足りないから来いだと？　おかしいだろ」と書き残していたそうです。また容疑者は，以前から「自分は価値がない」「みんな俺を避けてる」「どうして俺だけ1人なんだろ」「みんな裏切る　結局1人にされる」「誰にも大切にされていない」「勝ち組はみんな死ねばいい」など，将来への不安감，孤立や孤独感，人々や社会に対する不満・疎外感などを携帯サイトに毎日大量に書き綴っていたそうです。

　今回の無差別殺傷事件は決して許されるべきでないことはもちろんのことですが，その後多くの論者が指摘しているように，事件の1つの背景となっている派遣という働き方・働かせ方の問題点について，考えてみることは社会科学を学ぶ皆さんにとって重要な社会問題です。すでに今回の「派遣切り」・「派遣村」の現実が示したように，派遣で働く多くの若者たちはあたかも車の部品と同じように，派遣先企業の必要性に応じて，必要な時に，必要とされるだけ吸引され，必要性がなくなればいとも簡単に使い捨てされているという現実があります。

　こうした非正規雇用で働く若者の不安定な現実をきちんと理解せず，今の若者は辛抱が足りないなど，若者を一方的にバッシングする論調に対して，ILOが提起しているように，将来を支えていく若者たちに「働きがいのある人間的な仕事」（ディーセントワーク）を提供していくことこそが最重要課題とされなければなりません。今日の若者の就業と生活の問題について，あなたたちも若者の1人として，排除の論理ではなく，社会的に包摂していく仕組みを一緒に考えていきましょう。

の横の連携の弱さ，雇用以外の「多元的な活動」を通じた「社会参加」の仕組みの未整備など，今後，解決していかなければならない多くの課題が明らかになってきている（樋口明彦〔2007〕「日本における社会的排除の現状と課題」福原宏幸編著『社会的排除／包摂と社会政策』法律文化社，235-240頁参照）。「多元的な活動」とは，環境保全や町づくり，芸術や芸能など地域文化の振興，教育・福祉・医療の充実など，その地域で生活する人々が安心して暮らしていくため

に必要な活動である。

　リピエッツ（A. リピエッツ／若森章孝訳〔1990〕『勇気ある選択』藤原書店）は，こうした「多元的な活動」を提供する機関として，失業者や無業者が正当な報酬を取得するだけでなく，地域社会に有用な社会的活動と職業訓練や教育を結びつけることによって，若者が地域社会に参加していくための「社会的に有用な第三セクター」の創設を提唱している（長井偉訓〔2001〕「情報ネットワーク社会の課題」林正樹・井上照幸・小坂隆秀編著『情報ネットワーク経営』ミネルヴァ書房，278-279頁）。この「第三セクター」を担うのは「民間セクター」でも「公的セクター」でもない，連帯と参加を原則とした「社会的（経済）企業」である。すでに「社会的（経済）企業」はアメリカでは主にNPO，EU諸国ではNPO以外に，協同組合や共済組織の形態で存在している。わが国でも，すでに「労働者協同組合法」の制定が予定されているが，それが実現すれば，**労働者協同組合**などの非営利機関が「ディーセントワーク」の創出や若者の自立・就労支援に対して重要な役割を果たすことが期待される。

推薦図書

宮本みち子（2002）『若者が《社会的弱者》に転落する』洋泉社
　　今日の若者の就業や生活における不安定化の要因を，青年期から成人期への移行過程における社会的・構造的な問題として捉え，若者の自立を社会全体で包括的に支えていく仕組み作りの必要性を提案している。

本田由紀・内藤朝雄・後藤和智（2006）『「ニート」って言うな！』光文社
　　誤解された「ニート」言説を，詳細な批判的検証により論破することにより，就業や生活において不安定な状態に置かれている若者の実態を正確に捉えた上で，学校における職業教育のあり方を含めて有効な若者支援策を提起している。

熊沢誠（2006）『若者が働くとき』ミネルヴァ書房
　　今日の若者の多くが意欲や展望をもって就業できない背景・要因を，日本企業が若者に要請する働き方・働かせ方から批判的に論証し，若者たちが意欲や展望をもって働き続けられるような職場や職業の必要性を主張している。

労働者協同組合：働く意思のある人々が共同で出資し，共に働き，事業を経営する協同組合。介護・福祉サービス，教育・子育て，地産・地消，環境保全などの公共性の高い領域において，労働者や市民が主体となった地域再生のための運動体。

[設 問]

1. 近年，非正規の就業形態で働く若者が増加する傾向にあります。その背景や要因について調べてみましょう。
2. 受験や就職でつまずき，雇用や就業が不安定な「フリーター」や「ニート」的状態にある若者が少なくありません。こうした若者を自己責任として排除するのではなく，社会的に包摂する仕組みについて考えてみましょう。

(長井偉訓)

第6章

「多国籍企業と社会」の経営学
——新自由主義的グローバリゼーションから新たな取り組みへ——

　皆さんが「企業」といったときに思い浮かべるとしたらどんな企業名でしょうか。ソニー，トヨタ，ナイキ，IBM等様々に思い浮かべることでしょう。ここに挙げた企業は，すべて一般に「多国籍企業」と呼ばれています。これら多国籍企業の行動が，私たちの生活に大きく影響を与えはじめています。本章では，この多国籍企業とその社会への影響について，アメリカ多国籍企業ナイキとウォルマートを事例に考察し，「多国籍企業と私たち（＝社会）」について考えてみましょう。

1　多国籍企業と社会

　世界的な新自由主義による市場主義が進展している現代資本主義の中で，多国籍企業が社会へ与える影響が急激に増大している。その影響の増大に対して，社会からの反発や新しい動きも増大してきている。1990年頃より，シアトルWTO（World Trade Organization：世界貿易機関）閣僚会議での**反グローバリゼーション運動**に代表されるような各国各種NGOの団結行動が活発化してきた。また近年では，世界社会フォーラムや国際NGOなどが，現代グローバリゼーションへのオルタナティブを提唱する活動も目立ち始めている。このオルター・グローバリゼーションとも呼ばれている動きの標語は，「もう一つの世界

反グローバリゼーション運動：グローバリゼーション（＝グローバル化：Globalization）という概念を本章では，スティグリッツ氏の定義にて説明しておくこととする。「通信・輸送コスト，そしてモノと生産要素への不自然な障壁が減少することが，世界経済のより緊密な統合を促している。グローバリゼーションとは，モノやサービスだけでなく資本や知識の，そしてより小規模だがヒトの移動性を意味する。グローバリゼーションは，市場の統合だけでなく，グローバル市民社会の出現ももたらす」（Joseph E. Stiglits〔2003〕"Globalization and Development," *Taming Globalization : Frontiers of Governance*, Polity Press, p.51）。反グローバリゼーション運動とは，グローバリゼーションが貧困・不平等や人権侵害などを引き起こしているとする市民社会の反対運動のこと。

は可能だ（Another world is possible）」である。

　さらには，各国政府代表の連合体である国際連合（United Nations：以下国連）が提唱し ILO（国際労働機関：International Labour Organization）も支援しているグローバル・コンパクト（The global compact）やより実効性を重視した国連人権委員会の「多国籍企業行動規範（案）」による監視など，多国籍企業を巡る新たな動きが活発化している。

　このような新たな動きを活発化させている経済におけるグローバリゼーションの重要な推進主体である多国籍企業とは，どのような特徴があるのだろうか。多国籍企業の経営行動は，その国境を越えた活動や巨大さゆえに，われわれの社会に大きな影響を与えている。

　BRICs 諸国などの台頭する開発途上国の多国籍企業も出現してきているが，ほとんどの多国籍企業は先進国に本社がある。その外国にある本社から他の先進諸国や開発途上諸国にある子会社や関連会社，また下請会社などを**コントロール**している。近年，地域統括本社や子会社へ意思決定権限を大きく委譲している多国籍企業も多いが，各国各地域の単純な合計ではなく，**グローバル**に利潤最大化をめざす多国籍企業は，経営上の重要な意思決定を必ず本社によって行うところに最大の特徴がある（夏目啓二〔2004〕『アメリカの企業社会——グローバリゼーションと IT 革命の時代』八千代出版，128-130 頁）。この外国にある本国本社からのコントロールゆえに，他の先進諸国や開発途上諸国あるいは低開発諸国において，現地政府や企業や従業員，また地域社会や市民との間に利害の衝突が発生し，社会に大きく影響を及ぼすことになる。

　また同時に，多国籍企業はその売上高や資産，従業員数などの規模が巨大で

BRICs：近年急速に経済発展を遂げている新興国，ブラジル（Brazil），ロシア（Russia），インド（India），中国（China）の頭文字をとった 4 カ国のこと。

コントロール：従来は非常に強いコントロールである「支配」と表現されていたが，本章では「実質的支配」という意味のみではなく「効果的な発言力」と広義に捉えている（亀井正義〔2003〕「多国籍企業，対外直接投資におけるコントロールの意味について」『龍谷大学経営学論集』第 43 巻第 2 号）。

グローバル：実際は，本章でみる直接投資のように，日本を中心とした東アジア・北米・欧の三極体制つまり先進諸国に集中している。したがって真の意味での「グローバル（地球的）」ではなく実際は「リージョナル（地域的）」に活動している。

あることも特徴である。その巨大な規模の経済活動が本国本社の意思決定によって行われるがゆえに，進出先各国各地域の社会は，雇用や租税などにおいて大きく影響されることになる。ある地域に多国籍企業の工場が新規に設立あるいは移転されれば，多くの雇用が生まれ，多くの租税収入も期待できる。しかしその反面，多国籍企業はそのグローバルな**経営戦略**に従って，工場閉鎖などの撤退行動をとったり，グローバルな企業内取引を通じて可能な限り租税を少なくするように行動したり，時には各国国内法や国際法さえも遵守しない行動をとることさえある。進出先国の政策や労働運動によって賃金が上昇したり，国内法によって追加のコストが発生する場合，他の国へ工場などを移転することは，多国籍企業にとって一般的な行動である。

本章では，このような多国籍企業が社会に与えている影響と社会からの反発および運動について，ナイキ（Nike, Inc.）による人権侵害問題，ウォルマート（Wal-Mart Stores, Inc.）による低賃金化や地域社会荒廃などの問題の事例を通じて考察する。

そこでまず多国籍企業全般について，その社会的影響力について概観する。その上で，個別多国籍企業の問題事例を考察することによって，今，多国籍企業の経営行動およびその影響によって，何が具体的に社会で問題となっているかを検討する。

2 多国籍企業とその社会への影響

1 多国籍企業の定義

国連の一機関である国連貿易開発会議（UNCTAD : United Nations Conference on Trade and Development）が毎年出している『世界投資報告書 2008（以下，

経営戦略：本章における経営戦略とは，「長期の基本目標を定めたうえで，その目標を実現するために行動を起こしたり，経営資源を配分したりすることを指す」（Alfred D. Chandler Jr.〔1962〕*Strategy and structure : chapters in the history of the industrial enterprise*, M.I.T. Press.,p.13〔有賀裕子訳〔2004〕『組織は戦略に従う』ダイヤモンド社，17頁〕）。経営戦略は本社トップ・マネジメントが策定するものであり，各事業部や子会社あるいは地域統括本社などが策定する事業戦略などとは区別する。

UNCTAD〔2008〕)』の多国籍企業トップ100*から，日本における有名企業の一部を抜粋すると次のようになっている。GE (General Electric ; 1位)，BP (British Petroleum Company Plc ; 2位)，トヨタ（トヨタ自動車株式会社；3位），ロイヤルダッチ＝シェル (Royal Dutch/Shell Group ; 4位)，エクソンモービル (Exxonmobil Corporation ; 5位)，フォード (Ford Motor Company ; 6位)，ボーダフォン (Vodafone Group ; 7位)，ウォルマート (Wal-Mart Stores ; 10位)，ホンダ（本田技研工業株式会社；18位），ネスレ (Nestlé SAg ; 23位)，P&G (Procter & Gamble ; 25位)，ファイザー (Pfizer Inc. ; 32位)，IBM (36位)，ソニー（ソニー株式会社；40位)，コカ・コーラ (Coca-Cola Company ; 74位) などである。これら企業はすべて一般に多国籍企業と呼ばれている企業である。

* 2006年における非金融企業の外国資産額トップ100社 (UNCTAD〔2008〕*World Investment Report 2008*, UN, pp.220-222)。

「多国籍企業 (Multinational Corporations)」は，第二次世界大戦後の1960年代以降に登場した言葉である。それ以前は国際企業などと呼ばれていた。戦後，戦勝国で唯一国土に大きな被害を受けなかったアメリカ合衆国（以下，アメリカ）の企業が，欧州や中南米諸国などに大挙して進出し，現地政府や企業と摩擦が大きくなるにつれて「多国籍企業」という言葉が使用されるようになってきた。欧州ではナショナリズムが高揚し，アメリカ企業の製品不買運動がおこり，中南米では天然資源の獲得を巡って，アメリカ企業子会社の収用などが行われた。

このような世界情勢の中，アメリカのTVA (Tennessee Valley Authority：テネシー川流域開発公社) 長官であったリリエンソール氏 (David E. Lilienthal) が1960年にカーネギー工科大学工業経営大学院のシンポジウムにおいて「多国籍企業」という言葉を初めて使用したといわれている。彼は「アメリカの多くの大企業では，いな平均的な大きさの企業ですら，いろいろなやり方ですでに他国で業務を行っている。ここで業務というのは，自国以外の他国の企業に金融上の利害関係をもつにすぎないことを意味しない。また販売代理店や配給店のことでもない。直接に企業の経営上の責任を負う工業および商業上の業務を海外で行っている（中略）企業——それはひとつの国に本拠をもつとともに，

他国の法律と慣習のもとに仕事をして生活をしている——をここでは多国籍企業と定義したい」(David E. Lilienthal〔1960〕 "Management of the Multinational Corporation", G. Bach and M. Anshen eds., *Management and Corporation 1985 : A Symposium*, Greenwood Pub Group〔Reprint 1975〕, pp.119-120〔名東孝二訳〔1964〕「多数国間にまたがる会社の経営」『20年後の会社と経営』日本生産性本部, 108-110頁〕)と述べている。

　この言葉は，アメリカ企業としてのイメージではなく「多国籍（＝あなたの国）」の企業であることを前面に出すものであり，アメリカの財界・政界・学界において好んで用いられるようになった（亀井正義〔2001〕『企業国際化の理論』中央経済社, 19頁）。つまり当時の「多国籍企業」とは，欧州や中南米に進出しているアメリカ企業のことであった。

　1970年代半ばには欧州諸国と日本が戦後復興して，フランス・ドイツ・イギリスなどの欧州企業や日本企業も国境を越えて外国へ進出するようになる。進出先は，主に世界最大の市場があるアメリカであった。また最新の生産技術や管理技法をアメリカ企業の買収によって獲得することもその理由であった。しだいに，日米欧の先進国企業が相互に進出しあう状態になり，多国籍企業とはアメリカ企業のみではなく，主として先進国企業のことを意味するようになった。先にみた多国籍企業の本社は，すべて日米欧の先進国にある。

　ちなみに国連では，多国籍企業という言葉はその本質から誤解を生むという理由で「超国籍企業（Transnational Corporations）」という言葉を使用している。その本質とは先に述べたように，各国の現地法人小会社や関連会社が独立して企業活動を行っているのではなく，あくまで本国本社のコントロールによっているということである。他の論者においては，「グローバル企業」という言葉を使用する場合もある。その多くは「ドメスティック（国内的）」な視野ではなく「グローバル（地球的）」な視野で企業の活動を行っているという点を強調している場合にこの言葉が用いられている。これに対して，外国に進出している企業活動のほとんどは地球規模ではなく，先進諸国と一部の開発途上諸国に地域的に偏っていることから「リージョナル企業」あるいは「マルチリージョナル企業」という言葉を用いる場合もある。これらの言葉はそれぞれ論者

の問題意識と視点で使用しているが，本章では一般的かつ学術用語として定着している訳語である「多国籍企業」に言葉を統一し，先に述べたように，特定の国（特に先進国）に本社のある企業によって外国の子会社や関連会社をコントロールしている企業として考察することとする*。

* 多国籍企業の定義に関しては様々な見解がある。亀井（2001）や宮崎義一（1985）『現代資本主義と多国籍企業』岩波書店を参照されたい。

2　多国籍企業の社会的影響力

多国籍企業とは，単なる資本の結びつきだけでなく，共通の経営戦略によって結びつけられ，かつ重要意思決定事項が本国本社に掌握されている企業の集団ともいえる*。

* 亀井（2001）19頁。ストップフォード氏は1972年の著書で，多国籍企業とは「諸外国に子会社をもち，少なくともある程度までは，共通の経営戦略に従って，これらの子会社の活動を調整し，統制しようとしている大企業である」と述べている（John M. Stopford and Louis T. Wells Jr.〔1972〕*Managing the multinational enterprise : organization of the firm and ownership of the subsidiaries*, Basic Books, pp.4-5〔山崎清訳〔1976〕『多国籍企業の組織と所有政策——グローバル構造を超えて』ダイヤモンド社，6頁〕。

現代の多国籍企業は，各国子会社の利潤の合計ではなく，本国本社トップ・マネジメントの策定する経営戦略によって結びつけられた企業の集団である。各国子会社がそれぞれ自立した経営を行って利潤をそれぞれあげていればよいといった経営ではなく，グローバルに展開した多国籍企業としての優位性を生かす経営戦略に従って経営行動をとっている。多国籍企業自体の優位性とは，世界的な調達・製造・マーケティングや情報の共有・節税（振替価格）・雇用などである（亀井〔2001〕41-43頁）。

従来では，資本の結びつきとして多国籍企業が捉えられていた。資本を輸出すること，つまり外国に子会社などを新規設立したり買収したりして経営することによる外国子会社の利潤獲得が目的だったのである。この利潤を生む資本の輸出は**外国直接投資**（FDI : Foreign Direct Investment）とも呼ばれている。2007

年におけるFDIの流れは，インフロー（Inflows：各国へのFDI流入量）で約1兆8333億ドル，アウトフロー（Outflows：各国からのFDI流出量）で約1兆9965億ドルである。先進諸国におけるそれぞれの額は概算で，1兆2476億ドル，1兆6921億ドルであり，先進諸国への流入量は世界全体の68.1%，先進諸国からの流出量は世界全体の84.8%を占めている。また同年におけるFDIの残高は概算で，15兆2106億ドル（Inward Stock），15兆6023億ドル（Outward Stock）である。先進諸国の残高はそれぞれ10兆4586億ドル，13兆422億ドルであり，先進諸国の世界全体における比率はそれぞれ，68.8%，83.6%である（UNCTAD〔2008〕pp.253-260. 比率は筆者計算）。以上の比率をみると，多くは先進諸国における相互投資であることがわかる。

UNCTAD（2008）の2006年度における非金融企業の外国資産額トップ100社の本国本社は，アメリカ，フランス，ドイツ，イギリス，日本などの先進国に集中している（表6-1）。先進国の基準は様々であるが，UNCTAD基準によると韓国，メキシコ，香港，シンガポール，マレーシアを除く94%が先進国に集中している。また，先進国クラブとも呼ばれているOECD*の加盟国を先進国とすると，香港，シンガポール，マレーシアを除く97%が先進国に集中している。また産業別においては，自動車，製薬・化学，石油，電子・電気機器，通信など，技術集約的産業や巨額の投資が必要な産業が多くを占めていることがわかる（表6-2）。

＊ Organisation for Economic Co-operation and Development の略。経済協力開発機構。1961年に設立され，本部はフランス・パリ。30カ国が加盟している。

このように，本国本社が策定する共通の経営戦略により行動する多国籍企業は，2007年時点で約7万9000社にものぼる。その子会社（foreign affiliates）は，約79万社である。それらの直接投資額残高は15兆ドルを上回り，総売上高は約31兆ドルである。2007年における世界の実質GDP約54.5兆ドルの約

外国直接投資：これに対して，外国企業の経営に参加しない投資を，マルクス経済学では「利子を生む資本輸出」，近代経済学では間接投資（証券投資）として区別している。外国直接投資をはかる指標としては，年単位のフロー（flow）とその合計から投資撤退などを差し引いた残高（ストック：stock）がある。またそれぞれにある国からの流出とある国への流入の2つある。

表6-1　多国籍企業トップ100本社の本国

アメリカ	21
フランス	15
ドイツ	13
イギリス	11
日　本	9
スイス	4
オランダ	4
スペイン	3
カナダ	3
イギリス／オランダ	2
イタリア	2
スウェーデン	2
韓　国	2
ドイツ／アメリカ	1
アイルランド	1
ノルウェー	1
フィンランド	1
オーストラリア	1
メキシコ	1
香港（中国）	1
シンガポール	1
マレーシア	1
合　計	100

（注）　外国資産額による非金融業多国籍企業トップ100社。
（出所）　UNCTAD〔2008〕pp.220-222より筆者作成。

表6-2　多国籍企業トップ100社の産業分野

自動車	13
製薬・化学	10
石油	10
電子・電気機器	10
通信	8
電気，ガス，水道	6
食料・飲料	5
商業（小売業）	4
多角化	4
金属・同製品	4
非金属鉱物製品	4
鉱業・採石（金含む）	4
卸売（商社）	3
タバコ	2
消費財／ビール	2
輸送機器	2
サービス（ビジネス・その他）	2
その他	7
合　計	100

（注）　外国資産額による非金融業多国籍企業トップ100社。産業分野は，アメリカ証券取引委員会（SEC）により使用されているアメリカ標準産業分類に基いている。「製薬・化学」「食料・飲料」はそれぞれの合計。電子・電気機器は，電気設備を含む。「電気，ガス，水道」は，エネルギーを含む。その他は，「輸送・倉庫」「航空機・同部品」「工業用トラック，トラクター，トレーラーとスタッカー」「給水」「繊維」「木材その他建築材料販売」「メディア」。
（出所）　UNCTAD〔2008〕pp.220-222より筆者作成。

11％である6兆ドルが，多国籍企業の小会社による付加価値（総生産）によってもたらされている。ちなみに世界最大のGDPを誇るアメリカの2007年における実質GDPは約13.8兆ドル，2位の日本は約4.3兆ドルである（UNCTAD〔2008〕pp.9-10.およびIMF〔2007〕*World Economic Outlook*, Database〔http://www.imf.org/external/data.htm〕）。

　同年におけるUNCTAD〔2008〕から抜粋した代表的多国籍企業の資産・売上・従業員数の概要をみると**表6-3**のようになっている。外国率の平均をみると，ボーダフォンはイギリス以外の欧州諸国の資産・売上・従業員数も含む

第6章 「多国籍企業と社会」の経営学

表6-3 多国籍企業の外国資産・売上・従業員比率および外国率（抜粋）

外国資産順位	企業名（本国；産業）	資産（単位：100万ドル）			売上（単位：100万ドル）			従業員数			外国率平均（％）
		外国	合計	外国率（％）	外国	合計	外国率（％）	外国	合計	外国率（％）	
1	GE（アメリカ；電子・電気機器）	442,278	697,232	63.4	74,285	163,391	45.5	164,000	319,000	51.4	53.4
2	BP（イギリス；石油）	170,326	217,601	78.3	215,879	270,602	79.8	80,300	97,100	82.7	80.3
3	トヨタ（日本；自動車）	164,627	273,853	60.1	78,529	205,918	38.1	113,967	299,394	38.1	45.4
4	ロイヤルダッチ＝シェル（イギリス／オランダ；石油）	161,122	235,276	68.5	182,538	318,845	57.2	90,000	108,000	83.3	69.7
5	エクソンモービル（アメリカ；石油）	154,993	219,015	70.8	252,680	365,467	69.1	51,723	82,100	63.0	67.6
6	フォード（アメリカ；自動車）	131,062	278,554	47.1	78,968	160,123	49.3	155,000	283,000	54.8	50.4
7	ボーダフォン（イギリス；通信）	126,190	144,366	87.4	32,641	39,021	83.6	53,138	63,394	83.8	85.0
10	ウォルマート（アメリカ；商業（小売業））	110,199	151,193	72.9	77,116	344,992	22.4	540,000	1,910,000	28.3	41.2
18	ホンダ（日本；自動車）	76,264	101,190	75.4	77,605	95,333	81.4	148,544	167,231	88.8	81.9
23	ネスレ（スイス；食料・飲料）	66,677	83,426	79.9	57,234	78,528	72.9	257,434	265,000	97.1	83.3
25	P&G（アメリカ；多角化）	64,487	138,014	46.7	44,530	76,476	58.2	101,220	138,000	73.3	59.4
32	ファイザー（アメリカ；製薬）	53,765	114,837	46.8	22,549	48,371	46.6	59,818	98,000	61.0	51.5
36	IBM（アメリカ；電子・電気機器）	47,392	103,234	45.9	55,507	91,424	60.7	231,248	355,766	65.0	57.2
40	ソニー（日本；電子・電気機器）	40,925	98,498	41.5	52,045	71,331	73.0	103,900	163,000	63.7	59.4
74	コカ・コーラ（アメリカ；飲料）	23,787	29,963	79.4	17,426	24,088	72.3	58,800	71,000	82.8	78.2

（注）ロイヤルダッチ＝シェルとネスレの外国資産と外国売上はヨーロッパ以外の数値。ネスレの外国従業員数はヨーロッパ以外の数値。フォードの外国従業員数とコカ・コーラの外国資産は北アメリカ以外の数値。
（出所）UNCTAD〔2008〕pp.220-222より筆者作成。

が85％にも上っており，ネスレ・ホンダ・BPは80％を超えている。他方，ウォルマートとトヨタは40％台に留まっており，他の多国籍企業と比較すると本国依存が強いことがわかる。とりわけ，両社ともに外国における売上率と従業員率が非常に低いことが特徴である。

また資産では，GEが外国・合計ともに，それぞれ約4423億ドル・6972億ドルで群を抜いている。外国の売上では，エクソンモービル・BP・ロイヤルダッチ＝シェルの石油産業で一桁他を上回っている。ただし合計の売上では，石油産業のエクソンモービル約3655億ドルに次いで，第3節でみる小売業のウォルマートが約3450億ドルにものぼっている。同社の従業員数は，外国で54万人，合計で191万人と飛び抜けている。単純に比較はできないが，同年における実質GDP21位の台湾（中国）約3646億ドル，22位のインドネシア

約3642億ドル，23位のサウジアラビア約3491億ドルをエクソンモービルの売上は上回り，また24位のポーランド約3410億ドルをウォルマートは上回っており，多国籍企業の巨大な規模の一端がうかがえる（UNCTAD〔2008〕pp.9-10.およびIMF〔2007〕*World Economic Outlook*, Database〔http://www.imf.org/external/data.htm〕）。

このように，多国籍企業は先進諸国にその活動も本国本社も集中しており，また同時にそのトップ100社の規模は巨大である。このような多国籍企業の1つであるウォルマートとその社会への影響を事例にみてみよう。

3　多国籍小売企業ウォルマートの経営戦略とアメリカにおける社会問題

先にウォルマートの2007年度については概観したが，2008年度における売上高約3745億ドル，従業員数約210万人も世界最大級である*。その世界最大級の多国籍小売企業ウォルマートをめぐって，近年，批判が強まっている。しかし一方で，ウォルマートの徹底したコスト削減や世界トップクラスの売上高は，資本主義企業の21世紀モデルとしてその手法が注目され，また賞賛されている。

* ウォルマートの会計年度は1月末締めである。ちなみに，2008年度における外国の売上高は906億ドルで外国率24.2%，外国の従業員数は約63万5000人で外国率30.2%である（Wal-Mart〔2008〕*Annual Report*，およびUnited States Securities and Exchange Commission〔2008〕*Form 10-K*〔*Wal-Mart Stores, Inc.*〕, SEC.）。

1　ウォルマートの経営戦略と事業展開

第二次世界大戦後，アメリカの大量消費社会の進展とともにディスカウント・ストアも進化したといわれている。1960年代，Kマート（Kmart Stores）などのディスカウント・ストア・チェーンは大都市で展開していったが，その中心部ではなく郊外の発展と同時に展開していた。当時，ウォルマートの創業者であるサミュエル・ムーア・ウォルトン（Samuel Moore Walton：以下サム・ウォルトン）は，あまりにも規模が小さすぎるという理由で，ディスカウント・ストア・チェーンから無視されていた小規模な都市に，巨大な店舗のディ

第6章 「多国籍企業と社会」の経営学

スカウント・ストアを展開するという経営戦略をもとに店舗展開を広げてゆくことになる（Bob Ortega〔2000〕*In Sam We Trust : The Untold Story of Sam Walton and Wal-Mart, the World's Most Powerful Retailer*, Times Books〔Hard Cover 1998〕pp. xix-xx〔長谷川真実訳『ウォルマート――世界最強流通業の光と影』日経BP社，7-8頁〕）。

　ウォルマートは，1951年にアメリカ合衆国アーカンソー州の人口わずか3000人のベントンヴィルに設立した「ウォルトンズ・ファイブ・アンド・ダイム（Walton's 5 and 10）」を前身とする*。現在の業務および店舗形態は，食料品を扱うスーパーセンターや大口顧客向けのホールセールクラブなど多様化しているが，創業当初の業態はディスカウント・ストアであった。

　　* 最初に開店したのは，1945年に同州ニューポートで開店したベン・フランクリンのフランチャイズのバラエティ・ストアであった。バラエティ・ストアとは，食品以外を安く売る雑貨店のことである（Robert Slater〔2003〕*The Wal-Mart decade : how a new generation of leaders turned Sam Walton's legacy into the world's #1 company*, Portfolio., p. 26〔鬼澤忍訳『ウォルマートの時代』日本経済新聞社，38-39頁〕）。

　サム・ウォルトンは，小規模な都市の住民でも大都市の郊外に住む人々と同じように，消費社会の商品を望んでいることを自らの経験から知っていたといわれている*。小規模な都市の住民は，その都市に買物場所の選択肢がない場合にのみ，他の都市に出かけるということであり，その地域の市場を独占した。

　　* 1918年にオクラホマ州で生まれたサム・ウォルトンは，数十年間出生地やアーカンソー州，ミズーリ州の田舎町で生活していた（Ortega〔2000〕p. xx／邦訳8頁）。

　1970年に構築したアーカンソー州の物流センターを中心に，隣接する州の中小都市に狙いを定めて店舗を拡大し，**表6-4**のように売上高と利益を伸ばしていった。1981年の店舗数は330，売上高は約16億ドル，利益は約5500万ドルであった。しかし全米規模で比較すると，1981年の売上高は小売業中33位にすぎなかった。同じ1962年にディスカウント・ストアを創業したKマートはすでに売上高約142億ドルに達し，1895年創業のシアーズ（Sears, Roebuck and Company）に次ぐ全米2位の小売チェーンになっていた。1981年，ウォルマートは，テネシー州ナッシュビルに本社をおく南部のディスカウント・チェ

表6-4 ウォルマートの売上・利益・従業員数の推移　　(単位：100万ドル)

年度	売上（Net Sales）	利益（Net Income）	従業員数
1968	12,619	482	–
1969	21,365	605	–
1970	30,863	1,188	–
1971	44,286	1,652	–
1972	78,014	2,907	–
1973	124,889	4,591	–
1974	167,561	6,159	–
1975	236,209	6,353	–
1976	340,331	11,506	–
1977	478,807	16,546	–
1978	678,456	21,886	–
1979	900,298	29,447	–
1980	1,248,176	41,151	–
1981	1,643,199	55,682	–
1982	2,444,997	82,794	41,000
1983	3,376,252	124,140	46,000
1984	4,666,909	196,244	62,000
1985	6,400,861	270,767	81,000
1986	8,451,489	327,473	104,000
1987	11,909,076	450,086	141,000
1988	15,959,255	627,643	183,000
1989	20,649,001	837,221	223,000
1990	25,810,656	1,075,900	271,000
1991	32,601,594	1,291,024	328,000
1992	43,886,902	1,608,476	371,000
1993	55,437,771	1,994,794	434,000
1994	67,344,574	2,333,277	528,000
1995	78,338,000	2,681,000	622,000
1996	89,051,000	2,737,000	675,000
1997	99,627,000	3,042,000	728,000
1998	112,005,000	3,504,000	825,000
1999	129,161,000	4,397,000	910,000
2000	153,345,000	5,324,000	1,140,000
2001	178,028,000	6,235,000	1,244,000
2002	201,166,000	6,592,000	1,383,000
2003	226,479,000	7,955,000	1,400,000
2004	252,792,000	9,054,000	1,560,000
2005	281,488,000	10,267,000	1,710,000
2006	308,945,000	11,231,000	1,800,000
2007	344,992,000	11,284,000	1,910,000
2008	374,526,000	12,731,000	2,100,000

(注)　会計年度各年度1月31日現在の数値。売上と利益の1968～1994年はWal-Mart（1968）～（1994）各年版，1995年から1997年はWal-Mart〔2005〕pp. 22-23, 1998年以降はWal-Mart〔2008〕pp.10-11 に記載されている会計基準の変更に伴った修正された数値を使用し，単位修正のため下3桁は筆者追加。
(出所)　United States Securities and Exchange Commission(SEC), Form 10-K (Wal-Mart Stores, Inc.), SEC, 各年版。従業員数の1982～1986年はWal-Mart〔1991〕Annual Report. 1987年以降はSEC, Form 10-K, 各年版。

ーンであるクーンズ・ビック・K・ストアーズ（Kuhn's-Big K Stores Corporation）を買収して本格的に地理的拡大を始めた（S. S. Vance, Roy V. Scott〔1994〕*Wal-Mart: A History of Sam Walton's Retail Phenomenon*, Twayne Publishers, pp. 81-82）。

　また1983年，大口顧客向けのホールセールクラブ業態の「サムズ・クラブ（Sam's Club）」1号店を開店し，全米小売チェーンとして新しい展開を始めた。サムズ・クラブとは，9000平方メートル以上の面積のある倉庫型の店舗で，小企業向けの会員制量販店である。1988年には，「スーパーセンター」業態の店舗展開を始めた。「スーパーセンター」は，2万平方メートル前後の面積をもつ超大型店で，食料品から雑貨までのあらゆる商品を扱う。ディスカウント・ストアとの大きな違いは，面積が倍増することと食料品を扱うことである（Slater〔2003〕pp. 88-89, 97-98［邦訳125-126, 138頁］）。この頃，売上高で，1990年にKマート，1991年にシアーズを上回り，世界1位の小売チェーンとなった。

　1992年，創業者のサム・ウォルトンが死去し，新しい経営体制が構築された。取締役会会長は，創業者の長男ロブソン・ウォルトン（S. Robson Walton）に引き継がれた。社長兼CEOは，1984年から1988年まで社長兼COOであった財務出身のデイビッド・グラス（David D. Glass）が継続し，事実上の経営を引き継いだ（Wal-Mart, *Annual Report*, 1984-1992）。ウォルマートは新体制のもと，さらに業績を加速する（前掲表6-4）。

　また，1991年から本格的に多国籍企業化していく。メキシコ1991年，プエルトリコ1992年，カナダ1994年，ブラジル・アルゼンチン1995年とアメリカ周辺国から開始された。ブラジルとメキシコは過半数所有での進出であるが，その他は完全所有である。1995年には国際部門が設けられる。1996年に中国へ合弁形態で，1998年韓国・ドイツ，1999年イギリスとそれぞれ完全所有形態で展開し，2002年には日本の西友への少数所有の資本参加で参入している。先に紹介したUNCTADによる非金融多国籍企業における多国籍度指標トップ100にも2000年版から登場し，2008年版では小売企業トップの10位である。

　加えて，次に検討する地域社会問題が激しくなるにつれて，特に大都市への

出店対策として，新たな店舗形態も模索するようになる。1998年から開始した食料品と薬品・雑貨を扱う「ネイバーフッド・マーケット（Neighborhood Market）」である。超大型の「スーパーセンター」ではなく，比較的小さい規模で出店することにより，出店反対運動の激しい地域や都市部へ進出を開始する。

2　地域社会への影響：税負担問題を中心に

アメリカで人気のあったサム・ウォルトンは既に有名であったが，ウォルマートは，彼の影に隠れてメディアに直接取り上げられることはほとんどなかったという。彼の死後，1990年代初めにウォルマートが攻撃の的になっていく。1993年11月に『タイム』が特集を組んで，マサチューセッツ州グリーンフィールドの進出計画反対運動の詳細を報じた。反対運動は，巨大小売店の誕生がもたらす未来として，交通渋滞・大気汚染・地元の商業の衰退を掲げて戦い，住民投票の結果，進出計画は白紙に戻された（Slater〔2003〕pp.185-186［邦訳255-256頁］）。

ウォルマートの出店が，地域へもたらす影響について，現在でも議論が続いている。ウォルマートと出店の賛成住民は，新たな雇用創出と追加の税収入によって，地域経済への貢献を主張している。労働組合や反対住民は，交通渋滞やそのことによる大気汚染，小さな地元商店の衰退による地域破壊を主張している。また地域財政への貢献も，逆に税負担が増すことを主張している（William Beaver〔2005〕"Battling Wal-mart：How Communities Can Respond", *Business and Society Review*, 110：2, pp. 159-169）。ここではこの税負担が増すことについて，2004年に発表されたカリフォルニア州の事例を紹介する。

カリフォルニア州の隠された費用（Hidden Cost）として，ウォルマートの従業員による生活保護などのセーフティ・ネット・プログラムの利用が問題になっている。カリフォルニア州におけるウォルマートの従業員数は，およそ4万4000人であり，今後4年間にさらに拡大する計画をもっているという。

カリフォルニア州のウォルマートの従業員は，1000人以上の従業員がいる小売業での従業員全体平均（以下，小売全体と省略）における，1時間あたりの

平均賃金 14.01 ドルに比べて，31% 少ない 9.70 ドルである。さらに，雇用者が支払う健康保険（health benefits）は，小売全体よりもウォルマートは 23% 少ない。労働組合加入の食料品店従業員と比べると，違いはさらに大きくなる。サンフランシスコ湾岸地域における非管理者のウォルマート従業員は，時間当り 9.40 ドル，前記の食料品店従業員は 15.31 ドルと，39% 少なくまた健康保険は半分である。このような低賃金の結果，多くのウォルマートの従業員が，フード・スタンプ（低所得者向け食料補助制度）や Medi-Cal（カリフォルニア州医療保障制度），低所得者向け住宅などの公的セーフティ・ネット・プログラムに依存する。これら救済費用は，年に約 8600 万ドルと概算されている。またウォルマート従業員の家族は，小売全体と比べて，健康管理プログラムでは約 40%，それ以外のフード・スタンプや助成金による給食や住宅などでは約 38% 多く使用している結果が示されている。

ウォルマートとの競争が予測されるカリフォルニアの小売業では，賃金と健康保険を縮小させ始めている。もし小売業全体でウォルマートの賃金と健康保険を採用すれば，年あたり 4 億 1000 万ドルの納税を追加しなければならない概算を出している（Arindrajit Dube, Ken Jacobs〔2004〕*Hidden Cost of Wal-Mart Jobs: Use of Safety Net Programs by Wal-Mart Workers in California*, UC Berkeley）。

2003 年 10 月から 2004 年 2 月まで，南カリフォルニアにおいて，食品・商業労組（UFCW）主導で 4 カ月半の間続いたストライキの争点は，高騰する健康保険料の負担割合と賃金水準であったが，経営者側に押し切られる形で決着がついた。その経営者側の一貫した主張が，ウォルマートの「スーパーセンター」出店計画による脅威であった（山家公雄〔2005〕「ウォルマート再考――米国でのバッシングの意味するもの」日本投資銀行ロサンゼルス事務所〔LA-55，駐在員事務所報告，国際・協力部〕，7-11 頁）。

[3] 納入業者への影響：ラバーメイドの事例を中心に

1990 年代，ウォルマートに商品を納入している製造業への影響力が増すことになる。ここでは，アメリカの製造業企業ラバーメイド（Rubbermaid Inc.）の事例を検討する。

ＩＴの導入を積極的に進めていたウォルマートは，どの商品がいつ，どれだけ売れているかの情報を把握するようになっていた。このことが，商品を納入しているメーカーとの関係を変化させる技術的背景になる。そして先に見た売上高世界トップクラスの規模は，製品を納入している製造業に対して絶大な交渉力をもっている。また，ウォルマートは製造業のコスト構造を知り尽くしているともいわれている。ウォルマート本社のある小さな町ベントンヴィルには，多くの製造業企業がオフィスを開いている（WGBH〔2004〕*Is Wal-Mart Good for America?*, Public Broadcasting Service）。

　ベントンヴィルにオフィスを開いていた製造業企業の１つであるラバーメイドは，安定した業績と「イノベーション経営」で高い評価を得ていたアメリカ企業である（Rosabeth Moss Kanter, Fred Wiersema〔1997〕*Innovation : Breakthrough Thinking at 3 M, Dupont, GE, Pfizer, and Rubbermaid*, Harperbusiness. 〔堀出一郎訳『イノベーション経営──３Ｍ，デュポン，GE，ファイザー，ラバーメイドに見る成功の条件』日経BP社〕）。主力はプラスチック製の５ドルから10ドルの家庭用雑貨と玩具などである。単純で安価なプラスチック製品に新しいアイデアを次々に実現して好業績を続け，1993年と1994年に２年連続して『フォーチュン』の「もっとも賞賛される企業」として，GEやコカ・コーラなどを抑えて１位にランクされ，「イノベーション経営」としても有名になっていた。

　しかし，業績は急速に低迷することになる。業績が低迷した直接の原因は，材料費である樹脂の価格が急上昇したことと販売価格を上げられないことであった。業界全体で製品価格が急上昇することになったが，ウォルマートはラバーメイド製品の価格の上昇を認めなかった（WGBH〔2004〕）。トイザラス（Toys "R"Us）も価格上昇に抵抗した。この頃，業績は低下し始め，1999年に競合相手のニューウェル（Newell Co）に買収され，本社工場のオハイオ州の小さな

ＩＴ：情報技術（Information Technology）のこと。近年のインターネット（The Internet）の普及が社会に大きくインパクトを与えていることから「IT革命」ということもある。最近では，インターネットや携帯電話機の普及など，通信技術との融合こそが社会的にインパクトを与えていることからICT（Information and Communication Technology）という場合もある。

町ウースターでは1000人が職を失い、ウースターの地域経済は打撃を受けることになった*。

* Steven Lipin, Timothy Aeppel〔1998〕"Newell to Buy Rubbermaid for ＄5.8 Billion-Maker of Toys, Housewares Joins Stable of Products Marketed to Discounters", *Wall Street Journal* (*Eastern edition*), Oct. 21, p. 1.；また、酒井綱一郎〔1998〕「GEしのぐ優良企業の名声どこへ、『日々革新』のラバーメイドが身売り」『日経ビジネス』967, 11月23日号、18頁を参照。買収後の企業名は、Newell Rubbermaid Inc.となった。

元ラバーメイドの重役は、「いざとなれば製品をひっこめることができることを見せつけられた」と証言している。これに対し、ウォルマートの広報担当者は「メーカーに対して弱いものいじめのようなことはしていない」と事実を否定している。ラバーメイドの新製品開発中心のビジネス・モデルとウォルマートの「コスト削減と低価格」モデルは、アメリカにおける製造業の衰退とサービス業の発展の典型的な交代劇ともみられている。

4　その他のステーク・ホルダーへの影響

アメリカの労働組合へも大きな影響を与えている。AFL-CIO（労働総同盟産別会議）の分裂問題が起こったが、この主要な原因としてウォルマートが挙げられている。ウォルマートで組合に加入している従業員は、すでに労働組合が存在していたドイツ、ブラジルとアルゼンチンで、それは現地企業を買収した場合のみである。ウォルマートは公式に組合を禁止はしていないが、ウェブサイトにて、「単にウォルマートにとって組合の組織化（Unionization）は正しい（right）と信じていない」とコメントしている。

全米史上最大規模の性差別集団訴訟も起こっている。2004年6月に、サンフランシスコ連邦地裁は、1998年以降に勤務経験のある現旧の女性従業員約160万人を原告とする性差別訴訟を認めた（*Dukes v. Wal-Mart Stores, Inc.*〔Case No. C 012252 MJJ〕）。社会的責任投資（SRI）ファンド大手も、この差別訴訟を受けて「米国における女性差別の実態は、未だに根深いものがある。投資家にとっても、長期的視野に立った平等な職場環境づくりの努力を行っている企業への投資は重要である」としてウォルマート側に事態の改善と情報開示の強化、

SRI 基準の採用などを要請している (http://www.jil.go.jp/foreign/jihou/2004_8/america_01.htm 2008 年 10 月 30 日アクセス)。

また,アメリカの貿易赤字の主役としても問題になっている。2003 年におけるウォルマートとその納入業者による中国からの輸入額は,150 億ドルであり,アメリカ全体の輸入額の約 11% を占める規模である (Jerry Useem, 〔2004〕 "Should We Admire Wal-Mart? Some say it's evil. Others insist it's a model of all that's right with America. Who are we to believe?", *Fortune*, March 8, v 149 i 5, p. 118.)。「ウォルマートはアメリカに利益をもたらすのか」が争点である。利益をもたらすとの主張は,新しい雇用を生み出していると主張している。不利益をもたらすとの主張は,逆に失業の増加を主張している。ウォルマートは,納入業者である製造業が外国展開してコスト削減に協力するように圧力をかけているという主張である。

搾取工場と児童労働の問題も議論されている。1992 年 12 月 22 日に放映された NBC の報道番組デイトラインの特別番組が,「メイド・イン・アメリカの真実」というテーマで放映されたことがきっかけになったという。ウォルマートの掲げている「バイ・アメリカン」は,実はバングラデシュの工場での児童労働・長時間労働,いわゆる「アジアの搾取工場」で作られているという内容であった (Slater 〔2003〕 pp. 187-188 〔邦訳 259 頁〕)。これに対してウォルマートの 2 代目 CEO のデイビッド・ロスは,店の手違いであり,そのような納入業者から商品を仕入れていないと主張し,独自の調査の結果としてそのような事実はないと否定した。しかし独立した監査機関が,納入業者である外国の委託製造企業の工場を監査することを拒絶し続けている。次の事例にみる児童労働・強制労働で問題になった多国籍企業ナイキとは産業など異なる点も多いが,ウォルマートもイメージ改善に力を入れ始めており,NGO などによる調査や運動が注目されている*。

* 児童労働をウォルマートは認めていない。ウォルマートに関するウェブページは多数存在する。例えば次の URL などを参照されたい。http://www.1worldcommunication.org/Walmart.htm ; http://www.aflcio.com/corporatewatch/walmart/ ; http://www.sprawl-busters.com/ ; http://www.ihc.ucsb.edu/walmart/ ; http://walmartwatch.com/ ; http://

www.againstthewal.com/ 2009年1月23日アクセス

5　ウォルマートの基本原則と「生活水準」

　ウォルマートの経営戦略と事業展開を概観し，次いで社会からの批判と社会問題を概観した。アメリカ国内だけではなく，世界に広がりはじめている影響も含めて，これほどまでに大きく問題にされながらも，前掲表6-4のように経営業績にその反作用は確認できない。

　ウォルマートの基本原則は，「できるだけ低価格で提供すること」にあるといわれている。2005年頃はウォルマートのロゴマークの下に「Always Low Prices」と掲げられていた（2008年12月現在では「Save money. Live better」）。そのために，「より大きくなること」「経費を低く抑えること」という2つの原則がある。そして「その他のことは二の次に考えること」という原則である（Wal-Mart〔1985〕 *Annual Report,* p. 8；丸谷雄一郎〔2003〕「ウォルマート・デ・メヒコ」『変貌するメキシコ小売産業――経済開放政策とウォルマートの進出』白桃書房，53頁）。これら原則の徹底が，ウォルマートを巨大小売多国籍企業へ成長させ，同時に社会問題を引き起こしている。

　サム・ウォルトンは，「自分の会社が社会に果たした最大の貢献は，商品を低価格で提供することにより，人々がこの何年間で数十億ドルもの倹約ができたこと，その結果，実質上，人々の生活水準を引き上げる助けにもなったことだ」と語っている（チャールズ・ウェザーズ／須藤晶子訳〔2004〕「アメリカにおける労働市場の変容――技術革新とグローバリゼーションのインパクト」http://koho.osaka-cu.ac.jp/vuniv2004/econ2004/econ2004-7.html, 6頁）。ウォルマートのウェブ・ページ（http://www.walmart.com/）にアクセスすると，そのトップページで2008年1月1日からアクセスした時点まで，ウォルマートによってアメリカ人家族が倹約できた金額の累計が，リアルタイムで表示されるカウンターで表示されている。ちなみに2008年11月28日18時30分現在は，2372億8636万1106.90ドルとなっている。

　また現在の3代目CEOであるリー・スコット（H. Lee Scott, Jr.）も「間違いなく世界最強である会社を，そして数百万人の顧客の生活水準を引き上げる

ことに重要な役割を演じている会社を経営している。」と述べている*。これら原則の徹底は，社会へ大きな影響を与えていることを検討したが，ウォルマートが問題にされたときに常に強調するのがこの「人々の生活水準を引き上げた」ことである。

* Slater〔2003〕p.221［邦訳302頁］。スコットは，2000年から現在の社長兼CEO。ロジスティックス出身である。

ウォルマートと同様に次に検討する多国籍企業ナイキも特に国際社会において大きく問題となった事例である。

4　多国籍企業ナイキの経営戦略と製品不買運動

1　ナイキの経営戦略と事業展開

ナイキは，元CEO兼会長のナイト氏（Philip H. Knight）*と彼の陸上競技の元コーチによって1962年アメリカ合衆国オレゴン州に設立した会社「ブルー・リボン・スポーツ（Blue Ribbon Sports）」を前身とする。その後1978年に社名を勝利の女神にちなんで，ナイキに変更した（Geraldine E. Willigan〔1992〕"High-Performance Marketing : An Interview with Nike's Phil Knight", *Harvard Business Review*, July-August, p.91［鈴村靖爾訳「わが社のコーポレート・コミュニケーション戦略」『ダイヤモンドHarvard Business Review』Oct.-Nov., 49頁］)。その経営戦略の基本は，ナイト氏のスタンフォード大学時代の論文に書かれている。「日本の安い労働力で陸上シューズを生産すれば，品質の面ではアディダスに匹敵し，価格においてはそれよりも低価格な商品となり，米国の消費者に歓迎されるにちがいない」というアイデアである**。

* 2008年7月25日現在，会長（Chairman of the Board）。社長兼CEOはMark G. Parker。
** ドイツ多国籍企業アディダス–サロモンAG（adidas-Salomon AG）は，当時最高の陸上シューズを作っていた。J. B. Strasser & Laurie Becklund〔1993〕*Swoosh : the unauthorized story of Nike and the men who played there*, HarperBusiness, p.13.［白土孝訳〔1998〕『スウッシュ：NIKE──「裏社史」:挑戦と危機と革新の「真実」』祥伝社，31頁］。

第6章 「多国籍企業と社会」の経営学

(単位：100万ドル)

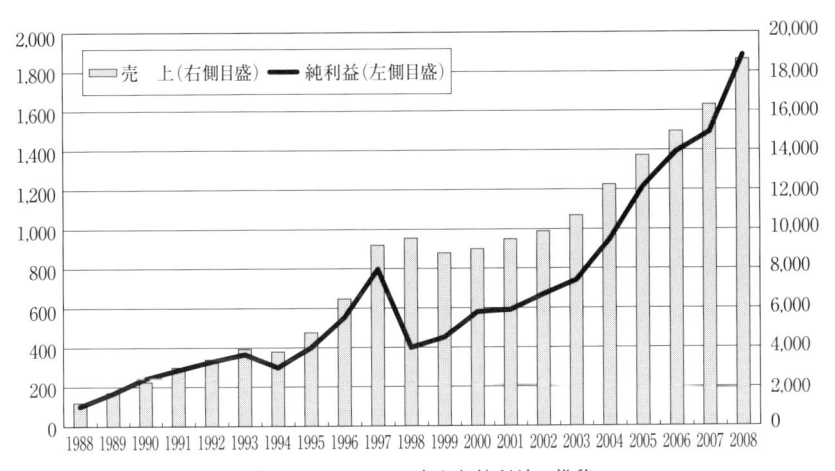

図6-1　ナイキの売上と純利益の推移
(注)　2003年度の純利益額は会計変更前の値。
(出所)　United States Securities and Exchange Commission (SEC), *Form 10-K* (*Nike, Inc.*), SEC. 各年版。

　このアイデアを元にまずオニツカ社（現アシックス）から輸入販売を開始する。次いで日商岩井の仲介により日本ゴム（現アサヒコーポレーション）の久留米工場に委託生産を開始する。そして1970年代半ばより日本から韓国や台湾の独立契約製造企業（independent contract manufacturers：以下契約企業）による生産へシフトしてゆく（朴根好〔1998〕「ナイキとアジア——搾取の芸術」アジア太平洋資料センター編『NIKE：just don't do it：見えない帝国主義』12頁）。また，販売も1981年には40カ国以上で開始する。その頃よりナイキは急速に業績を伸ばし，中国やインドネシア，ベトナムおよびタイでの生産拡大をはかり，120カ国以上で販売し，世界最大のアスレチック・フットウェアとアパレル多国籍企業となっている。2003年9月には，アメリカのバスケット・シューズ老舗企業コンバース（Converse Inc.）を買収しさらなる飛躍を目指している。1988年からの売上と純利益の推移は**図6-1**のようになっている（United States Securities and Exchange Commission〔以下 SEC〕, *Form 10 K* (*Nike, Inc.*), 各年版)。

　主要製品であるフットウェアや衣類は本社のあるアメリカでは製造しておら

ず，ほぼすべてを韓国や台湾企業などの契約企業によって製造していた。2008年会計年度では，フットウェア生産の36%を中国，33%をベトナム，21%をインドネシア，9%をタイで生産している。衣類はこれら4カ国とマレーシアなど34の開発途上国および低開発国で生産している（SEC〔2008〕*Form 10-K*(*Nike, Inc.*) p.5)。

　このように途上国の契約企業で製造することによって，製造コストを低く抑えて巨額な契約金をマイケル・ジョーダンやタイガー・ウッズなどのスーパースターに支払っているのである。「世界で通用する商品を，世界的に知名度の高い契約アスリートを使ってイメージ作りするスポーツマーケティング」というナイキの戦略である。この経営戦略は莫大なコストが必要になり，宣伝広告費が利益を圧迫してコスト削減の圧力は韓国や台湾，中国，ベトナムなど途上国の契約企業へ向かうことになる。

　この経営戦略の背景には，リーボック社（Reebok International Ltd）との激しい競争があった。1980年代半ば，リーボックにナイキはアメリカ市場におけるシェアのトップを奪われた。その巻き返し策がスーパースター，特にNBA（全米プロバスケットリーグ）のマイケル・ジョーダンを使った宣伝戦術である。その結果，1989年にはシェアトップを取り戻し，さらにタイガーウッズなどのスーパースターと次々に契約を拡大していった。宣伝広告費を含む販売・管理費の売上額に対する比率は，1990年度の20%から上昇し続けて1994年度に25%を超え，2004年度には30%を超えて約37億ドルに達している。2006年度から2008年度では，約それぞれ29.9%（45億ドル），30.8%（50億ドル），32.0%（60億ドル）と現在でもその戦術は継続されている（朴〔1998〕17-21頁；SEC〔2008〕*Form 10-K*(*Nike,Inc.*) pp.21-24)。スーパースター獲得競争は，NBAなどのプロリーグの外国進出やフットウェア各社の中国市場獲得競争も絡んで激烈である（日本放送協会〔2003〕「NHKスペシャル　地球市場・富の攻防　第9回　最強商品・スーパースター」11月30日放送)。

2　NGOのナイキ製品不買運動とナイキの経営行動

　このようなナイキの経営戦略は，製造コストを如何に低く抑えるかが問題と

なってくる。1980年代頃までの製造業多国籍企業が一般的にとってきた外国における生産方法は，外国へ直接投資することによって，子会社を新規設立するか既存企業を買収するかであった。しかしナイキは先にみたように，直接投資を含まない現地企業との契約により製造している。この場合の現地企業とは，韓国企業や台湾企業である。この製造契約をしている韓国企業や台湾企業が，インドネシアやベトナム，中国などに設立した工場において，ナイキのアスレチック・シューズや衣類を製造しているのである。

この工場での劣悪な労働条件や環境が問題になっている。1992年に工場労働者たちのストライキなどによる訴えに応じて，ナイキ独自の「企業行動規範」を定め，各契約企業と「覚書」を交わして規約の遵守を約束させた。しかし，その後も状況は改善せず，労使紛糾が止むことはなかった（朴〔1998〕29頁）。この問題が各国のNGOにおいて取り上げられ，90年代後半に不買運動にまで発展した。その運動の始まりは，アメリカのCBSが1996年10月に放映したドキュメンタリー「ナイキ・ストーリー・イン・ベトナム」といわれている。その内容はナイキの契約企業の工場での極めて低い賃金や体罰・女性への性的嫌がらせの告発であった（北澤謙〔1998〕「赤色のスウィッシュはニワトリのとさか――ベトナムのナイキ工場」アジア太平洋資料センター編〔1998〕41頁）。その後，数多くのNGOによる調査や告発がなされ，強制労働，児童労働，低賃金労働，長時間労働，体罰・虐待・性的な嫌がらせの実態が明らかにされた。それらはインターネットを通じて公開され，不買運動や学生デモに発展した*。

* 詳細は，アジア太平洋資料センター編〔1998〕やコープウォッチ http : //www.corpwatch.org/；日本労働研究機構のウェブサイト http : //www.jil.go.jp/など多数存在するので参照されたい。

このような運動に対して，ナイキは当初契約企業の韓国企業や台湾企業の問題であるとして対応しなかった。しかし不買運動が進むにつれて対応をせざるをえなくなり，企業責任を担当するセクションを新たにもうけた。また，NGOと手を結ぶ道を選んで，契約企業工場の監視をナイキが依頼するようになった（日本放送協会〔2003〕NHKスペシャル 地球市場・富の攻防 第4回 巨大企業対NGO」5月4日放送）。1999年にNGOグローバルアライアンス（Global Alliance for Workers and Communities) にナイキは約9億円の資金を出して，世界銀行やGAPとともに設立している (http://nike.jp/nikebiz/global/giving_global.html 2008年10月30日アクセス)。

しかしその後の2001年，インドネシアのナイキ下請工場労働者の労働環境や労働条件が未だ改善されていない報告がグローバルアライアンスから出ている。調査対象4004人のうち56%の従業員が，他の従業員が上司に虐待されているのを目撃していると答え，15.7%が性的嫌がらせを，13.7%が肉体的な虐待を日常的に目にしていると答えている。このような監視活動もNGOなどの市民運動による不買運動とその影響によるリーボックなどとの競争上，戦略に組み込まざるを得なかった結果といえる。自らアジアでの労働状態を改善しようと動いたわけではない。

さらに，インドネシアでの製造委託を行っていたドーソン・インドネシアとの契約を，経済情勢の悪化により2002年11月で打ち切り製造委託契約を終了して撤退し，3000人の従業員は解雇されることになった。多国籍企業はその経営戦略により地域社会に雇用を生み出すと同時に，失業も生み出すのである*。多国籍企業ナイキの業績は高く評価され，またそのブランド力は大きいが，もう一方の影の側面も同時に社会に大きく影響している。

* 詳細は，http://www.jil.go.jp/kaigaitopic/2001_05/indonesiaP01.html や http://www.jil.go.jp/kaigaitopic/2002_11/indonesiaP01.html などを参照されたい。

5 「多国籍企業と社会」の今後：国連の取り組みとその限界

ウォルマートやナイキなどの巨大多国籍企業は，自ら社会に対して責任ある行動を当然とるし，すでにそうしていると主張している。しかし，国連の提唱する**グローバル・コンパクト**（以下，GC）に，ナイキなど多くの多国籍企業は参加表明をし，人権・労働・環境などの分野での社会的責任について「自発的」に実践することを表明している場合でさえも，NGOなどの告発によると人権侵害や法令違反などを行っていることが少なくない。

このGCの最大の特徴は，「自発的なイニシアチブ」であり，「GCは規制の

手段でも法的に拘束力のある行動規範でもなく，社会の良き一員として行動するよう促し，世界的な枠組み作りに参加するもの」であるという。またGC発足当初，参加企業は10原則の遵守に関する別個の報告書をGC事務所に提出する必要があった。ところが，原則がどのように実施されたかに関する事例を年1回提出して，GCのウェブページにて閲覧可能にすることへ変更されることになる。さらに2003年1月，第3回グローバル・コンパクト諮問委員会において，「新しい戦略的アプローチ」と呼ばれる方法が採択された。この方法においては，参加企業はGCの原則をその事業活動にどのように組み入れているかについて，毎年実例を提出する義務を免除し，企業がそれぞれ年次報告書などで活動報告すればよいことへ変更され，規制的側面はさらに後退することになった。

　この点について，GC事務所所長ギオルク・ケル（Georg Kell）氏は，リーダーシップ・モデル，つまり持続的な運動を確立するためには，十分な数の財界指導者にGC推進の意欲を与える必要を主張している（国連〔2003〕『グローバル・コンパクト事務所所長，ギオルク・ケルの書簡』2003年1月，http://www.unic.or.jp/globalcomp/news/030502.htm　2008年10月30日アクセス）。これに対して，規制アプローチをとる多くの国際NGOからは，ルールを設定して強制するメカニズムを備えていないため，企業に遵守を促すことができず，ゆえに実効性をもたないという主張がある（三浦聡〔2003〕「国連グローバル・コンパクト－グローバル・ガバナンスの新たなモデル」『ジュリスト』No.1254, 10.15, 106-113頁）。例えば，グリーンピース（Greenpeace International）は，GC発足当初から一貫して反対を表明している。GCの有効性について，法的拘束力をもたなければ企業は実行するはずがないという見解である*。

グローバル・コンパクト：国連 The Global Compact のこと。1999年にダボス（スイス）で開かれた「世界経済フォーラム」の席上で，アナン（Kofi Atta Annan）事務総長が提唱した。参加する企業やNGO，労働組合などは6639団体（2009年2月2日現在）で，日本からはキッコーマンやリコー，王子製紙など76団体（2009年1月8日現在）が参加している。その目的は「グローバル化した世界経済が引き起こしかねない様々な問題を解決するために，GCは企業が一致団結して，地球市民としての立場からその責務を推進することを求め，民間企業が市民社会と手を組むことによって可能になるもの」（国際連合〔2004〕『国連グローバル・コンパクト――世界経済における企業のリーダーシップ（改訂増刷版）』国際連合広報センター，1頁）である。

> ▶▶ *Column* ◀◀

日本多国籍企業と社会：王子製紙と経団連の事例にみる自主的CSR

　2008年1月初め，日本製紙の「年賀再生紙はがき」の古紙配合率偽装が発覚したのを皮切りに，日本製紙や王子製紙をはじめとした日本の製紙企業各社の再生紙配合率偽装が次々と発覚しました。2007年，製紙企業15社25工場（王子製紙は8工場）で，ばい煙の排出基準違反が発覚し，製紙企業各社は社会的責任の強化・遵守を謳ったばかりです。これら製紙企業の多くは，企業の社会的責任を「自主的」に取り組んでいると表明している日本経済団体連合会（以下，経団連）会員企業です。また会員の多くは，多国籍企業でもあります。王子製紙会長の鈴木正一郎氏は偽装当時，経団連の評議員会副議長の要職にありました。

　経団連は，1991年に「経団連企業行動憲章」を制定し，1996年に改定を行っています。また2002年に「企業行動憲章」へと名称も改定し，2004年に再び改定しています。しかし，このような会員企業の不祥事は後を絶ちません。「企業行動憲章」の序文では，「社会的責任を果たすにあたっては，その情報発信，コミュニケーション手法などを含め，企業の主体性が最大限に発揮される必要があり，自主的かつ多様な取り組みによって進められるべきである」（経団連〔2007〕『企業行動憲章実行の手引き（第5版）』）と述べられています。つまり経団連のCSRとは，企業の自由裁量ということです。そこには会員企業以外の社会，つまり私たちはなかなかみえてきません。

　王子製紙の経営陣は責任をとって辞職することもなく続投し，「自主的に」社会的責任を果たそうという姿勢さえ見られません。このような日本多国籍企業はもちろん問題ですが，このようなことに対してほとんど無関心な私たちも問題ではないでしょうか。

＊　中村洋子〔2006〕『フィリピンバナナのその後――多国籍企業の操業現場と多国籍企業の規制（改訂版）』七つ森書館，313-314頁やグリーンピースのウェブページを参照されたい。

　コープウォッチ（Corpwatch）も，GCに参加している多国籍企業の活動を最高に酷い人権と環境の記録として2000年9月に「グローバル・コンパクトの企業パートナー」という題で，ロイヤルダッチ＝シェルやBPなどの石油企業，ノバルティスやアベンティスなどの製薬企業，それにナイキも告発している。

「ナイキは大きな公的圧力の後にだけ,企業行動を変えたとアナウンスしている。また,独立監視プログラムであるWRC（the Worker Rights Consortium）に対して攻撃的に反対している。オレゴン大学がWRCに参加した後,3000万ドルの寄付を引き揚げ,ミシガン大学とブラウン大学が参加した後にも数億万ドルの契約を打ち切った。そして製造のために,組合に入っていない労働者や低賃金および低い環境基準の国を探す活動を行っている。ナイキは企業主導のグローバリゼーションの否定的傾向を集約するトレンドである「底辺への競争（race to the bottom）」のリーダーなのである」(http：//www.corpwatch.org/article.php?id=993　2008年10月30日アクセス)。

このように,自主的なCSRを社会的責任の中心に据えることで,企業犯罪や不祥事が減少し,企業が社会的に責任ある行動をとることが実際にできるのであろうか。あるいはそもそも可能であろうか。GCはその可能性に向けての1つのグローバルな実験であるといわれているが,どこまで実効性があるのだろうか。グリーンピースがマッキンゼー社の調査結果を引用するように,全体の10％しかその活動が改善した証拠を示していないことも事実である。またコープウォッチの主張のように,GCではほとんど社会への責任が果たせていないかもしれない。「多国籍企業と社会」の今後,つまり多国籍企業が私たちに与える影響とその未来は,GCや世界社会フォーラムなどを注視する必要があるが,私たち一人ひとりがこのような現実をみつめることからはじめる必要があるだろう。本章では取り上げることができなかったが,アメリカ多国籍企業モンサント社（Monsanto Company）の遺伝子組み換えトウモロコシや大豆など,私たちの毎日の食事さえも大きく影響を与えようとしているのである。

　推薦図書

鶴見良行（1982）『バナナと日本人——フィリピン農園と食卓のあいだ』（岩波新書）岩波書店
　　多国籍企業が日本人とどのように関わっているかについての古典的名著。
スーザン・ジョージ／杉村昌昭・真田満共訳（2004）『オルター・グローバリゼー

CSR　→第1章40頁参照

ション宣言――もうひとつの世界は可能だ！もし…』作品社
　　「『もうひとつの世界』は本当に可能なのだろうか」について，わかりやすく，詳細に書かれている。

足立辰雄・井上千一編著（2009）『CSR経営の理論と実際』中央経済社
　　自主的CSR論が多くを占める中，総合的にかつ現実を重視した企業の社会的責任を論じている。第1部では，CSR関連団体へのインタビュー調査結果が紹介されており，それを踏まえて，第2部以降が展開されている最新の文献。本章の筆者も執筆している。

設問

1. 多国籍企業とは，どのような企業のことをいうのでしょうか？
2. なぜ企業は，文化や習慣が違って経営が難しくなるにもかかわらず，外国に進出するのでしょうか？

（中道　眞）

第7章

偽装の経営学
——使用価値から企業経営を問う——

　消費者をだます偽装は，悪いことです。でも，なぜ，偽装が行われるのでしょうか。偽装によって誰が利益を獲得し，誰が被害をこうむるのでしょうか。あなたは，偽装，偽装と，偽装のニュースが絶えない社会をどう思いますか。偽装のない，安心・安全の生活要求に企業はどう応え，どう経営をするべきでしょうか，本章では，偽装をなくす「偽装の経営学」について考えます。

1　なくならない偽装

　病める社会は，名医と良薬を求める。現代社会経済は，重篤な消費者問題症候群，消費者被害症に罹患している。なかでも最近目立つのが，**消費者**を欺く偽装病が絶えまなく発生していることである。本章は，消費者被害症，消費者問題症候群の処方箋を書き治療を行う経営学である「偽装の経営学」について考えるものである。偽装の経営学は，偽装指南の学問ではなく，市場経済と企業社会に潜む社会経済の病理対策の学問である。

1　偽装ってどんなこと

　偽装の意味からみてみよう。『広辞苑』（第三版）には，偽装とは「ほかの物とよく似た色や形にして人目をあざむくこと。また，そのもの。特に戦場など敵の攻撃を避けるために用いる。」とある。英語でいえばカムフラージュ

消費者：商品である財やサービスの最終消費主体を消費者と呼ぶ。法律では，企業等の中間消費者とは区別して，事業者以外の個人を消費者として定義する場合もある。

（camouflage）である。しかし，最近続出している偽装事件は，事実を隠ぺいしてごまかす，英語では（disguised）や，隠して秘密にする（conceal）要素も強く加わっている。産地偽装，賞味期限改ざん，汚染米転売事件などの偽装実態は複合的である。偽装は擬装と書かれることもある。白河静『字統』（平凡社，2004年）には，「偽」は「物の変化すること」の意味であったが後世に作為・いつわるという意味が加わったとある。「擬」は，「心の疑惑している様を示す」文字とある。「偽」と「擬」をあわせてみれば，うそをついて思い悩む，という人のあり様が浮かんでくるのである。

なお，新聞では，「偽装」と「擬装」は使い分けられている。「偽装」とは，偽物を本物のように装うことである。多くの場合，「偽装」は，悪意が働いており偽装の動機が不純で，偽装の事実を秘密にしておき人を騙すことがついてまわることに使われ，「擬装」は，擬装陣地のようにもっぱらカムフラージュの意味で使われている。

偽装の経営学とかかわる偽装には，商品の偽装，偽装請負のような労働力商品に関する偽装，偽装決算など企業の会計偽装や偽装倒産などがある。資本市場を舞台とした違法な相場操縦なども偽装である。公共的な分野でも偽装はある。最近，発覚した大分県の教員採用・昇格審査不正事件などは，教育サービスを提供する人的資源に関する偽装が行われていたわけである。成績優秀な合格者を採用せず，高額の賄賂を贈った成績の悪い不合格者を採用するという偽装が行われていたのである。アメリカのサブプライムローン問題から始まった金融危機は，世界恐慌の様相を呈してきているが，その要因として証券化によってリスクの高い金融商品をリスクの少ない安全な金融商品に作り替えるという偽装が行われていたことがある。以上のように，ひと口に偽装といっても多種多様である。次に，参考のため，近年のおもだった偽装事件のいくつかをあげておこう。

2　次々発覚する偽装事件

すこし振り返るだけでも次のように偽装事件が多発している。これらは表面化した偽装事件のごく一部である。

・雪印食品牛肉偽装事件（2002年）：安いオーストラリア産牛肉を高い国産牛肉と偽り，組織ぐるみで販売していたことが，下請け業者である西宮冷蔵経営者からの内部告発で発覚。
・耐震偽装事件（2005年）：姉歯元建築士がマンションの構造計算を正規の基準を偽って行い，耐震性のない欠陥マンションの建築・販売が行われた事件である。建築費の安いマンションを建て利益を得ようとした業者と構造計算建築士や検査機関の癒着も判明した。被害を被ったのは欠陥マンションを購入した消費者である。購入・居住していた耐震偽装マンションは危険で住めず解体されることになったが，マンション業者は倒産してしまい，多額の住宅ローンをかかえて生活が立ちいかなくなった消費者の苦悩が目に焼きついている。事件は，業界内部からの告発で発覚。
・赤福消費期限偽装事件（2007年）：東海農政局「食品表示110番」への偽装告発電話で発覚。セールス文句「当日生産・当日販売」に反し，売れ残りを回収して消費期限を延長し再出荷するなどの偽装により，売れ残り商品を定価で売りさばき利益を得ることが目的の偽装であった。
・再生紙偽装事件（2008年）：再生紙使用年賀はがきの古紙配合率が偽装されていたことが内部告発によって発覚。なかには古紙配合率0％の年賀はがきもあったが，納入業者はいずれも大手製紙会社である。偽装理由は，古紙価格や原油価格が高騰し，古紙を使うと生産原価が高くなるからだという。もうけを優先する企業の都合が偽装の背景にあると考えられる。
・船場吉兆（2008年）：牛肉，黒豆などの産地偽装，菓子，惣菜等の消費期限，賞味期限改ざん偽装，食べ残した料理を使いまわすという究極の食の偽装など驚くばかりの老舗高級料亭の偽装事件。根底には，「もったいない」精神ではなく，「がめつい」精神のもうけ至上主義があると考えられる。
・ニチアス耐火材偽装事件（2007年）：建材に水を含ませ耐火性能を偽装。内部告発と思われる投書によって会社側が監督官庁に報告。
・汚染米転売・偽装事件（2008年）：政府が輸入管理・保管しているミニマム・アクセス米（国際的な約束で義務づけられている最低輸入量の米）から，強力な発がん性のあるカビ毒アフラトキシンや殺虫剤メタミドホスが検出

された。「事故米」と呼ばれ工業原料に使途を限定されていた米が，米加工販売「三笠フーズ」等によって偽装転売されていたことがわかった事件である。
・メラニン混入粉ミルク事件（2008年），中国でメラニンを混入させ成分を偽装した乳製品の問題が発覚した。中国ではメラニン混入粉ミルクを摂取した乳幼児死亡事件が相次いで発生し，5万人以上が診療に殺到。日本でも中国経由のメラニン汚染が広がっている。

輸入された農薬汚染米の偽装転売や中国のメラニン混入乳製品事件の深刻さは，消費者被害の国際的な広がりにも現われている。輸入中止や，廃棄をして日本の消費者を守るだけでなく，世界のすべての消費者を守る消費者運動が求められる。

2　なぜ，偽装は悪か

何が善で何が悪かということをいうのはそれほど簡単なことではない。ソクラテスは悪法も法であるといって死刑の毒を飲んで死を迎えたといわれている。ウェーバーは，学問上において善悪の価値判断をいうことに慎重であった。善悪の判断は軽々しくいうべきではない。しかし，偽装問題をはじめとして社会の病弊は診断（価値判断）を求め処方を必要としている。ここにあえて「なぜ，偽装は悪か」という判断を問わねばならない理由がある。そしてこの価値判断は，市場経済の制度のあり方や法的規制の問題と深く関係し，市場経済における**消費者保護**の問題とも大きく関わることなのである。

市場は私益を追求する場でもあるが，公益も担っている。市場で活動する企業は私益だけを追求するものではない。社会あっての企業であり企業は公器として公益も担わなければならないのである。企業は社会の人々の労働によって成り立っているのであり，企業には社会の人々を雇用し，消費を支えるという

消費者保護：消費者は，企業に比べ，情報の質と量においても交渉力においても格差があり，市場経済のもとでは不利な立場にある。そのため消費者の保護を政策的に図る必要がある。

役割がある。企業は，そのことを通して社会発展や社会の人々の健康や文化，人間的な成長と発達の実現にも寄与しなければならない。そこに社会と経営という観点から企業を見なければならない理由がある。また，社会において企業が果さなければならない役割も生じてくる。

私益と公益の調整を計り，企業経営のルールを決めていくためにも，決められたルールを守らせていくためにも，なぜ，偽造は悪か，ということを問い詰めておきたい。

1　徳川幕府公認の偽装

偽装とよく似た言葉に偽造がある。偽造は，文字通り意識的に偽物を作ることである。例えば，江戸時代，財政窮乏化に直面した幕府は，金量の多い小判を鋳つぶし，名目金額は同じ1両でも金量をへらした小判を作り，財政問題解決を図ろうとしたことがある。そのからくりを簡単化してわかりやすくいうと，金の量を半分にした小判に改鋳すれば，もとの1両が2両に化ける（ただし，金以外の原料はタダと仮定）。そうすれば幕府御金蔵の小判の量が倍になり，幕府財政が改善するというわけである。幕府公認の偽装貨幣の発行といってもよい。念のために付け加えておくと，この場合は幕府公認の正式通貨として流通させるために製造したのだから偽造にはあたらない。しかし，営々として金量の多い小判を貯めてきた商人にとっては大打撃である。今まで貯めた小判の値打ちが半減することになるからである。そうすると，商人は小判を鋳つぶして金地金として保存し，貨幣以外の用途に転用した方が得になる。「悪貨は良貨を駆逐する」というグレシャムの法則が働くわけである。ようするに市場から良い貨幣が消え去るのである。

貨幣は，繰り返し行われる商品交換を通じて諸商品の中から生成してきたものであるが，貨幣以外の諸商品の偽装が行われるとどんな問題が生じるのか，経済学の理論も取り入れて考えてみよう。

2　使用価値から偽装を考える

われわれが生活をしていく上で必要なものは有用物であり，有用物には，質

と量の両側面がある。有用物は市場経済社会で商品として流通しているものもあれば，空気のように流通の対象にならないものもある。以下では商品として流通している有用物に限定して考えることとする。

　アダム・スミスやマルクスも言ったように，**商品**には，**使用価値**と**交換価値**という二要因がある。使用価値は商品の有用性のことであるが，商品に有用性がなければ交換価値を伴うことはできない。また，使用価値には無限といってもよい多様性がある。そこでマルクス『資本論』の商品論では，暗黙に使用価値には問題がない商品が生産され交換されると仮定して使用価値が捨象されている。『資本論』冒頭の商品論では，商品の使用価値要因を捨象して，交換価値要因を深く分析することによって商品から貨幣が成立するまでの過程を分析しているのである。

　しかし，現実の市場では使用価値に欠陥のある商品が流通している。商品の使用価値に欠陥があれば，その商品を買う人はいなくなり，その商品の交換価値は実現できなくなるはずである。ところが，使用価値に欠陥のあることを隠された商品が，欠陥のない商品として流通し交換され，交換価値を実現していることがある。偽装商品の問題はその典型である。

　経済学の中では使用価値の問題は長く商品論のような形で語られるにとどまってきたためこのような問題の解決に無関心であった。この間隙をついた経済学の1つの展開が，売り手が腐ったレモンと知っていても，買い手はレモンを見ただけでは腐っていることを知ることができないという「情報の非対称性」に目をつけた情報の経済学である。腐ったレモンを腐っていないレモンだといって販売する，有害禁止農薬メタミドポスが検出された餃子を農薬の心配のない安全・安心の食品として販売した，といった問題を考える場合にも情報

商品：交換・販売することを目的として生産された生産物を商品と呼ぶ。商品生産は社会的分業の形成を前提として発生する。商品は，使用価値と交換価値の二要因が存在しないと商品として成立できない。

使用価値：物がもっているなんらかの人間の欲望を満足させる性質のこと。また，富の素材的な内容のこと。商品は，必ず使用価値を備えていることが必要である。

交換価値：商品価格という現象形態であらわされる商品の価値のこと。使用価値を捨象した商品の価値は，商品に含まれている労働量である。諸商品の交換比率は，商品に含まれている労働量を価値として比較した交換価値として現れる。

の非対称性という視点は重要である。

　市場経済は分業とともに発展した経済である。市場経済のプレーヤーである企業は，人々が必要とする使用価値をもった商品を開発し生産・販売することなく存続していくことはできないのである。人々の有用物に対する需用を，その質と量の両面で充足していくことは，企業が持続できる条件であるとともに企業の社会的責任でもある。

　われわれが毎日食べるコメを例として考えてみよう。どんなに安全・安心でおいしい米であってもたった1粒の米では握り飯も作れない。握り飯を作るという目的に応じた米の必要量というものがある。同時に，残留農薬に汚染された健康被害が心配されるコメは握り飯を作るのには適していないように米の質の確保も大切である。2008年9月に発覚した輸入汚染米転売事件をみても，商品の質と量に関する供給者と消費者の情報の非対称性は大きい。

　企業によって多様な使用価値をもった商品が開発され生産・販売されることは，例えば，消費生活を多様化させ人々の生活を楽しいものにしていく可能性をひろげる。しかし，新しく開発された商品が，安全・安心の有用物であるかという問題がある。新商品は，市場で流通・販売される前に危険のないものであることを十分に調査・確認することが必要である。

　薬害の一例として，いま大きな問題になっているC型肝炎ウィルス感染問題を取り上げてみよう。人が，C型肝炎ウィルスに感染すると，長い間に肝臓がんを引き起す原因となる。注射針の使い回しなどや，止血剤として開発された血液製剤にウィルスが含まれていてこれを投与されたことなどが感染原因である。わが国のC型肝炎ウィルス感染者は数百万人といわれている。わが国ではこの血液製剤の危険性が海外で認識され使用禁止されたあとも，その危険性を公表することなく安全だと偽って製造・販売が続けられ，膨大な被害者を生みだしたのである。市場に出る前に徹底的な安全の検証がされていればこれだけ膨大な感染者の発生は防げたはずである。これは極めて悪質な偽装である。このような被害を根絶するという願いから勇気をもって訴訟に立ち向かった人たちの行動を通じて薬害肝炎被害が社会的に明らかにされ，ようやく，行政や医薬品メーカーの反省を引き出すことができ，薬害肝炎消費者被害の防止がは

かられるようになってきたのである。これは明らかに商品の偽装であり、利益のため危険情報を隠し使用価値に欠陥のある危険な薬剤を販売し続けた製薬企業の**企業犯罪**とそれを黙認してきた厚生行政の**行政犯罪**とが問われなければならない。

３ 偽装と社会的労働の無駄

　労働者の技能的熟練や科学技術の発展とその利用，効率的な生産手段の採用，生産過程の社会的結合の進展などによって，労働生産性が高められ，より少ない労働の投下量でより多くの多様な生産物を獲得できるようにしていくことは企業経営にとって大切な使命である。というのは，市場経済のもとでは企業が提供する生産物なしに，人々が，生活の豊かさや，文化を学び享受し人間的な発達を獲得する条件を獲得することはできないからである。

　ところで，交換価値は商品交換の完結によって，つまり，商品を売り販売代金を受け取ればその時点で交換価値は実現するのであるが，商品が販売された時点では使用価値を担っている商品体の所有者がかわっただけであり，まだ使用価値は実現していない。使用価値は，商品購入者が実際に商品を使ってはじめて実現するのである。交換価値の実現と使用価値の実現の間には時間的なズレがあるため，商品を購入後に商品を使用する過程で使用価値の欠陥は現れるのである。使用価値の欠陥は，薬害肝炎のように使用した時から長い時間をへて使用価値の欠陥が判明し，その欠陥を原因とする被害に一生涯苦しみ続けなければならない人々を生みだすことにもなるのである。

　有用な商品が容易に消費者の手に届くようにすることや，有益な新商品開発は，おおいに望まれることであるが，使用価値に問題のある欠陥商品が提供される危険もある。事前の危険評価を徹底的に行い，商品流通後も未知の危険が

企業犯罪：企業が組織的に犯す犯罪で商品偽装もその１つである。多くの場合，立場の弱い従業員や下請け業者等は，企業犯罪を告発すると企業から雇用条件や取引契約条件等の不利益をこうむるため企業犯罪は隠ぺいされ続けられることが多い。
行政犯罪：行政が組織的に犯す犯罪である。旧・厚生省が血液製剤にエイズ感染の恐れがあるという情報を把握しながら，その情報を公開せずウィルス感染血液製剤が患者に投与され続け薬害エイズ事件や，社会保険庁の杜撰な加入データ記録問題なども行政犯罪である。

発生していないか常時追及しておかなければならない。当然，意図的な欠陥商品や偽装商品の製造・販売は，最初から使用価値を損ねた商品が製造・販売されるということであり論外である。

　企業によって生産される有用物は，市場経済のもとでは交換価値と使用価値という二要因を備えた商品として市場に現れることになる。この市場に現れた商品を，人々の社会的労働の面からみると，交換価値を生産する労働と使用価値を生産する労働という労働の二重性として把握される。この点を踏まえると，使用価値の欠陥は，社会的労働として使用価値を生産するために投じられた労働を無駄にすることになるのである。使用価値の欠陥を隠した偽装商品が流通に投げ込まれることは，社会的労働の無駄を生じることにもなるのである。

４ 公益と私益の対立

　公益と私益という観点から偽装について考えておくことも必要である。公益と私益の関係が問題になるわかりやすい例は環境問題である。私益を追求する企業は利益を削って公益となる環境問題解決に資金を投下する意欲に欠ける。偽装が行われるほとんどのケースにおいて企業の私益追求，利益優先の姿勢がある。環境を破壊し人間の健康を害する残留農薬が検出された食品を，安全・安心の食品だと偽装して流通させ利益をえる企業の行為は，消費者・市民の安全・安心という公益を踏みにじるものでもある。

　公益と私益の関係の問題はもっと深く考察する必要がある。消費者が私益を主張し公益を損ねることもある。

　マズローのいうような人々の欲求の高度化は，それに対応した消費市場が発達することにつながることになる。人間が成長し発達していくといった人間社会が望む市場経済が発達し，人々が豊かさを享受していける能力を培いその能力を開花できることをたすける使用価値をもった商品が営利企業によって供給されるとすれば，私益追求は人々に共通する願いを実現することにつながり公

A. H. マズロー（A. H. Maslow, 1908-1970）：人間は，生理的欲求，安全の欲求，親和の欲求，自我の欲求，自己実現の欲求という五段階の階層であらわされる基本的欲求の実現に向かって成長する生き物，という自己実現理論を展開した。

益にもつながるのである。

　しかし，現実には公益と私益が一致するとは限らない。市場経済での企業活動は，市場の拡大をはかるため市場開発や商品開発などを通じ商品化の徹底をもたらす。商品化の徹底は，共同的な分かち合う消費を縮小し個別化された個人的な消費の拡大をもたらすことになり，使用価値の個人的占有が進行することになる。そうすると使用価値レベルで個人的な私益が公益を犠牲にしてでも主張されるという状況を生みだすことになり，使用価値をめぐって公益と私益が対立する場面を生ずることにもなってくるのである。

　例えば，自動車交通の世界では，バス等の公共交通手段と私的な交通手段であるマイカーの所有者が公共的道路を利用しており，公益と私益の対立をはらんでいることがわかる。また，自動車は，時として殺人機械と化す危険な交通手段である。しかし，今も過去も，自動車メーカーの広告・宣伝をみると当社の製造した自動車は安全・安心の自動車です，と訴えるコピーが目につく。過去には安全どころか，欠陥車であることを隠して安全・安心の製品であると偽装販売していた事件もあるのである。ここには公益と私益の尖鋭な対立が隠されているのである。

　映画などのコンテンツも公益と私益の関係を考える上で参考になる。最近では，映像ソフトはデジタル化され消費者が容易に個人的に楽しむこともできるようになってきている。周知のように映像ソフトには著作権がある。著作権には，よい著作物が作成され広く普及していくことを促進する公益側面と著作物を販売して利益を得ようとする私益の側面がある。海賊版ソフト（デジタル化された製品が違法にコピーされた場合には，オリジナルと品質はかわらない）が出回ると，海賊版ソフトを出したものの私益によって，オリジナル製品の著作権に基づく公益も私益も侵害されることになるのである。

5　消費の意義と偽装

　消費というと，費やすとか消尽することと思われがちである。しかし，フランス語の消費を意味するconsommationの語源はラテン語で「使い果たす」という意味のあるcosumereと「完成させる」という意味のconsumareという2

つの言葉に行きつく（大村敦志〔1998〕『消費者法』有斐閣，1頁）。物を完成させるためには物を使い果たすことが必要である。この2つの言葉が語源となって消費という言葉がうまれたと考えられることは興味深い。語義から，消費は，消極的な使い果たすということのほかに，消費することによって物をつくりだすという積極的・創造的意味合いがあり，再生産を行うという意義をもっていることがわかるわけである。

消費には，①日々の生命の維持と生命の再生産（家族の再生産）のための消費，②人間の文化的な成長，発達をはぐくむ消費，③市場経済のもとで資本の再生産にはたす経済的な役割として，交換価値＝価値を生産するための消費，④使用価値を生産するための消費，というように消費することによって再生産を行うという意義があるのである。

偽装は，円滑な再生産を妨げる要素をもった行為であり，これらの消費のどの意義にも反するものである。このことは，消費者からも企業からも，偽装は悪だ，という判断がなされる理由となるのである。

[6] 企業はなぜ偽装をするのか

偽装の帳尻はどうなっているのだろうか。

偽装が発覚したケースをみると，①偽装の結果は，大きな経済的損失を生じていることが多い，②偽装が発覚したとき，企業の存続が危ぶまれ企業の息の根を止める原因にもなることがある，③偽装は，社会の信頼関係を失い社会不安にもつながりかねない，④偽装は，消費者・市民に損失を与える。内容によっては，膨大な消費者・市民の健康と生命の危機を招き，その企業は消費者から見放される，⑤偽装の利益は，不当利得であり，その利益も失われやすい。偽装が発覚した時にはマイナスの利益となることもある。結局，偽装は帳尻の合わないことである。偽装によって経済は傷つき，経営は正常に営むことができなくなる。私的企業の経営としても，社会経済の経営としても偽装の帳尻は大きな赤字になるのである。

それにもかかわらず，偽装はなくならない。どうしてか。

偽装が行われるきっかけは，安い偽物を高い本物のように偽装して売れば儲

かるという誘惑，販売できない商品を偽装して販売し損失を減らしたいという誘惑，会社の利益達成ノルマのため，決められた予算の範囲で仕事を完了するため，違法な便宜をはかって金銭や物品をもらうという誘惑，などである。

一度，偽装をしてしまうと心中は偽装が発覚したらどうしようと穏やかではいられないはずである。しかし，偽装して儲けた旨みが忘れられない，あるいは，偽装して行った仕事を基準にして予算が組まれ偽装せずに仕事の目標を達成できなくなるため偽装を重ねる，といったことになるのである。

偽装の発覚を恐れていた心は，偽装は発覚しなければいいという心に変わり，やがて，他の人も，偽装しているから偽装は許容されている範囲のことだ，などというように悪の意識が薄れてしまう。すると，社会では，偽装をせよという命令に逆らうことは正義であるにかかわらず，企業内部では偽装に反対することが企業内犯罪とみなされるような奇妙なことにもなるのである。偽装をしなければ，もうけは少なくなる，予算の範囲で仕事がこなせない，そうであっても偽装はやってはいけないことである。偽装商品を売りつけるなど売り手である企業が悪ければ，買い手である消費者は困り世間も良くならず，世間の売り手に対する評価も悪くなる。そう考えただけでも偽装はしてはいけない，偽装をすることは割に合わないことがわかるはずである。

それにもかかわらず，偽装が行われる主な理由の1つは，利益を上げることしか視野にはいらない利益優先的な価値観が企業文化や社員の意識として抜きがたく存在していることである。また，社会の一員として，公明正大で，安全や安心の社会をつくるという意識に乏しいことも原因だと思われる。道徳的，倫理的観念の欠如も大きな原因である。

こう考えてみると，本章のコラムで取り上げた近江商人の「売り手よし，買い手よし，世間よし」という「三方よし」は，商人としての倫理や道徳を巧みに言い表し短い言葉で日常の仕事や経営そのものを通じて社会に貢献する仕事のありようを説いたものとしても，偽装を戒めたものとしても，高く評価されるのである。

しかし，高度に発達した市場経済のもとでは，近江商人の「三方よし」などにみられる商人（企業）の規律にのみ依存して偽装をなくし，安全・安心の社

会をつくりだすことは不可能である。私的企業経営の損得の世界や倫理・道徳にたよってすべての偽装問題を解決することはできないのである。

3 偽装はどうすればなくなるか

偽装をなくするために必要な方策は，第一に，企業の倫理性を高める，企業の社会的責任を明確にする，偽装を防ぐ企業内のルールや制度を構築するといった企業が取り組むべき課題，第二に，偽装を行った企業を処罰する，偽装をさせないように行政指導を強める，企業倫理を逸脱した企業を市場から排除するルールを作る，情報公開を徹底させるなど，政府・行政が取り組むべき課題，第三に，消費者の義務について啓蒙し偽装を許さない風土をつくる，消費者の権利を強化する運動を行う，消費者組織が企業行動の監視を行う，など消費者・市民が取り組むべき課題がある。

少し大胆な言い方をすると，これまで主流の経営学は，企業組織のための経営学，行政組織のための経営学であった。このような組織のための経営学であっては，社会と切り結ぶ経営学という領域に踏み込もうとするとどうしても限界があるといわざるを得ない。なぜなら，組織のための経営学は組織を守る，あるいは組織を発展させるという経営学であったからである。過言を承知でいえば，組織を守るために役立つ限りにおいてという限定つきで「社会のために」という言葉が語られてきたのである。

偽装をなくするためには，真剣に社会と切り結び，社会のためにする経営学が創造されなければならない。企業のための社会ではなく，社会のための企業であることを明確に位置づける社会のための経営学が必要である。

このような課題を視野に入れつつ消費者・市民の視点，消費者運動の視点から社会と経営を考え，偽装をなくする経営方策について考えてみよう。

[1] 消費者運動から偽装を考える

消費者運動は，資本主義経済が産業資本主義の時代に黎明期が始まり，独占資本主義の時代に発展してきた運動である。労働運動が**資本・賃労働関係**を軸

とした賃金闘争を主軸とする運動，生産過程を主な対象とする運動であるのに対し，消費者運動は，流通過程からの価値収奪や，消費者被害，そして消費者から生産への要求といった問題領域を対象とする運動である。消費者という概念は，広くとらえれば労働者だけでなくすべての人間を含む概念である。消費者被害や消費過程からの収奪は誰にでも襲いかかるものである。もっとも富める人ほどその被害にあう程度は軽度であることが多いという傾向はあるが。

われわれ消費者・市民が，生命の再生産が保障され促進される消費社会を実現し，ゆとりある消費を享受，自らの成長・発達を実現することは，どうすればできるだろうか。偽装のようにこれを妨げる事態をどのようにすればなくせるだろうか。このことにこたえることは決して容易なことではないが，その道筋の1つは，消費者運動が勝ち取ってきた消費者の権利の発展の中に見出すことができる。

世界史的にみて消費者の権利を国家意思としてはじめて宣言したのは，1950年代アメリカ消費者運動の高揚を背景として1962年に出された時の大統領ケネディの消費者の権利宣言である。

・「ケネディの消費者の四つの権利」1962年
　　1．安全である権利
　　2．知らされる権利
　　3．選択できる権利
　　4．聞いてもらう権利

その後国際消費者機構（IOCU：結成は1960年，現在のCU）により，消費者運動の側から消費者の権利を確固としたものにし発展させるためケネディの4つの権利に，さらに次の4つの権利と5つの責任が加えられた。
・追加された4つの権利

資本・賃労働関係：資本主義経済のもとでは，生産手段を所有するのは資本であり，労働者は生産手段を奪われている。生産手段を所有しない労働者は資本に労働力商品を販売して賃金として受け取るという関係におかれている。

1. 生活の基本的ニーズが保障される権利
2. インチキ商品やサービスから「補償される権利」
3. 賢明な消費者になるために必要な知識や教育を身につけられる「消費者教育を受ける権利」
4. 安全が脅かされることなく，危険でない，しかも人間としての威厳と安寧が保障される環境で生活し，働くことができる「健全な環境の権利」

・CU の消費者の 5 つの責任

1. 自分の使う商品やサービスの用途，価格，質についてもっと敏感になり，疑問を抱き，「批判的意識」をもつ消費者となる責任
2. 自己主張し，必ず公正な取引が実現されるよう「行動する」責任
3. 自らの消費行動が他者に与える影響，地方といわず，国といわず，国際社会といわず，とくに恵まれない弱い立場の人々に与える影響を考慮に入れる「社会的関心」をもつ責任
4. 自らの消費行動の結果が環境に与える影響を理解する「環境への自覚」の責任，例えば，天然資源を大切にし，未来の世代のために地球を守るという個人的・社会的責任を自覚する責任
5. 消費者の利益が促進され，守られ，力をつけ，影響力を与えることができるよう消費者として団結し，「連帯する」責任

これらの 8 つの権利と 5 つの責任は，消費者・市民のための消費社会を築いていくための大切な規範である。

　消費者の安全・安心を守るためには，国際消費者運動の展開も不可欠である。
　商品生産・商品流通のグローバル化著しい現代社会経済のもとでは消費者問題・被害もグローバル化しており，一国で問題解決は完結しない構造になっている。また，発展途上国と先進国とでも消費構造は異なる。食べることが困難な貧困にあえぐ国の消費者問題と豊かな国の消費者問題を単純に同一レベルで論じることはできない。しかし，そのような違いをこえ各国の利害の壁をこえて世界のすべての人々が，安全・安心の消費生活，さらには，人間的で文化的な成長，発達を享受できる消費生活の実現をめざさなければならないのである。

1970年にマレーシアでペナン消費者協会を設立，1978年に国際消費者機構第4代会長に選ばれたA.ファザールは，消費者運動が，①市民の運動であり，人間の運動であること，②人権運動であること，③社会的，経済的，正義を求める，変革を求める運動であること，を掲げた。さらに，消費者団体の機能として，①情報提供機能，②意見を代弁する機能，③行動を助ける機能，をあげた（アンワー・ファザール／日本消費者連盟訳・編〔1982〕『ジャンク・フード　国際消費者運動の新しい波』学陽書房，53-64頁）。

　生産・流通のグローバル化に伴い消費も国際化している。また，世界中で技術的に高度だが危険でもある生産が行われている。そこでは偽装をはじめとして消費者被害をもたらす状況が生まれ人々が苦しんでいる。このことに対し，A.ファザールは，消費者が有害製品に対する国際監視行動網構築や，国際的企業犯罪に対する闘いをしなければならない理由を，「われわれは今日，国内消費市場の枠内だけで生活しているのではなく，国際市場をも相手にして生活しているからである」また，「危険な技術，有害な製品や廃棄物が勝手気ままに売られたり投棄されたりしているからである。その結果，多くの人々が障害を負い，生命さえ奪われている」（アンワー・ファザール〔1982〕101頁）と述べているが，この指摘は今日も重要であり続けている。

　わが国では，2004年に**消費者保護基本法**の抜本改正により**消費者基本法**が成立し，憲法と実定法をつなぐ基本法においてはじめて消費者の権利についてうたわれた。消費者基本法では，消費者運動も積極的な役割を果たすことが求められている。2008年，福田内閣は，消費者庁設置について閣議決定した。企業活動への監視責任，行政活動の監視責任，我が国の海外の消費者への責任に対する消費者運動としての責任，地球環境への責任，紛争防止と紛争解決に対する役割と責任，行政，立法，司法に対する責任など，消費者運動の責任は

消費者保護基本法：消費者の保護をはかるため1968年に制定された。消費者保護についての行政，企業，消費者の役割が示され，消費者行政の基礎となる法律である。2004年に抜本改正され消費者基本法となった。

消費者基本法：消費者保護基本法の抜本改正により2004年に制定された法律。消費者保護基本法においてうたわれていなかった消費者の権利についての記述がされるとともに，消費者の自立についての記述がされるなど消費者重視の改正がされた。

一層重くなっている。**株主オンブズマン**などの市民活動との連携も大切である。

なかでも，偽装問題とかかわって重要なことは**公益通報者保護制度**をわが国の社会に完全に根づかせることである。また制度の改善を図ることである。その緊急性と必要は，発覚しているほとんどの偽装が内部告発等の告発によって社会に明らかにされていることが証明しているのである。

2 　長寿企業の経営から学ぶ偽装の経営学

企業経営に必須の道具に企業会計がある。企業会計は，企業の実態，企業の持続性，企業の貨幣的評価という三本柱の公準に基づいて，企業を客観的に把握しようとするものである。企業会計ではゴーイング・コンサーン（going concern）ということがよくいわれる。ゴーイング・コンサーンとは，企業の持続性を問う言葉である。このことが強調されるのは，偽装が発覚するなどして存続できなくなるなど企業としての持続性が問われる場合がきわめて多いからである。

経営学は，企業というミクロ世界を中心とした研究に強いが，経済学は，多数の企業を企業全体として，多数の労働者を労働者全体として把握するというマクロ的な研究に強いという面がある。経済学で企業の持続性を包括的にとらえようとする概念は，資本の再生産という概念であるといってもよい。経済学的には，資本の再生産には労働力の再生産が，労働力の再生産には労働者家族の再生産が必要である。そして，労働者家族の再生産のためには消費が必要になる。消費の水準と内容は，労働者が資本・賃労働という関係において提供する労働力の質と量に影響を与える。このことが資本の生産力水準に反映されることになる企業は労働力を提供する労働者を雇い続けなければ経営を持続できないが，それには労働力を提供する労働者が家族を形成し子どもを育てること

株主オンブズマン：株主の立場から，企業の違法行為を是正し，健全な企業活動を推奨する目的で1996年に大阪で設立された市民団体。談合事件等への株主代表訴訟の提起，株主提案や，障害者雇用，公益通報などについて企業に対し改革，改善提案などの活動を行っている。

公益通報者保護制度：企業犯罪，企業不祥事は，隠蔽されやすい。企業犯罪，企業不祥事の内部告発は公益にかなうものである。内部告発者に不利益な扱いをすることを許しておくと内部告発がされなくなり公益を損なう。これを防止し公益を守るために内部告発者を保護する制度でもある。

が必要である。労働者が家族を維持していくためには消費が必要になるが，その消費の水準や内容は，企業が雇い入れる労働者の労働力の質と量を左右するので，労働者家族の再生産のありようが，まわりまわって企業の競争力や存続可能性に影響することになるわけである。

さらに，字が読めなければ本が読めず，本が読めなければ知的人間としての発達が制限されることになるので，消費は人間の肉体を維持するだけでなく知的・精神的充足のためにも必要であることがわかる。消費の広がりは，人間の人格や教養，知識水準と関連しているのである。そして，自立した消費能力の形成は，文化の享受能力を培い，享受能力の発達が消費能力を形成し，人間発達に結びついていくことになるのである。資本が知的水準の高い労働力を獲得しようとすれば，消費者・市民でもある労働者の消費に自立性を与えることが必要になる。一方，資本に従属する労働力を確保するためには，消費者・市民でもある労働者から消費の自立性を奪うことが必要になるのである。資本が資本賃労働関係を安定的なものとするためには，消費者・市民でもある労働者の消費に自立性を与えつつ自立性を奪わなければならないという二律背反に直面することになるのである。

ここで本章に与えられた課題との関連で着目しておきたいのは，企業が持続する条件として，消費に自立性を与え消費能力を形成する必要があるという側面である。ここから，企業が良い商品を提供して消費者（お客様）の役に立ちつづけるにはどうすればよいか，という課題が導かれてくる。

世界に誇れる日本の長寿企業はこの問題をどのように解決してきたのか。われわれは偽装をなくす知恵としても，その知恵から学ぶことが多い。

日本一の長寿企業，いや，おそらく世界一の長寿企業が日本にある。世界最古の木造建築である奈良の法隆寺金堂と歴史をともにしている金剛組という寺社建築を専門とする宮大工の企業である。ここの大工さんは，木の性質を知りつくすために，木が山のどの位置に育っているかも確かめて使うそうである。木の使用価値を徹底的に調べて適材を適所に用いることによって1000年の時を経ても堂々とした姿をみせる建築を残してきたのである。そこに偽装などという言葉は見当たらない。あるのは正直一徹に自立した仕事を続けて伝統を

守ってきた労働者であり職人かつ企業人の姿である。

　1736年から続く老舗百貨店大丸の業祖は，中国「荀子」の言葉，「義を先にして利を後にするものは栄える」から引用した「先義後利」（せんぎごり）という言葉を企業理念にとして掲げ，お客様を第一に考え，社会に貢献することを方針としている（http://www.daimaru.co.jp/company/about/rinen.html　2008年9月24日アクセス）。

　江戸時代の思想家，石田梅岩（1685-1744）は，「商人は二重の利を取り，甘き毒を喰らい，自ら死するようなことをしてはならない」とたしなめ，商人道の本質を「勤勉・誠実・正直」の精神に求めた。また，「商人が『仁（他人を思いやる心）』，『義（人としての正しい心）』，『礼（相手を敬う心）』，『智（知恵を商品に生かす心）』という四つの心を備えれば，御客様の『信（信用・信頼）』となって商売はますます繁盛する」と説いた http://www.joho-kyoto.or.jp/retail/akinai/senjin/ishida-2.html　2008年9月24日アクセス）。梅岩は都鄙問答において，「一升の水に一滴の油（ここでは不正な利益のことを意味している）を入れると，その一升の水が一面に油のように見え」，正当な利益もすべて不正な利益のようにしてしまい捨てなければならなくなる，とも述べて二重の利益をとることを戒めている（加藤周一責任編集〔1972〕『日本の名著　18冨永仲基　石田梅岩』中央公論社，231頁）。梅岩も，本当の商人（企業家，経営者）は相手をたてて，自分も成り立つことを考えるものであるという「先義後利」に通じることを説いたのである。

　石田梅岩の思想の流れを汲み忠実に守ってきた企業が，京都にある京麩の老舗，1689年創業の半兵衛麩である。第二次世界大戦後の窮乏と混乱の時期にもヤミ商売に手を出さずやむなく休業したが1953年に再開，「ヤミ製品があふれる市場で品質重視を掲げ」石田梅岩の教えを守る経営をすすめて現在の繁盛につなげている（『日本経済新聞』2008年9月24日付）。

　本章のコラムで紹介している近江商人の「三方よし」の経営も伊藤忠などの総合商社にみられる長寿企業を生んでいる。こられの知恵は，現代日本企業のCSR経営などに生かされ偽装経営を防止する役割を果たしているのである。

　しかし，すべての企業がそのような経営理念を堅持しているわけではない。

▶▶ *Column* ◀◀

近江商人の三方よし経営

　滋賀県は交通の要衝で歴史の舞台にもよく登場する土地ですが，江戸時代から近江商人と呼ばれるすぐれた大商人を生みだしたことでも有名です。近江商人の理念として，「三方よし」といわれる「売り手よし，買い手よし，世間よし」という言葉がよく語られます。これは江戸時代中期，現在は東近江市五箇荘町石馬寺の麻布商中村治兵衛・宗岸の書き残した家訓の次の一節の精髄を現代の研究者がわかりやすく表現したものです。

　　「たとへ他国へ商内（あきない）に参り候ても，この商内物（あきないもの），この国の人一切の人々，心よく着申され候ようにと，自分の事に思わず，皆人よき様にと思い，高利望み申さずとかく天道のめぐみ次第と，ただその行く先の人を大切におもふべく候，それにては心安堵にて，身も息災，仏神の事，常々信心に致され候て，その国々へ入る時に，右の通り心ざしをおこし申さるべく候事，第一候」

　この大意は，他国へ行商に出て，商品を売る時は，その土地の人・お客様が気持ちよく商品を身につけられるよう考え（衣類を販売していた），自分よりお客様のためになるように，利益は控えめにして謙虚に商売をすれば道理にかなう心穏やかに健康に暮らせる。神仏を大切にする。そういう心掛けで商売を発展させていくように。このことが第一に大切なことである，ということです。

　近江商人の「三方よし」は，この言葉の基本的な構えを，売り手が良い商売をすれば，買い手は喜び，世間の売り手への評価も良くなる。売り手への世間の評価が良くなれば，買い手も売り手に良くなり，結果として売り手も良くなる，という誰にでも親しみやすく分かりやすい簡潔な言葉で述べたものです。

　見ず知らずの他国の人の所に行って商いをする近江商人にとって，現地の人の信頼を勝ち取ることが第一であり，偽装商品を売るなどもってのほかのことだったのです。

（参考：http://www.shigaplaza.or.jp/sanpou/ethos/source.htm　2008年9月15日アクセス）

　現代の社会経済のもとでは，生産過程も流通過程も複雑な分業構造が築かれ商品交換関係が深まり，生産と消費の距離の拡大と市場問題の深刻化により偽装をはじめとする市場経済の諸問題があふれ，悪しき営利主義に陥っている企業が後を絶たないのが事実である。グローバル化した市場経済のもとで問題は国

際的に広がっている。

4　偽装の経営学は，社会経営のための経営学

　社会の人々が必要とする使用価値をもつ商品は，質，量の両面とも必要に応じて充足されなければならない。企業の利益は，このような使用価値をもつ商品の提供という企業活動の成果として獲得されるものである。それは近江商人や石田梅岩ら先人が明らかにし諭し伝えてきたことでもある。偽装とは，使用価値の内容を偽ることである。高度な科学技術を動員し大量に生産される商品の偽装が行われるとその影響は甚大なものになり，多大な消費者問題・消費者被害を発生させることになるのである。個別企業の経営倫理や戒めだけでこの問題に立ち向かうには大きな限界がある。現代社会の病状は先人の遺産である伝統的な処方箋や薬だけでは対処できなくなっているのである。われわれは総力をあげて現代社会の病状を解明し，薬を，治療法を，開発し処方を施さなければならない。本当の経営とは，ゆきつ，もどりつ，試し試し失敗を克服しこのような活動を倦むことなく積み重ねることだということができる。

　偽装をなくするには，これまでの企業と社会の関係を抜本的に見直さなければならない。企業経営としてCSRなどの社会と向き合う経営手法を導入することはもちろんであるが，企業の生産した商品，その使用価値の最終消費者である消費者・市民からの情報や要望，請求，訴えに企業は積極的に耳を傾けるべきである。それを糧に企業のあり方をただすべきである。本章では，現代社会経済に必要な薬，治療法の1つとして消費者運動を取り上げた。現代社会経済の病弊に対する処方箋は，政府や企業だけでは書けなくなっている。世界の消費者運動等の消費者・市民の力を必要としているのである。現代社会経済の経営，社会経営にとって消費者運動は貴重な経営資源でもある。市場経済が生み落とした消費社会の諸問題は，営利企業のための社会経済ではなく消費者・市民のための社会経済の構築と経営によってこそ解決が促進されるといえる。そのためには消費の自立性を実現し消費者・市民が消費社会の経営への参画をすることによって，すぐれた社会と企業の関係を実現していく方途を見出して

いく必要があるのである。偽装の経営学は，社会と企業を真摯な態度で切り結び，このような課題に実践的に対応できる社会経営のための経営学でなくてはならない。

[推薦図書]

桐山桂一（2008）『内部告発が社会を変える』岩波書店（岩波ブックレット No. 720）
　ほとんどの偽装事件が発覚したきっかけである内部告発の積極的意義について訴え，内部告発制度（公益通報者保護制度）の運用の在り方についても提言，偽装問題を考える上での必読書である。

リチャード・L．D．モース編／小野信夸監訳（1996）『アメリカ消費者運動の50年』批評社
　消費者運動の大きな流れを先導してきたアメリカの消費者運動の歴史を知るためには必読の文献である。

西村多嘉子（2008）『消費生活を考える』法律文化社
　消費者視角から，法律的な問題も視野に入れ消費生活と流通の両側面を通じて消費生活を考えるための論点が簡潔に整理された文献である。

[設　問]

1．偽装を，なくするためにはどうすればよいでしょうか。
2．消費者の信頼を得て企業を持続させるには，どのような経営をすればよいでしょうか。

　　　　　　　　　　　　　　　　　　　　　　　　　　　　　　（山西万三）

第8章

社会福祉事業の経営学
——福祉衰退から生存権保障へ——

　本章では，社会福祉の施設や事業の運営を担う事業体の経営について検討します。社会福祉施設・事業の経営主体には国や地方自治体の直営によるもののほかに社会福祉法人やNPO法人協同組合や近年では株式会社も参入しています。社会福祉施設や事業の経営は医療法人による医療機関や学校法人による学校の経営と同様の公共的な性格を強く帯びています。社会福祉分野の経営においてはどのような特質があるのか，90年代以降の社会福祉事業の規制緩和の動向にもふれながら検討を加えます。

1　社会福祉施設・事業の経営とは

1　社会福祉における経営問題の浮上

　社会福祉事業は憲法25条，社会福祉法ほか社会福祉関係諸法に基づいて，国民の福祉の向上のために実施される公共的な事業である。この事業において福祉サービスを提供する施設・事業体の経営主体は国・地方公共団体と社会福祉法人に限られてきたが，1990年代以降の「規制改革」，とりわけ2000年の介護保険により，協同組合やNPO法人などの非営利法人だけではなく，株式会社などの営利法人も事業者として参入できるようになり，社会福祉事業の「**準市場化**」が進行している。この中で，従来民間事業者として社会福祉事業を担ってきた「**社会福祉法人**」固有の役割を低所得者の受け入れと人材養成にもとめる一方，参入した企業と同一条件にそろえようとする「イコールフッ

準市場化：福祉，医療，教育などの公共サービスの分野に公的規制の枠組みを残しながら部分的に市場原理を導入すること。準市場化の形態度合いは多様な幅がありうる。

社会福祉法人：社会福祉事業を行うことを目的に設立された公益法人で，都道府県知事や厚生労働大臣の認可を受けて成立する。公的社会福祉事業の担い手にふさわしい多様な規制と助成の仕組みがある。

ティング」政策が強まり社会福祉法人への公的支援は限りなくゼロに近づいた。

　社会福祉は経営学の対象となるのかと疑問を抱く人も多い。現実には介護事業に株式会社が参入しており，社会福祉法人が経営コンサルタントに経営診断を依頼する事例がしばしばみられる。福祉系大学の専門科目の中に「福祉経営論」を設置するところもある。本章では，社会福祉施設や事業を対象とした経営が何故必要とされるようになってきたのか，福祉経営で考えるべきポイントは何かという点についての問題提起としたい。

2　公的社会福祉が提供するサービスは商品ではない

　社会福祉施設・事業者が提供するのは，人を相手にした直接的な人的労力としてのサービス労働である。スイミングスクールのインストラクターが提供する「指導」サービスやフライトアテンダントが提供する「機内サービス」は商品である。福祉労働者が提供するサービスはそれらと同種の「商品」ではない。なぜなら，社会福祉事業や介護保険事業は，憲法25条で国民に保障した生存権という基本的人権を実現するために，国の責任においてそれを必要とする人にサービスを提供するものだからである。この社会福祉サービスを受ける権利は，憲法12条で明記されているように「憲法が国民に保障する自由及び権利は，国民の不断の努力によって，これを保持しなければならない」ものであり，国民は権利の主体者としてこれを守るための不断の努力をそそぐことが期待されている。この権利は「お金を払ったから，それに応じたサービスを要求して当然」という消費者主権レベルの権利ではない。通常の商品市場はサービス供給者と消費者という二者関係で成立するが，社会福祉事業の場はサービスを提供する事業者と，サービスを最終的にうけとる権利主体としての利用者・国民のほかに，権利保障の責任主体としての国・地方自治体が介在する三者関係となっている。このような関係の中で社会福祉の経営はとらえられなければならない。

2　社会福祉事業の主たる担い手としての社会福祉法人

1　社会福祉法人の法的な位置づけ

　社会福祉事業は国・地方自治体が責任をもって実施する事業であり，サービス提供を行う経営主体も国や地方自治体の直営が基本であると福祉先進国スウェーデンではしばらく前まで認識されてきた。デンマークやドイツをはじめ多くの国では宗教団体や赤十字が経営主体となっている例が多い。日本では民間の社会福祉法人が公的福祉事業の重要な担い手となってきた。それには2つの側面があった。戦後直後の財政難の下で生存権保障の責任主体である行政は民間に依存することなしに，膨大な生活保護や児童福祉の課題に対応できなかったという事情がある。そして，第二次世界大戦前から，篤志家や宗教法人，あるいは天皇家や財界からの寄付によって設立された財団等によって設立された団体による社会事業を，戦後の新憲法体制の下で再構築するという側面である。このために制度化されたのが社会福祉法人制度である。

　まず，社会福祉法人の法的性格を確認しておく。1951年制定の社会福祉事業法（現行社会福祉法2条）では，社会福祉事業を「第一種社会福祉事業」（援護を要する人を収容して生活の大部分を営ませるなど，個人の人格の尊重に重大な関係をもつことを行う）と「第二種社会福祉事業」（第一種社会福祉事業以外の社会福祉事業で，社会福祉の増進に貢献する事業）に分類した。「社会福祉法人」とは，社会福祉事業を行うことを目的として，この法律により設立された法人をいう（22条）と規定され，上記2種類の社会福祉事業のうち，第一種社会福祉事業は，国，地方公共団体または社会福祉法人が経営することを原則（60条）とすると規定された。また，国，地方公共団体，社会福祉法人その他社会福祉事業を経営する者，それぞれの責任についても規定している。それによると「国及び地方公共団体は，法律に基づくその責任を他の社会福祉事業を経営する者に転嫁し，又はこれらの者の財政援助を求めないこと」とし，財政責任を福祉事業経営者に転嫁しないことを明記している。さらに，「国及び地方公共団体は，他の社会福祉事業を経営する者に対し，その自主性を重んじ不当な関

与を行わないこと」,「社会福祉事業を経営する者は,不当に国及び地方公共団体の財政的,管理的援助を仰がないこと」(61条) などとして,社会福祉法人等の民間社会福祉事業者の自主性を尊重している。さらに,「厚生労働大臣は,社会福祉施設の設備の規模及び構造並びに福祉サービスの提供の方法,利用者等からの苦情への対応その他の社会福祉施設の運営について,必要とされる最低の基準を定めなければならない」(65条) と規定し,社会福祉サービスの提供を民間事業者に依存していてもそこにおいて守られるべき「最低基準」を定めている。

さらに,社会福祉法では「社会福祉法人は,その経営する社会福祉事業に支障がない限り,公益を目的とする事業又はその収益を社会福祉事業若しくは公益事業の経営に充てることを目的とする事業を行うことができる」(26条1項) として,公益事業や収益事業の積極的な展開を認めている。「厚生労働大臣は,社会福祉事業が適正に行われることを確保するため,社会福祉事業に従事する者の確保及び国民の社会福祉に関する活動への参加の促進を図るための措置に関する基本的な指針を定めなければならない」(89条) という規定も設け人材確保におけるリーダーシップを厚労相に期待している。

2 社会福祉施設種別ごとにみた経営主体の推移

日本の社会福祉施設の戦後における整備状況の推移を種別ごとに公営の施設と社会福祉法人の比率に着目しながら紹介する。戦後の出発点における社会福祉施設のうち生活保護法に基づく保護施設は公営施設が多数を占めていたものの,他の施設の多くは社会福祉法人であった。保育所は,1960年代以降の高度経済成長に伴って都市部に流入した労働者の共稼ぎの増大を背景とした「ポストの数ほど保育所を」求める運動によって公立保育所が多数を占めるようになるが,1952年時点では公立保育所は全体の38%,児童養護施設にいたっては公営が21%,社会福祉法人経営が40%であった。60年代後半以降,保育と障害者福祉の分野では,保育所づくり,障害者作業所づくり運動等を背景に市民・当事者運動を基盤に社会福祉法人格を取得し,施設づくりを進める例も増える。養護老人ホーム,身体障害者更生施設,母子生活支援施設 (母子寮),

保育所，知的障害者通園施設，情緒障害児短期治療施設，児童自立支援施設（教護院）などは80年頃まで公営施設が多数であったが，その以後は補助金削減と公務員削減の中で社会福祉法人への委託が増加するのに呼応して公営施設の比率が低下していった。

高齢者福祉施設や障害者福祉施設は制度成立当初から社会福祉法人の比重が圧倒的に高かった。70年代から公立施設に代わって，自治体出資の社会福祉事業団等の経営する施設が増加する。2000年以降介護保険の居宅介護分野では社会福祉法人は3分の1のシェアを占める地位に後退し，医療法人や株式会社が進出し，グループホームでは営利法人の比率が最も高くなる。2006年までに公立施設や事業団立施設も指定管理者への委託が急増し，公立直営施設は保育所以外では皆無に等しい状況になりつつある。保育分野でも民間企業の進出が解禁され，「駅前保育所」(1999年)，「認定子ども園制度」(2006年) と対象がひろげられ，保育所最低基準に満たない園も認められるようになった。また公立保育所の民間への移管が進み，2007年には私立保育所数が公立保育所数を上回ることとなった。

現状では，第一種社会福祉事業の担い手は圧倒的に社会福祉法人であり，第二種社会福祉事業の居宅分野では，経営主体の多元化が急速に進んでいる。しかし全体として社会福祉法人はなお多数であり，公立施設の民営化の受け皿としても重要な地位にある。

3 社会福祉法人の公共的性格と規制緩和

戦後制度化された当初の社会福祉法人は，設立の資産要件に土地建物の所有を義務づけた財団法人的性格を有したもので，①所有財産処分の禁止，②抵当権，担保に供する所轄庁の承認，③資産の時価評価および減価償却制度の排除，④立て替えや修繕費に対する一定の公的補助，⑤解散時の残余財産の処分先の制限，⑥措置費による施設運営費の公的負担，等によって社会福祉事業における資産の経済的価値を減少させない仕組みとともに，剰余金・引当金等を必要としない制度の下で公益性，**非営利性**が確保されてきた。

ところが，2000年の介護保険制度の開始や**社会福祉基礎構造改革**の進行と

並行して次のような設立要件と運営上の規制緩和が進められてきた。①土地の自己所有制の緩和，特例として借地・借家も可，②基本金は1000万円だが，国・地方公共団体から貸与または使用許可を受けている場合は100万円でも可，③各種積立金を容認，④資産の時価評価，減価償却制度の導入，⑤施設整備費の公費補助の縮小や「独立行政法人福祉医療機構」（2003年設立）からの借入金の上限設定，⑥職員配置基準を中心とした最低基準上の規制力の緩和等がそれである。この結果，社会福祉法人の現状は，公的責任を基礎とした「手厚い施設整備費補助」「措置費による裁量の余地の小さい運営」という当初の基本の仕組みが弱まり，社会福祉法人の公益性，非営利性の実質的な後退が進んでいる。

2000年の社会福祉事業法の社会福祉法への改訂により，社会福祉法人の位置と役割も，それまでの行政の行う社会福祉事業の措置受託事業者から「社会福祉事業の主たる担い手」へと位置づけの変更がなされた。社会福祉法24条で「社会福祉法人は，社会福祉事業の主たる担い手としてふさわしい事業を確実，効果的に適正に行うため，自主的にその経営基盤の強化を図るとともに，その提供する福祉サービスの質の向上及び事業経営の透明性の確保を図らなければならない」とされたのである。

3　社会福祉基礎構造改革がもたらしたもの

1　社会福祉基礎構造改革の3つの政策意図

社会福祉法人制度の規制緩和が進められてきた背景には，政府の「社会福祉基礎構造改革」路線がある。

非営利：非営利法人は営利追求ではなく公益的な事業を目的として設立される法人で社会福祉法人や医療法人，学校法人，協同組合法人，社団法人，財団法人などの範囲を含む。「特定非営利活動促進法」（1998年施行）により市民が社会貢献活動を目的に設立するNPO法人もあらたに制度化された。

社会福祉基礎構造改革：2000年の介護保険制度の実施と社会福祉法によって開始された，社会福祉制度の規制緩和，措置制度解体，利用契約制度化，応能負担から応益負担への利用負担原理の転換，多様な事業主体の参入促進などの一連の改革のこと。

社会福祉基礎構造改革は1999年に政府主導で提起され，2000年の社会福祉事業法の改正（現社会福祉法）と介護保険法の施行により本格的に実行に移され，障害者福祉や保育所分野にも拡張されてきた。その主な内容は「多様な事業主体の参入促進」，利用者が事業者と契約を結ぶ「福祉サービスの利用制度化」，利用したサービスの量に応じて定率の利用者負担をさせる「応益負担」の導入等にあった。ここには3つの政策意図が働いていた。1つは，①介護サービスが多数の勤労者国民にとって不可欠なサービスとなり，その需要に応えるだけのサービス提供事業所を短期間で整備するという社会的要請に応える側面である。しかし，同時に②介護・福祉分野への参入を模索する企業の要請に応える側面ももっていた。さらに③高まる社会福祉の需要に対する財政投入量を抑制しつつ利用者・国民の負担増を求めるという側面ももっていた。これ以外にも，協同組合やNPO法人という市民参加型の公益法人が福祉事業に参入する道が開かれたことが市民運動の立場から評価できるが，経営環境が厳しく過大な評価はできない。

　上記の主要な3つの政策意図は相互に矛盾をはらむものであった。国民のニーズに応えるサービスを整備し質を引き上げようと思えば，利用者・国民の負担を引き上げざるを得ない。しかし福祉を必要とする利用者は所得に余裕のある階層ではなく負担が増えるとサービス利用を控えざるを得ない。社会福祉事業分野に参入した企業は「顧客」を確保できなければ事業として成り立たないし，経営を維持するために人件費を抑えれば働き手を確保することが困難になる。現に2006年の介護保険事業者に支払われる報酬の削減，2006年の障害者自立支援法によって毎日の利用者人数によって事業者に支払われる報酬額が変動する「日割り計算方式」の導入で，事業者の経営が一気に困難となり，他方で利用者負担増による利用抑制が働いた。非常勤職員依存による人件費抑制で経営を維持しようとしても限度があり，不正を犯して介護報酬を多く獲得した介護企業大手のコムスンは指定事業者認可を取り消され，撤退した。

[2] 権利と責任の二重化

　「社会福祉基礎構造改革」がもたらした変化として重視すべきなのは，「社会

福祉を受ける権利」と「サービス利用者の権利」（＝消費者的権利）とに権利が二重化し，この権利を保障する側も「国・地方公共団体の責任」と「サービス供給主体の責任」とに二重化されたことである。

　このような改革が行われる前の「**措置制度**」の下では，社会福祉サービスを必要とする人が直接市町村の窓口に申請し，行政の責任による行政処分として利用決定を受け，それを受けて具体的なサービスの提供を行政から受けとる（「現物給付」といわれた）かたちであった。サービスを提供してくれる施設が民間の社会福祉法人であっても，そのサービスは本来行政が行うべき業務を当該社会福祉法人に委託したものであった。そこにおいては，社会福祉サービスの権利に基づき申請する社会福祉サービスを必要とする人と，それを受けてサービス保障する責任主体である行政との関係は明白であり可視的でもあった。

　介護保険や障害者自立支援制度においては，サービスを必要とする人が申請するかたちは，同様であるが，受け取れるサービスの水準は認定審査で一方的に判定され，その範囲でサービス提供事業者と個別に契約を結び，利用者負担金は事業者に支払う，事業者のサービス提供に要する費用は，行政からうけとる「報酬」と直接利用者から徴収した利用者負担金によってまかなわれる。行政は現物給付するのではなく，必要なサービスに要する費用の一部を利用者に「給付」（実際には「報酬」というかたちで行政が事業者に支払う）する。このような制度に転換される際に，「措置制度」に比べて利用者の「選択の自由」が高まるのだと宣伝されたが，営利企業が参入しやすくなる形式でもあった。

　こうして導入された新たな形式の下では，行政の役割は利用者ごとの公的サービスの利用限度の設定，事業者に支払われる報酬額（サービス単価）の設定，公的サービス提供事業者の認可指定という管理統制的側面が前面に出て行政のサービス保障責任がみえにくくなった。社会福祉を必要とする人はサービス提供事業者と契約し支払う料金に見合ったサービスを受け取る消費者という形式を帯びるようになった。サービス提供事業者は統制化された市場で，個別に利

措置制度：社会福祉を必要とする人のニーズを行政が認定し，必要なサービスを行政の責任において現物給付する制度。行政に変わって社会福祉法人等に業務を委託する場合はそれに必要な費用を行政が事業者に「措置費」として支弁した。

用者を確保してはじめて収入が確保されるという利用者確保の「営業」を必要とする「経営」体としての性格が高まった。

　社会福祉を必要とする人の権利と、それを保障する行政責任に変わりがないのであるが、それがストレートなかたちでは現れにくく見えにくくなったのである。

［3］ 福祉労働者の状態と福祉労働の質の劣化

　社会福祉事業者が提供するのはそこで働く福祉労働者の直接的な援助労働であり、その水準が社会福祉サービスを必要とする人への権利保障の水準に直結している。したがって福祉労働者の人材の確保と育成は福祉事業経営の中心的な要素である。民間社会福祉法人による経営であっても、行政がなすべき仕事を委託を受けて行っているのであり、公務員が行う仕事のあいだに差が生まれてはならないという観点から、民間福祉労働者の賃金は公務員水準を目標としていた。このことを労働組合や経営者団体が行政に求める運動を行った結果、東京・大阪・愛知・京都等では賃金公私格差是正制度等による自治体の独自補助金制度による底上げが図られてきた。その影響も受けて国の措置費等においても、人件費、管理費、事業費の区分が明確にされ、人件費については国家公務員の俸給表に貼り付けた基準額が示されてきた。施設利用者に対する各職種の職員数は国が「施設最低基準」で正規職員数を示していた。その水準は現実の必要に満たないと判断し、利用者への処遇水準を上げるために独自に加配している社会福祉法人が少なからずあった。

　しかし、2000年の介護保険制度の実施、2003年の障害者支援制度の実施等によって、介護報酬等における費用区分が取り払われ、人件費基準額の明示も外され、その結果、公私格差是正制度をはじめとした自治体における人件費補助制度も次々と廃止されてきた。その結果、社会福祉労働者の賃金も全国的・地域的に統一性がなくなり、各経営（法人）単位、施設（事業）単位でバラバラになってきている。施設最低基準による人数の算定も非正規職員の採用を前提とした「常勤換算方式」が導入されるようになった。

　2003年、06年に相次ぐ介護報酬の引き下げ、05年の障害者自立支援法によ

る日割り計算方式の報酬支払い，保育職場に対する規制緩和，自治体からの補助金削減などで，社会福祉現場では，賃金の据え置きや引き下げ，正規職員の非正規職員への置き換えが進み，一般の労働市場で進行している雇用の流動化・二極化と同様の事態が福祉労働者の分野でも進行し，福祉労働者の低賃金構造に拍車をかけている。このため新規採用の職員の確保がむずかしく，現場の次世代を支える職員が定着しにくいという事態が広がり，介護福祉士や社会福祉士養成校の新入生が集まらないという事態にも波及している。社会福祉制度の矛盾が現場の人材面に噴出しているのである。その背景には，①福祉労働者の労働条件の低下と非正規労働者の増大という事態だけではなく，②労働内容が報酬単価で細かく規制されたホームヘルプに象徴される提供サービス内容の細分化や時間単位の提供という労働内容の変質，③職員の定着率が低下し，集団的な労働を通じて福祉労働の到達水準を先輩職員から若手職員に，実践的に継承していくことが弱まってきていることなども影響している。

　このような事態を現代における「感情労働」＊として商品化された労働の特質としてクールにみる見方もあるが，そのような側面と同時に社会福祉を必要とする人の権利回復と発達保障という公的責任を担う労働としての側面をもつという二面性を有している現代の福祉労働が有している矛盾ととらえなければ活路は開けないであろう。

　＊　Hochschild, Arlie Russell (1983) *The Managed Heart: Commercialization of Human Feeling*, University of California Press ［A. R. ホックシールド／石川准・室伏亜希訳（2000）『管理される心』世界思想社］。

4　社会福祉事業の場の構造転換をとらえる基本視座

1　社会福祉の三元構造

　「社会福祉基礎構造改革」で進められた規制緩和は，社会福祉事業とそこにおける事業者の経営基盤を大きく変えた。これをとらえる理論的視点を確認する

　社会福祉の制度が実現される基本的なメカニズムを「対象」「運動」「政策主

第8章 社会福祉事業の経営学

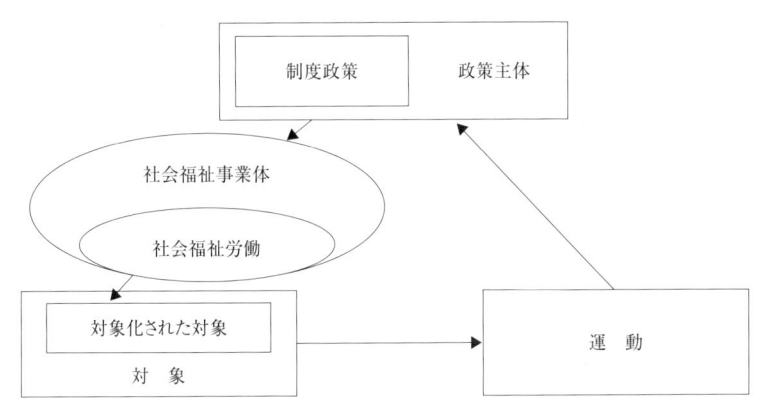

図8-1 社会福祉の三元構造と社会福祉事業体・福祉労働の位置

体」の3つの要素によるとする「三元構造」論を提起したのは真田是である。「対象」とは，社会的な対応を必要とする社会問題である。「運動」とは，社会問題への対応を憲法25条に基づく国・地方自治体の責任とに求め，必要な場合は議会の場に提起して法制度化を迫る当事者・市民・事業者の社会運動である。「政策主体」とは，そのような「運動」によって提起された，社会問題に対して支配と統治の観点から切り取り制度・政策として具体化する権力の行使主体のことである。このあらたに形成された制度・施策によって対応されるのは，法制化を求める運動の基盤となった対象としての社会問題のすべてではなく部分的に切り取られる。この切り取られ方は，諸勢力の力関係を反映しつつ支配関係の維持再生産に資するよう切り取られる。真田は政策主体によって切り取られ「制度・政策」が対応することとなった対象を，当初の運動の基盤となる「対象」とは区別して「対象化された対象」と規定している（図8-1参照）*。

  * 真田是（1994）『現代の社会福祉理論』労働旬報社。三浦文夫が「ニーズ論」（三浦文夫〔1980〕『社会福祉経営論序説』碩文社）で提起したのは，客観的な社会問題ではなく，政策が操作的に設定した対象である。それは，真田の「対象化された対象」にあたるものであるが，三浦は客観的な社会問題との関連は不問にしている点で社会構造論が欠落している。

成立した「制度・政策」に基づき「対象化された対象」に働きかけ提供されるサービスや生活手段や生活費を直接対象者に給付する社会福祉労働の担い手は「福祉労働者」である。この福祉労働者は公務員のほか，社会福祉事業体で働く従事者が含まれる。福祉労働者は福祉労働を提供する専門的な担い手としての性格と，社会福祉事業体に雇用され自らの労働力を販売する労働者としての性格という二重の性格をもっている。同様に社会福祉事業体も制度・政策のねらいに即して，「対象化された対象」にサービスを供給する役割を担うが，そのことを通して経営体としての存立条件が確保されることになる。

　ここからさらに，制度・政策によって切り取られ「対象化された対象」に対して社会福祉サービスが給付されるという過程で，対象者の選別と組織化が行われそれが政治勢力の再形成に影響を及ぼすという問題が生ずる。またそれと同時に「対象化された対象」と当初の「対象」とのギャップ，言い換えれば制度・政策の谷間に放置された社会問題をどこが受け止めるのかという問題が残され，これが新たな社会福祉運動を生起させる。制度・政策の谷間の課題に手を出すことは公的な報酬として保障されないことに取り組むわけで出費になる。独自財源と社会的ネットワークを有する社会福祉法人や行政直営の事業所には，このような問題に積極的にかかわることが社会的に期待されている。

　他方で公的なサービス供給の周辺に，私的契約の有料老人ホームや深夜に子どもを預かるベビーホテルなどの，利用者が全額費用を支払ってサービスを購入する市場が形成されてきた。これも公的制度では対象としていないサービスで，企業参入の進みやすい分野であるが，公的社会福祉サービスとしての対応の遅れがこの分野を拡張している側面を無視できない。

2　介護保険制度で始まった社会福祉事業の場の構造転換

　福祉サービス部門で措置制度が中心であった時代には，公的責任によるサービス提供が行われ，行政から措置委託をうけて事業展開していた社会福祉法人の施設職員は公務員に準ずるとみなされ，公務員に課せられた守秘義務等を遵守することが要請され，その給与は公務員に準ずるものという合理的根拠が明白であった。この場合は福祉サービスの境界領域は明確であった。

しかし，社会福祉基礎構造改革により規制緩和が進んだ今日の福祉サービスの領域は，公的責任が明白な措置制度として残された領域と併存して，公的機関の関与の度合いが徐々に薄まり曖昧となるグレーゾーンが広範に形成されつつある。そのようなグレーゾーンでは，公的責任が消えたわけではないが分散し薄められる状態となっている。このような現段階の構造をとらえるためには，従来の"社会福祉の「領域」"という概念で把握するより，"社会福祉業の「場」"という概念で把握する方が有効なように思われる*。

  * 石倉康次（2002）「社会福祉事業の場の再構築と社会福祉事業体」石倉康次・玉置弘道編『転換期の社会福祉事業と経営』かもがわ出版，参照。

この場は社会的弱者や公的サービスを生活のために必要不可欠とする人たちがユーザーであり，その人たちの生存権を守るための公的責任が果たされる場であり，一般市場とは異なった規制を必要とする特別な「場」である。「場」という表現は磁場をイメージするとわかりやすい。「境界領域」が明確でなくても，政策意図にこめられた磁力，参入している営利企業の論理や経営の論理という磁力，生存権保障の磁力，またそこで働く労働者の利害関心という磁力などが複合的に作用している磁場なのである。

この磁場は以下のような構造的特徴を有している。①社会福祉施設・事業者は行政と単独の関係をもって存在するのではなく，民間企業や社会福祉法人，医療法人，NPO法人等が相互に競合し，棲み分けながら併存している。しかし②これらの事業体が展開する事業内容は行政機関だけでなく，利用者・市民，第三者による福祉オンブズ活動などの監視をうける。③参入した大手株式会社は領域外部に広がる資本市場の中で投資効果を勘案しながら事業展開を行う。④各事業体で働く従事者の国家資格は必須ではなく規制はゆるやかで，従業者は養成校を含む，広い労働市場で確保される。労働者の側は就労条件や専門性を選択基準にして流動する。⑤場の中で事業を行う施設・事業者は行政の認可要件を満たすことが要請される。事業者は利用者の確保をめぐり相互に競争する。事業者に支払われる「補助金」や「報酬」等の額，サービスの利用単価は市場ではなく行政的に先決されている。⑥従事者の直接労働と管理・事務労働が事業の大半を占め人件費と労働者の集団的専門的力量が経営内容に直結する。

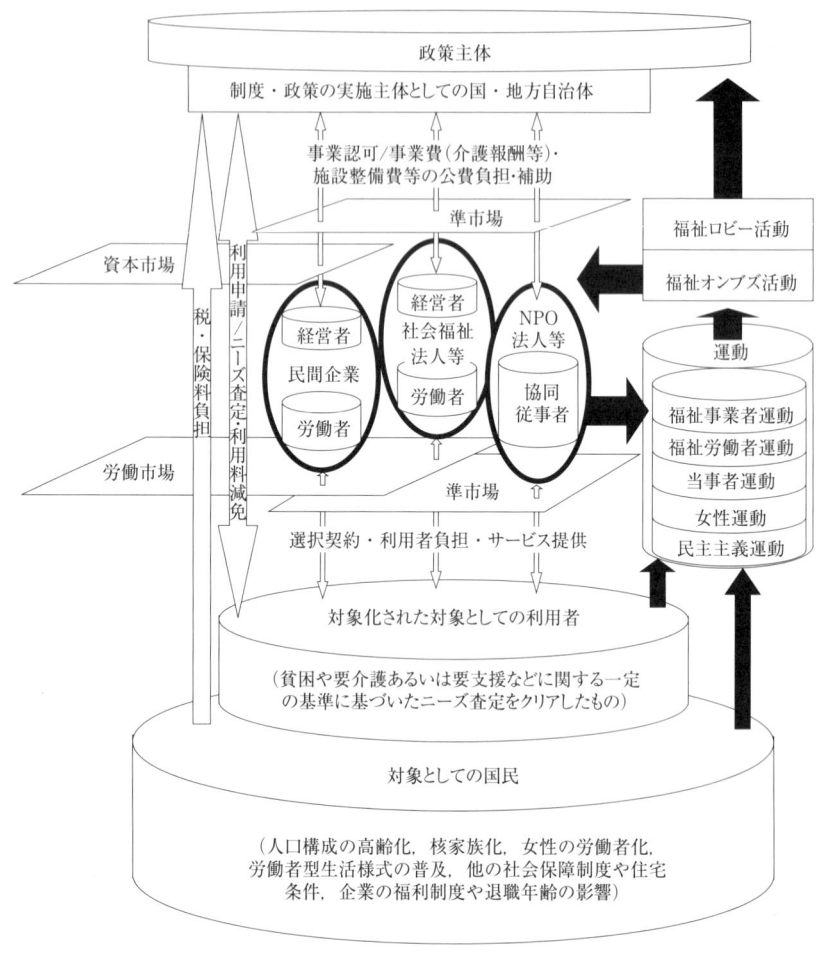

図8-2 社会福祉事業の場の構造

⑦労働条件の公務員基準が成立していた措置制度に基づく事業の縮小・解体につれて労働者の集団的専門的力量を支えていた労働条件は，社会福祉制度に規制された「報酬」と個別経営での労使関係の影響を強く受ける。⑦グレーゾーンの広がった新たな社会福祉事業の場は，これに影響を及ぼす公的な規制によるルールや，場の中で事業活動を行う事業主体の経営理念などめぐる攻防によって規定される（図8-2参照）。

3 場の構造をめぐる攻防と福祉事業の経営体を貫く4つの力

　以上のような構造的特徴をもった社会福祉事業体が活動する社会空間は，公営事業として閉鎖的に規制された空間ではない。しかし，外部の一般市場に何の規制もなく開かれているわけでもない。多様な諸力が作用しつつ流動する半ば規制された「場」（先に「磁場」というたとえで表現した）である。この場を規制するルールと力を参入しようとする営利企業に有利な規制緩和の方向へもっていくか，それとも社会福祉事業の場にふさわしいものに再確立していくかの攻防が展開される場なのである。

　この場の中で福祉事業体は経営体として性格を強める。しかし，一般の商品市場で事業活動を行っている経営体とは異なり，社会福祉事業に参与している事業体には次の4つの力が作動している。

① 政策主体の政策意図を貫徹させるための担い手として要請される権力の作動。
② 社会福祉を必要とする対象者の生存権を保障するという社会的要請に応えて事業展開をすることを求める利用者・国民の力。
③ 事業体で働く従事者の専門性の確保や労働者としての生活を再生産を可能とする労働条件の確保をもとめる労働者の集団的組織的力。
④ 上記の3つの力の作動を吸収しつつ経営体として維持存続させ発展させるよう求める力。

　これら4つの力は，国・地方自治体の行政機関，利用者・国民（利用者の会や後援会や法人の評議委員会に体現される），労働組合，経営者・理事会，のそれぞれが現実的基盤となって作動するものであるが，それぞれのウェイトのおかれ方や具体的な現れは個々の事業体によって多様であり得る。そこに，それぞれの経営体の特質が現れる。これら4つの力をどう統一するかが，経営としては問われる。民主的な事業経営とは，これらの4つの力の統合の基礎に利用者と従事者の利益を守る力をすえ，他の2つの力との統合をはかるために民主主義を運営の基本においているところにあるのではないだろうか。

5 社会福祉事業の場の構造転換のもとでの事業体のあり方と公的責任

1　介護保険事業下での各種法人の事業展開の特徴

　介護保険事業には多様な事業主体が参入しているが，それぞれの事業主体ごとに経営努力の相違があらわれてきている。2004年に広島市内の介護保険事業者を対象に実施した調査結果に依拠しつつ事業者の法人形態別に現れた特徴をみる（李佳儒〔2005〕「地域福祉における公共性――高齢者介護を中心に」広島大学大学院博士論文）。

　社会福祉法人の場合は，常勤職員率が相対的に高く職員研修に取り組んでおり，地域との連携や利用者との連携を強め民間社会福祉の特性を維持して貧困層や潜在ニーズ（生存権）に対応する従事者の労働を支援する法人がある一方で，事業経営の維持に終始する法人がみられる。ここにはそれぞれの社会福祉法人としてのミッション（使命）の自覚の差異があらわれている。

　医療法人の場合は公開性，地域性は弱い事業者が多いという特徴がみられるが，常勤職員率の高さや専門性，規模のメリットを生かして認知症ケアや拘束廃止に意識的に取り組む医療法人もある。

　NPO法人や協同組合，小規模零細の株式会社や有限会社の形態をとってはいても営利追求の性格が弱い小規模事業者の場合は，共通して，経営基盤は厳しく職員の常勤率も低く事業閉鎖したこところもある。有限会社では利用者の意見には敏感に対応している。NPO法人や協同組合では情報公開性が高くボランティア労働や地域住民（組合員）に支えられ存続している。

　株式会社の場合は，利用者の意向を意識して，サービスの質の向上のための職員研修には力を入れているが，地域密着性や公開性が弱い。利益確保が困難であれば株主の利益を守るために事業から早々に撤退する特質がある。

　サービスを供給する事業者としての地方自治体をみた場合は，公立直営施設の民営化や，自治体が出資した公社・事業団の当該事業からの撤退や社会福祉法人への譲渡がすすんでいる。公立施設や事業団施設の場合，重度の人を広域的に収容していたために地域や利用者との結びつきが弱く，このような動きへ

の当事者からの抵抗が働きにくい。公設公営施設に対しては施設整備の公的補助金対象としないという国の措置もこの流れを促進している。福祉分野で働く労働者の中で公務員が多いことは労働市場における福祉労働者の水準を公務員レベルにとどめる役割を果たしていたが，民営化が進むとそのような条件を壊していくことにもなった。

　広島市では，市が出資して設立されたホームヘルプ協会が2008年3月で閉鎖することが議会で決定された。その重要論拠は「民間事業者の成長を阻まない」ということであった。これに対し現場の第一線で高齢者や障害者の現実に接しているヘルパーさんたちの間から，複合的な問題を抱えた人たちの支援や，問題を抱えながら孤立して福祉サービスの利用につながっていない人たちを掘り起こす支援に，即戦力として対応できるチームを，行政区ごとに配置しておくべきではないかという提案がなされたが市や議会は取り上げなかった。事業経営の心配をせずに困難層や複合的な問題を抱えた対象者に粘り強く働きかけ，緊急対応を要する人に即座に支援の手をいち早くさしのべる役割が地方自治体直営サービスには期待されていたのであるが，顧みられなかった。

[2] **非営利共同組織の役割と国・地方自治体の責任**

　社会福祉事業者には，社会福祉の分野で社会福祉サービスを受ける権利を有する主体に寄り添い，その人たちと協同しつつ，権利行使を支援する事業者の役割がある。これは，営利活動とは根本的に異なる役割であり，非営利協同組織でないとなしえない。最後にこの点について確認しておく。

　社会福祉法人やNPO法人，生活協同組合などの非営利組織の中には事業活動を通して，利用者のかかえる個別ニーズに対応するだけではなく，地域社会の「生活力」の向上や「生活関係」の活性化と民主化に積極的な影響を及ぼしているところもある，このようなことに力を注ぐには，制度によって補償されている報酬額をこえた財力とボランティア的な力に依拠することが不可欠である。

　福祉労働の対象となる人権侵害や貧困による「生活力」の衰弱の内容は個別的であり定型化されにくく，また当事者の人格問題にも及んでいる場合がある。

▶▶ *Column* ◀◀

福祉現場を支える人が集まらない

　今から20年前に厚生省は1989年に向こう10年間で高齢者福祉施設，ホームヘルパーやデイサービスセンターやショートステイ施設を緊急に整備するという画期的な計画（「ゴールドプラン」と呼ばれた）を発表しました。これを受けて各地の地方自治体でホームヘルパーを正職員として採用するところが広がりました。4年制大学を卒業してホームヘルパーになる人も珍しくはありませんでした。ところが，労働現場で非正規雇用が広がる90年代の後半には，パートヘルパーや登録派遣型ヘルパーに置き換わり始めたのです。2000年の介護保険が始まる前後の頃には，新たに事業参入が認められた大手企業が資力にものをいわせテレビや新聞等を使い大いに存在をアピールしました。その中では，不正摘発された業界大手の「コムスン」が大変注目されていました。採用されたのはパート雇用が多かったのに，介護や福祉の仕事は花形業界のようにみなされていました。製造業の海外転出が続く中で，有力な国内成長産業と評価もされていました。介護・福祉系の専門学校や大学の新設も相次ぎ，福祉人気は急上昇しました。それが，2007年頃から介護や福祉現場では働く人が定着せず，新規採用に応募する人が少なくなり，養成学校の定員が埋まらず閉校するところが相次ぐという状態になってしまっているのです。

　今，社会福祉施設の現場で管理職クラスについている人の多くは，このような流れが始まる以前の，まだ福祉現場が地味な仕事とみなされていた時代に，人を相手にする仕事の魅力に惹かれて就職した人たちです。この人たちは，そのような現状について，暗い実態がクローズアップされればされるほど，この仕事の意義が見失われ，人手不足に拍車をかけると嘆いています。高齢者介護や児童保育の分野は，働く人が必要とする社会福祉サービスとしてますます重要視されるようになってきています。その時期におこっている「介護崩壊」「福祉崩壊」の危機をどう突破すればいいのでしょう。労働条件の相対的低さ，仕事の細分化，職員の定着率の低下で集団的労働の水準が継承できなくなっていることが現場では問題視され，それらの改善のために積み重ねられている経営努力は貴重なものです。それを応援する行政責任の発揮が強く求められています。そしてそのことに眼を向ける市民のまなざしが行政を動かすのではないでしょうか。

それは「**障害程度区分**」や「**要介護認定区分**」といった標準化された尺度にもなじむものではなく，サービス内容をあらかじめ定型化されパッケージ化された商品として供給することにはなじまない。これに柔軟性に専門性をもって対

応できるような事業者の組織的力量を必要とする。

　人権が侵害され貧困な状態におかれた人は家族・親族がなかったり孤立していたり権威主義的な関係にとらわれていたりする。またその人が居住している地域社会自体に共同関係が希薄になっていたり，共同関係があっても社会的弱者を排除する関係が生きていたりする。そのような地域で事業活動を展開する供給主体には，社会福祉サービスの提供過程それ自体が家族と地域の「生活関係」の活性化や民主化につながるように作働することの必要性がここから生ずる。このような役割は営利企業や地域との連携を欠いた事業者が担うことは困難である。

　人権問題や貧困問題に対応する業務は，公的な財源による裏付けのある事業をこなすだけの事業者には担いきれない。当事者の必要に答える活動を通して現行の制度や援助技術の限界を発見し新たな制度課題や援助技術の研究開発にフィードバックする機能が期待される。このような「開拓的・研究創造的役割」の発揮には，利用者・住民・研究者との連携や専門的人材の確保が必要である。このような機能は社会福祉法人や医療法人には実績があるが，営利企業には未知数である。

　社会福祉は権利保障にかかわる課題であり，それを必要とする人に必ずとどけられる必要があるものである。それがなされないと国・地方自治体は生存権保障の公的責任を果たしたことにはならない。国・地方自治体が直接的なサービス供給主体から撤退するなら，援助を必要とする人に必要なサービスが必ず届けられるよう民間事業者を支援することで責任を全うし，権利主体と住民連帯が強まる方向での支援に国・地方自治体はどうかかわるのかが問われる。

障害程度区分：障害者自立支援法に基づく給付を受ける際に，障害をもつ人の障害の程度を市町村に設置された審査会で審査・判定される。これにより受けるサービスの種類や量が制約をうける。
要介護認定区分：介護保険法に基づく給付を受ける際に，要介護や要支援状態を7段階に分けて市町村の認定審査会で審査・判定される。これにより介護保険給付の上限が設定される。

[推薦図書]

石倉康次・玉置弘道編著（2002）『講座 21 世紀の社会福祉第 4 巻　転換期の社会福祉事業と経営』かもがわ出版
　社会福祉施設における社会福祉事業の実践に携わる人と研究者とが共同して，規制緩和政策の下で揺れる社会福祉事業経営の実際と大切にされていることは何かを明らかにしている。

訓覇法子（2002）『アプローチとしての福祉社会システム』法律文化社
　医療，年金，福祉，公的扶助（生活保護）を含む社会保障の動態を社会システム全体の中で位置づけて明らかにしている。国際的な研究動向を踏まえた包括的な研究案内の書でもある。

渋谷博史・平岡公一編著（2004）『講座・福祉社会第 11 巻　福祉の市場化をみる眼』ミネルヴァ書房
　社会保障／社会福祉分野への市場原理の導入や企業参入の実態を日本とアメリカの現実をもとに実証的に明らかにしている。

[設　問]

1．公的社会福祉事業で提供されるサービスが一般市場で供給されるサービス商品と異なる点はどこにあるか，またどのような公的規制が必要であるか考えてみましょう。
2．社会福祉事業分野に参入した企業が投資に見合う収益を見込めないときに退出・撤退する事態をどう考えればいいのでしょう。

　　　　　　　　　　　　　　　　　　　　　　　　　　　　　　（石倉康次）

第9章

過剰消費と社会経営学
——公共性の転換——

　不安定な経済的・社会的状況の中で，どのような経営の未来展望を読み取っていったらよいのでしょう。たんに個別企業の経営の内部だけをみていても，その未来は見えてこないのではないでしょうか。個別企業の経営を大きな構造転換の中におき，その経営のあり方を展望していくことが必要なのです。また，私たち自身の価値のあり方も，目先の利害から離れて，他者と協同する経営価値を実現していく方向に転換していくことが求められるでしょう。

1　問題化の視座転換

　消費社会論の先駆者であるT. ヴェブレンは，19世紀末に，「衒示的消費」を「浪費」として批判した。「衒示的消費」とは，いわば「見栄消費」であり，いまなお現代の消費スタイルの底流をなしているが，彼はその特徴を次のように語っている。

　「有閑階級は，名声という点で，社会構造の首位に立っている。だから，その生活様式なり，価値の標準なりは，その社会の名声の規範をあたえる。ある程度それに近づくように，この標準をまもることは，低い階梯のあらゆる階級が，しなければならぬ義務となる。……（中略）……その結果は，各階層の成員は，そのつぎの上位の階層におこなわれている生活様式を，見苦しくない生活の理想としてうけとり，その理想にかなった生活をおくるようにつとめるということになる。」(Thorstein B. Veblen〔1899〕*The Theory of Leisure Class : An Economic Study in the Evolution of Institutions*, York, p. 84 ［T. B. ヴェブレン／小原敬士訳〔1961〕『有閑階級の理論』岩波書店，84頁］)。

　こうした「衒示的消費」について，ヴェブレンは，たんに現代における消費

の変容を描写しようとしたわけではない。むしろ,「浪費」として捉え,「衒示的消費」が「人間生活なり,人類の福祉全体なりに役立たない」点を社会問題化した (Veblen〔1899〕p. 97〔ヴェブレン〔1961〕97 頁〕)。この視点は,今日の消費社会批判にも引き継がれている。例えば,J. B. ショアは,こうした消費が「膨大な浪費」であるばかりでなく,それが「働きすぎ」と結びつき,「働きすぎと浪費の悪循環」に陥っている点を批判し,新しい「生活の質」(ダウンシフター)への根本的転換を主張している (Juliet B. Schor〔1988〕*The Overspent American : Why We Want What We Don't Need*, New York, Basic Books〔J. B. ショア／森岡孝二監訳〔2000〕『浪費するアメリカ人——なぜ要らないものまで欲しがるのか』岩波書店〕)。たしかに,現代の消費(過剰消費)は,快楽だけで語れない。快楽の中に反社会的なリスクすらある。

近年の「企業不祥事」を思い起こしてみよう。雪印集団中毒事件 (2000 年),三菱自動車クレーム隠し事件(2000 年),雪印・日本ハム国産牛肉偽装事件(2002 年),ヤフー BB 450 万人顧客情報流出事件 (2004 年),JR 西日本福知山線脱線事故 (2005 年),明治安田生命保険金不払い事件 (2005 年),耐震偽装事件 (2005 年),ライブドア証券取引法違反事件 (2006 年),コムスン介護報酬水増し事件 (2006 年),パロマ・リンナイ・松下電器湯沸かし器死亡事故 (2006〜07 年),NOVA 中途解約受講料返還訴訟事件 (2007 年),グッドウィル違法派遣による業務停止事件 (2007 年),中国製ギョウザ農薬混入による中毒被害事件 (2008 年) と,様々な財やサービスと関わった事件が頻発し,「製品(使用価値) リスク」は社会にとっても恐怖である。

失業問題は現代社会の大テーマであったが,いまや消費の世界も危機的のようだ。生産や消費のあり方を規定する現代経営のあり方が根本的に問われている。だが,現代の経営学は,この問題にいかに答えていくべきだろうか。

「経営と社会環境」という既存の問題設定では,解決の展望はみえてこない。解決主体問題(資本から社会へ)が欠如しているからである。むしろ,「社会の

ダウンシフター:J. B. ショアは,『浪費するアメリカ人』の中で,物質主義的傾向と,働きすぎと浪費の悪循環に結果する苛烈な消費競争の傾向に反発し,収入や支出を減らしても,ゆとりのある生活を自発的に選択する人たちのことをダウンシフター (downshifter:生活減速者) と呼んでいる。

中の経営」として社会主体的な視座から構造的に捉えていく方法への転換が必要なのではないか。本章は，かかる視点から，社会危機を超える経営の展望を読み取っていきたい。

2　生産・消費と商品経済社会

　どんな特定の地理や歴史に関係なく人間社会一般において，生産と消費は相互に媒介しあい依存する関係にある。衣・食・住ばかりでなく，教育，芸術，スポーツ，レジャー，政治に至るまで，およそ人間の消費は，消費の対象や手段が生産されていなければ，実現しえない。生産なしに消費はなく，生産は消費の対象，消費の様式，消費の衝動を作り出している。他方，消費は生産を媒介する。生産物は，消費によって現実的な生産物となる。汽車の走らない鉄道は鉄道とはいえない。人間の交通手段として機能（消費）して初めて鉄道となる。また，消費は，新しい生産の欲望を創造する関係にある。車の消費が新たな車を欲望するように。生産と消費は，このような相互依存関係のなかで，常に人間の生活を支えている。したがって，人間社会において生産と消費は，バラバラにそれ自体として成立しているのではない（Karl Marx〔1953〕*Grundrisse der Kritik der Politischen Ökonomie*, Dietz Verlag, Berlin, S. 11-16〔K. マルクス／高木幸二郎監訳〔1958〕『経済学批判要綱』大月書店，12-16頁〕）。

　さて，労働力までも商品化し，最高度に発展した商品経済である資本主義のもとでは，生産と消費が歴史的な特徴をもっている。

　商品経済における生産と消費は，生産手段の私的所有関係から，私的生産と私的消費との関係に置かれている。したがって，生産と消費の関係は，所有関係によって分離された関係としてある。だが，この分離が結合されなくては，相互依存関係を失って，人間社会の活動として意味をなさない。それゆえ，商品経済にあって生産と消費は，その私的労働が自らの利益を損なわないように商品化され，商品・貨幣といった**物象的関係**を介して関係づけられていくことになる。

　この生産と消費は，商品関係に媒介されることによって，商品をめぐる売り

手と買い手の関係に立つ。私的労働に基づいた生産物は，商品形態をとり，商品として交換価値と使用価値の二重性をもって，売買関係に立つのである。前者は，私的労働の量的関係を表すものであり，いわば「価格」を意味し，後者は，その質的関係を示すものであり，パンや服や住宅などのように，生産物に与えられた具体的な「有用性」を意味する。こうした商品交換における売り手と買い手の関係は，次のような関係となる。

「労働力の売買が，その限界のなかで行なわれる流通または商品交換の部面は，じっさい天賦の人権のほんとうの楽園だった。ここで支配しているのは，ただ，自由，平等，所有，そしてベンサムである。自由！　なぜならば，ある一つの商品たとえば労働力の買い手も売り手も，ただ彼らの自由な意志によって規定されているだけだから。彼らは，自由な，法的に平等な人として契約する。契約は，彼らの意思がそれにおいて一つの共通な法的表現を与えられる最終結果である。平等！なぜならば，彼らは，ただ商品所持者として互いに関係し合い，等価物と等価物とを交換するのだから。所有！なぜならば，どちらもただ自分のものを処分するだけだから。ベンサム！なぜならば，両者のどちらにとっても，かかわるところはただ自分のことだけだから。彼らを一緒にして一つの関係のなかに置くただ一つの力は，彼らの自利の，彼らの個別的利益の，彼らの私的利益の力だけである。」(Karl Marx, *Das Kapital : Kritik der politischen Okonomie*, Band, Dietz Verlag Berlin, S. 102〔K. マルクス〔1971〕マルクス＝エンゲルス全集刊行委員会訳『資本論』第1巻第1分冊，118頁〕)

このように商品所持者たちの関係は，商品交換の関係に基づいて，自由・平等・所有・ベンサムの関係に立っている。したがってまた，交換の結果としての消費は，自利の実現となり，その所持者の自由に委ねられていく。とはいえ，「天賦の人権」も，商品交換が行われなければ成立しない。自利は，商品交換が可能になってこそ実現するのであり，交換関係に規定されている。売れない商品は商品ではなく，また自由でも平等でもない。走らない電車は電車ではな

物象的関係：商品経済における私的労働のあいだの関係が，直接に社会的にではなく商品形態をとった関係に媒介されていくことを物象化といい，商品形態を介して成立する関係を物象的関係という。商品経済で人間は，この物象的関係の人格化（担い手）としての行動を余儀なくされる。

いが，商品経済のもとでは料金を支払って利用する乗客がいなければ電車とはいえない。また，売れない労働力は，職を得ることができず，生活自体が成り立たない。それゆえに，どんな生産物であれ，商品として販売するために必死であり，交換は「命がけの飛躍」を遂げなければならない。

　商品生産を担う私的企業（資本）は，生産手段と労働力を結合させ，生産過程（価値増殖過程と資本家的労働過程の二重性をもつ）を編成するのであるが，その生産の目的は，剰余価値の実現にある。剰余価値は，労働者からの労働搾取によって生産される。したがって，労働者に長時間労働を求めたり，生産方法を改良（協業，マニュファクチュア，機械制大工業）して剰余価値の獲得を図っていく。生産方法の改良は，道具から機械への生産手段の革新ばかりでなく，労働の規模の拡大とともに，労働秩序を調整する「組織」も発展させることになる。組織の管理機能は，資本の機能に即応して，労働に対する支配を本質としており，専制的な組織的特徴を帯びていく。

　ところで，この労働を担うのは，労働力を商品化する賃金労働者であるが，ここで販売する労働力は，一定の時間に限ってのみ販売するにすぎない。労働者と資本家との関係は，市場の交換において互いに商品所持者として関係を結ぶのであり，両者は売り手と買い手の関係として，法的には平等な関係にある。労働者は，労働力を販売してもそれに対する自分の所有権は放棄していない。しかし，販売した後の賃労働では，その消費を資本家に委ねているのであり，本質的に服従たらざるをえない。労働者の意識も，与えられた賃労働や組織を担う限りでのものであり，労働者の個人的意志は無用なものとされていく。それゆえに，労働者は「おずおずと渋りがちに」工場に入らざるをえないのだ。

　さて，私的企業が目的とする剰余価値の獲得は，生産過程では完結しない。その獲得は，生産物が商品として販売されてはじめて実現することになる。それゆえに，交換における商品の販売は，生産過程が完結する条件でもある。この販売が成立しない限り，剰余価値は実現しないし，また剰余価値を資本に転化していく企業（資本）の拡大再生産もありえない。したがって，企業の成長は，企業活動の結果（販売状況）に規定され，その発展が左右されていくのである。

この発展の過程を，資本と労働の移動自由を条件として展開する企業全体の活動（社会的総資本）においてみてみよう。バラバラな企業活動（個別資本運動）がもたらす経済変動においては，商品経済法則が作用することにより，企業活動が再調整されていく仕組みが成立している。例えば，商品価格はその需給関係によって変動し，供給過剰になると価格は低下し，生産が縮小されてくる。逆に需要過剰であれば価格は高騰し，生産拡大が進展していく。また，資本移動は，利潤率の低い産業部門から高い産業部門に行われていくことから，それぞれの産業部門での利潤は平均化されてこざるをえないといった法則が作用している。このように商品経済の法則が作用することにより，企業活動のあり方を左右する。個々の企業は，利潤増大を求めて，無政府的に生産拡大を追求していくのであるが，その活動は，自由自在に展開されていくわけではない。市場の変動に媒介されて，その活動の盛衰があるのである。

　ところで，企業全体の活動における無政府的な生産拡大は，過剰生産に結びつくが，社会的な規模で絶対的な過剰生産に至れば，恐慌・不況となり，その過剰生産がドラスティックに調整されざるをえなくなる。企業（資本）の発展は，常に拡大再生産を求めていくとはいえ，ただ一方的な拡大だけがあるのではない。市場の変動が，資本の再生産構造を媒介し，そのような形で自立的な再生産運動が成立しているのである。いわば「市場の自動調節メカニズム」（「見えざる手」）の作用によって，資本の再生産は「自動的」に調整されている。とはいえ，後にみるように，その調整の限界を打ち破っていくのも，資本運動なのであり，その自律的な調整はエンドレスのものではないのだが。

　以上のように，資本主義の市場経済においては，私的労働の関係が物象化され，商品・貨幣・資本といった経済的諸範疇に支配されながら，自立的な再生産構造の運動を成り立たせている。人間の歴史を商品経済の生成という点から振り返ってみれば，「商品交換は，共同体の果てるところ，共同体が他者としての共同体またはその成員と接触する点で始まる。しかし，ものがひとたび対外的に商品になれば，それは反作用的に共同生活内部でも商品になる」（Karl Marx, *Das Kapital*, S. 172［マルクス〔1971〕151頁］）と捉えられ，共同体の中でのこの商品交換が最高度に発展してくるのが資本主義の商品経済なのである。

その商品経済の構造が，資本主義において自立的な運動を形成している。それゆえに，マルクスは，**土台一上部構造**という概念で近代社会の構造をとらえ，土台としての商品経済が社会から自立して構成され，それが政治的，および精神的な社会諸関係（「上部構造」）を規定していると捉えたのである。そしてまた，土台たる商品経済に近代的な「私的領域」成立し，「公的領域」は上部構造に位置付けられてくることも，資本主義の特徴といえよう*。

* 近代的な「公的領域」概念は，「私的領域」（商品経済）との関連で成立するのであり，歴史的な概念として把握することが肝要である。

こうした物象的・自立的な商品経済の構造において，生産と消費は，交換関係（あるいは市場変動）という形で，「内的な統一が外的な諸対立において運動する」（Karl Marx, *Das Kapital*, S. 189-190 ［マルクス〔1971〕230頁］）こととなり，その対立において再生産構造が条件づけられることになる。商品交換における外的な対立は，自立的な商品経済の構造を支えながらも，この構造の「アキレス腱」（矛盾）として構造化されているのである。

3 独占企業の「社会管理制度」

1 独占と過剰消費

以上のように，資本主義の商品経済は，物象的な自立的経済システムとしてある。生産と消費を外在化し，商品の売買関係に転化させながら，自立的な物象的再生産構造を成立させているのである。しかし，現代の資本主義においては，その自立性が瓦解し，構造的な変容を余儀なくされている。

資本主義の市場経済は，19世紀末以降，大きな変化を遂げてきた。アメリカをはじめ先進資本主義諸国では，鉄道，鉄鋼，金属，自動車などの重工業において，資本の集積・集中が進み，**固定資本**（機械や設備）の巨大化を進展させてきたが，同時にその巨大化は，資本主義の構造を変質させるものであった。

土台一上部構造：近代の社会構成体を全体として捉えるためのカテゴリー。建築物が土台の上に様々な構造をつくるように，近代の社会構成体は，社会の経済的構造，すなわち土台たる生産関係の上に，政治・法律・宗教等々がうち立てられていることをいう。

すなわち，固定資本の巨大化は，資本移動の自由を困難化させることにより，過剰資本の処理が困難化する。過剰資本は企業内部に沈殿され，過剰資本の恒常化をもたらすことになる。

資本主義の自立的な経済システムからすれば，市場の「自動調節メカニズム」が機能し，全般的な過剰生産（過剰資本）が起これば，恐慌によって暴力的に自動調整されていくことになる。しかし，企業内部化したこの恒常的な過剰資本は，市場の「自動調節機構」によっても調整されずに，利益の減少・喪失をもたらし，資本の再生産を阻害し，資本の危機を迫るものとなる。それゆえに，かかる危機を回避するために，過剰資本の処理をめぐり，大企業は，「支配・強制という社会関係*」を不可避としていく。この「支配・強制という社会関係」こそ，独占を意味するものであるが，それにより過剰資本を処理する過剰消費が実現されねばならない。

* 篠原三郎〔1994〕『現代管理社会論の展望』こうち書房，49頁。また，独占概念については，同書第一章「現代資本主義と独占」に依拠している。また，現代資本主義論の理論状況については，伊藤誠『現代の資本主義』（講談社，1994年）が参考となる。

この社会関係の具体的な形態としては，カルテルやトラストといった資本の組織化，流通の組織化やマーケティングを通じた新たな市場開拓がある。この市場開拓は，未来収入を先取りする消費者信用，マス・メディアを利用した大量広告など多種多様な形態が開発され，消費者を組織化していく。これらの組織化は，企業間関係，企業と消費者の関係を，大企業により権力的に制度化された交換関係に転化していくものであり，生産と消費の関係を社会的に統合する体制を築くものだろう。資本主義一般の構造として生産と消費の関係は，物象化・外在化され，市場の交換関係に転化されていくが，この制度化による社会管理は，この物象的な交換関係を媒介し，「支配・強制」を特徴とした社会的交換関係を形成していくのである。

固定資本：生産物への価値移転という点から資本を捉えたとき，原材料や労働力のようにそのつど全体として価値移転されていく資本を流動資本といい，また機械や設備など，固定され継続的に価値移転していく資本を固定資本という。この固定資本の巨大化は，資本移動を困難化し，資本主義のあり方を変容させる意義をもっている。

ところで，過剰資本の恒常化は，他面で労働過剰の常態化を意味するが，この労働過剰は過剰消費の強制していく活動を生みだしていく。労働過剰は，一方で労働（者）の過剰を削減していくことであり，他方ではよりいっそうの合理化，効率化のために過重労働を強要していくことでもある。後者からみれば，現代の官僚制組織や，**テーラー・システム（科学的管理法）**，人間関係論などの労働者管理によって，より一層の合理化が組織化されていく。この組織や管理も，後にみるように労働力商品をめぐる売買関係を社会的・制度的に統合していくのであり，過剰消費を強制する社会管理制度の構成部分をなすものとなる。そしてまた，かかる社会管理制度による「合理化」は，「生産の劣化」をもたらし，「製品（消費）の劣化」と結びつくことになる*。

*　ここでの「生産の劣化」は，過剰資本の圧迫に規定され「製品費用」がより一層切り下げられた生産のあり方をさす。これにより製品の質（使用価値）が「劣化」する。

　前者の側面にあった労働過剰をみれば，労働過剰の常態化は，労働者の過剰となり，人員整理が進められ，失業を生みだしていかざるをえない。また慢性的な失業は，労働者の生活を困難とし，彼の生存にまでかかわっていくだけに，資本主義体制そのものの存立の可否を問うものとならざるをえない。それゆえに，労働者たちの組織化がすすめられ，政治的な運動が展開されていくことになる。20世紀の社会主義は，そのような労働者たちの政治運動が生み出したものであり，現代資本主義を歴史的な過渡期として現実化する運動であった。

　このような対立関係を孕みながら，独占企業の社会管理制度は，過剰資本の処理システムとして，過剰消費を実現していく新たな企業体制を構築したわけであるが，そこには，物象的な売買関係を超えていく新たな政治形式が組み込まれている*。社会管理制度は，「支配・強制という社会関係」を特徴としているとはいえ，物象的な交換関係を社会的に統合する制度形式としての特徴を備えている。言い換えれば，交換関係における私的関係を統合する「権力的・政治的関係」（したがってまた「公共的関係」）ともみなしうる。もちろん，この

テーラー・システム（科学的管理法）：F. W. テーラーが提唱した労使協調的な工場管理の方式。工場作業の時間的分析に基づく課業（ノルマ）の設定，職能別職長制の導入による課業達成組織の整備，差別的出来高給を特徴とする賃金制度，「高賃金・低労務費」のイデオロギーから構成されている。

社会管理制度による生産と消費の統合は，実質的に過剰消費を強制していくものであり，形式的にも独占企業に主導性があり，また抑圧的な特徴を帯びているが，その歴史的意義を看過すべきではないだろう。

* 社会主義体制への継承性を把握していく概念として「生産の社会化」という概念がある。しかし，社会性という限りでは，資本主義の生産様式，社会主義の生産様式に共通した一般的性格であり，社会的である。問題はその歴史性把握にあり，生産様式の歴史的相違を明確に区別した上で，その歴史的意義を捉えていく必要があったように思われる。

ところで，この社会管理システムの具体的な形態としては，社会的・歴史的に捉えられていく必要があろうが，ここでは，社会管理制度の体制が整えられていく第二次世界大戦後のアメリカを想定しながら，その現代的な特徴を捉えていこう。

2 社会管理制度の現代的特質

現代製造企業の特徴について A. D. チャンドラーは，①大量生産システム，②事業システム，③「管理的調整」を指摘している（Alfred D. Chandler, Jr. 〔1977〕*The Visible Hand: The Managerial Revolution in American Business*, Harvard University Press［A. D. チャンドラー Jr.／鳥羽欽一郎・小林袈裟治訳〔1979〕『経営者の時代』（上・下）東洋経済新報社］）。

すなわち，生産のオートメーション化やフォード・システムによって構築される巨大な大量生産システムであり，販売，製造，購買，原材料生産，研究所などの諸事業を大規模に統合する事業システムであり，そしてまた，それらの諸事業を指揮・監督する階層的管理組織により，原料の供給者から最終消費者に至る流れを管理的に調整することである。この三点の中で要になるのは，②であろう。事業システムは，「複数事業制」としてあり，その諸事業の統合が現代企業を特徴づけると捉えられている。そしてこの統合のあり方には，「前方統合」と「後方統合」があり，前者は，販売を促進していくために販売，購買，輸送などの諸事業を水平的に組織化することであり，後者は，原料確保やコスト低減のために原料や半加工品を製造する諸事業を垂直的に組織化する統

合である。とりわけ前者の前方統合は，この企業体制を完結させるものであり，「管理的調整」そのための手段としての役割が与えられてくるものである。

　このように現代企業は，単一の事業を専業してきた古典的な近代企業と異なり，前方・後方への複数事業の統合を特徴としてきたとみてよい。またかかる企業体制は，「大量生産システム」における圧力が，諸事業の組織化・統合化をもたらすものとしてある。そしてその圧力の内容をなしているものこそが，過剰生産能力（過剰資本）の存在であろう。大量生産システムのこの圧力が，前方・後方への複数事業の統合を必然化し，管理的調整を成立させていくのであり，そこに過剰消費を強制していかざるをえない現代企業のロジックが横たわっているのである*。

　　* チャンドラーのロジックは，「近代企業による管理的調整が市場メカニズムによる調整と比較して，生産性においてもコストにおいても，さらにまた利潤においても，優越する」（Chandler〔1977〕p.6〔『経営者の時代』（上）12頁〕）ようになる点に求められている。しかし，近代企業が，現代資本主義においてなぜそのような「優越」を生みだすのか，その内的論理は明らかではない。過剰資本からの視点は，その点を踏まえ，概念化しようとするものである。

　ところで，チャンドラーのいう「統合」を，社会管理制度と捉えなおしてみれば，生産と消費を結びつける現代的形態なのであり，製造と販売を結びつけ，社会的・制度的に組織化する企業体制とみることができよう。事業システムが社会管理制度の組織形態であり，「管理的調整」がその運営方法をなすのである。また，複数事業制は，社会的分業（諸事業）が企業内に包摂されることであり，企業間関係（取引関係）が企業内部化していくことを意味しよう。個別的な取引関係であり，また部分的ではあるが，生産と消費の関係が企業の内部に包摂され，「管理的調整」という形で社会管理がシステム化されているのである。

　とはいえ，社会管理制度として，その全体構造を捉えていくためには「管理的調整」の内容に立ち入る必要がある。チャンドラーによれば，この調整は，「階層的管理組織」によって担われるものと把握されているのであるが，その管理組織は「現代的官僚制」として捉えられ，労働者の組織化を内包する特徴

を伴っていよう。

　官僚制組織は，しばしば厳格な服従を特徴とする組織形態と捉えられていくが，同時に組織と個人との関係を踏まえていく必要がある。現代官僚制は，組織と個人の交換関係を包摂した官僚制組織なのである。もともと，組織はそれ自体として「資本の論理」を本性とするのではなく，相対的に独自な論理において存在する*。しかも，資本家的に構成された組織としては，すでに指摘したように労働者との雇用関係に基づいて形成された専制的な組織秩序を構成するにすぎない。そこでは，時間決めで組織労働するだけであり，労働の動機は，企業組織の外に位置する生活過程にあり，労働者自身の私事（自利）にある。それゆえ近代企業では，就業秩序が中心となり，就業規則や賞罰規程のような規則によって近代企業の資本家的組織秩序が形成されてくる。

　　* 官僚制組織を，「資本の論理」との相対的独自性においてとらえ，ウェーバー官僚制論から変革の論理を展望したものとして，小阪隆秀氏の見解がある。（「経営組織と官僚制——ウェーバー官僚制組織における支配の構造」稲村毅・百田義治編著〔2005〕『経営組織の論理と変革』ミネルヴァ書房）

　しかし，独占企業においては，そうではない。階層的管理組織を担う労働者は，雇用期間の長期化，労働市場の内部化（昇給・昇進）を特徴としている。そこでは，雇用関係ばかりでなく，組織関係において企業と労働者の長期的な関係が前提となっており，労働者の組織化が特徴的である。労働への動機は，労働者の私事（自利）に委ねられていくのではなく，特定の企業と関係づけられており，現代官僚制の重要な構成部分となっている。バーナードが「組織の存続」を価値前提し，その存続条件を組織と個人の関係に求め，貢献＜誘因の関係を捉えていったのは，かかる現実を踏まえてのことだろう。現代の官僚組織は，より合理的で効率的な労働（過剰労働）を引き出していくために，特定の組織への貢献を求める労働者管理を不可欠とするのである。言い換えれば，労働力商品の売買関係の統合（労働市場の内部化）ばかりではなく，労働力の

バーナード（C. I. Barnard, 1886-1961）：『経営者の役割』の著者で，近代的組織論の代表的な論者である。彼は，組織をシステムとして捉え，組織の成立，組織の存続条件を明らかにした。組織の内部均衡の確保は，人間の満足に依存した「能率」の達成にあると主張した。

生産過程にまで管理を拡張させている。

　ところで,「階層的管理組織」は,企業全体の方針（計画と資源配分）を決定していくトップ・マネジメントと,企業に内部化された生産から販売に至る諸事業の管理や調整を図っていくミドル・マネジメントにより構成される。各事業間の管理的調整にかかわる業務は,かかるミドル・マネジメントによって担われていくわけであるが,こうした管理者層による管理には,M. ウェーバーが描いた「合法的支配」の「最も純粋な類型」としての官僚制組織に共通する次のような特徴がある（Max Weber〔1972〕S. 126-127［M. ウェーバー／世良晃志郎訳〔1970〕『支配の諸類型』（経済と社会：第一部第3章）創文社,20-21頁］）。

　a．官僚は人格的に自由であり,没主観的な職務に服従する。
　b．明確な職位の階層制の中にある。
　c．明確な職務権限をもつ。
　d．自由な契約に基づいて任命される。
　e．選抜は専門資格に基づいて行われる。
　f．貨幣形態での俸給を受け,通常は年金請求権を与えられる。いつでも職位を去ることができるし,一定の条件の下では首長によって解任される。俸給は階層制の中の職位に従って等級づけられる。
　g．職位は官僚の唯一のまたは主たる職業である。
　h．昇進は在職年数や功績に基づいて行われ,その判断は上司に委ねられる。
　i．管理手段の所有から完全に分離されて,職位を占有することなく働く。
　j．厳格で統一的な職務規律と統制に服する。

こうした官僚制組織において労働者は,組織人格として自発的に職務に専念することを求められ,組織価値への一体化を遂げていく。「的確,迅速,一義性,文書にたいする精通,持続性,慎重,統一性,厳格な服従,摩擦の除去,物的および人的な費用の節約」（Max Weber〔1972〕S. 561-562［ウェーバー／世良晃志郎訳〔1960〕『支配の社会学Ⅰ』〔経済と社会：第二部第9章〕創文社,91頁］）が組織人格の特性となり,「組織の歯車」のごとく組織効率性に専念していくことになる。

　過剰労働を強制していくためには,労働の効率化に留まらず,労働者管理を

通じて組織の効率化を最大限に高める必要があったのであり，現代の官僚制は，ここにその本質がある。効率性を高めるために労働者の人格が動員されていくのであり，そのために労働力の売買関係が企業内部化され，官僚制組織によって自発的な過剰労働が実現されてきたのである。それゆえに，企業労働者は，官僚化し，会社主義的な働き方を身にまとうのだといえよう。

　次に，社会管理制度を完結させていくところの消費者の組織化に目を転じていこう。

　消費者の組織化は，狭い意味での顧客組織化（会員，友の会など）とは異なり，一般的な消費者に対する組織化を問題にしている。この組織化に明確な組織制度があるわけではないが，単なる売買関係を超えて消費者の欲望に働きかける管理体制を指し，社会管理制度を構成するものとして概念化していきたい。具体的には，マーケティングの体系的な展開としてあり，製品差別化，価格政策，広告活動，信用＝割賦販売などで構成されている。なかでもそれらの展開の基礎となるのが，「製品差異化」であろう。

　もともと資本主義の発展は，大量生産を発展させ，価格（交換価値）も製品（使用価値）も，市場の論理によって競争的に形成されるにすぎない。企業の製品は，競争の結果として平準化・画一化され，いわば「コモディティ」（日用品）として売買されていく傾向をもつ。しかし，過剰資本の恒常化する独占企業においては，流通過程が事業システム化され，消費者を直接に組織化していく多種多様なマーケティング技術が展開されている*。その技術の展開の基礎にあるのが，製品の差異化である。この差異化は，自社の製品を他社製品と区別し，消費者の関心を引きつけていくものであるが，そのために商標，包装，デザインなどの外装が製品に与えられる。この外装によって製品は，個性化され差異化されていく。こうした差異化は，特定の製品と消費者を結びつける紐帯の役目を果たすのであり，製品政策を展開する前提となる。

　＊　独占とマーケティングの関係については，森下二次也「現代流通の展望」阿部真也・鈴木武編（1983）『現代資本主義の流通理論』大月書店，を参照されたい。

　さらに，この製品の差異化を前提として，大衆品から高級品に至る製品多様化をすすめ，それに合わせた価格政策が展開され，独占価格を実現していく。

また，製品政策としては，新製品開発，計画的陳腐化，市場細分化などが展開され，製品市場の拡大や既存市場の更新を行い，販売を増加させていく。新製品開発は，モード（流行の様式）を形成し，旧製品から新製品への買い替えを誘い，既存の市場を破壊しつつ新たな市場を創出していく。まさに「**創造的破壊**」がそこにある（内田隆三〔1987〕『消費社会と権力』岩波書店，参照）。このように過剰消費の強制は，自他の製品を競争的に破壊しながら，市場創出を実現していくことになる。消費者は，その外装に欲望を転移し，誘惑されていく。

また広告活動は，その製品政策を補完する重要な役割を負っている。新聞，雑誌，ラジオ，テレビなどのマス・メディアによる広告の展開は，製品に意味（例えば「衒示的消費」！）を与えることにより，消費者とのコミュニケーションを生み，購買意欲を醸し出すシステムとして作動し，コミュニケーション関係を構造化する。ショッピングへの動機は，消費者個々人の具体的な生活欲求から遊離し，広告が作る「仮想現実」によって醸成されてくる。さらに割賦販売（分割払い）も見逃せない。割賦販売は，所得の先取りという形での販売であり，未来市場の創出であり，また未来生活の拘束でもある。

このように過剰消費の強制は，様々なマーケティングの手法によって管理された消費者の組織化であり，マーケティングという社会管理制度によって生産と消費の統合化が構築され，「浪費」的な消費スタイルの強制を特徴としている。

3　社会管理制度の変容

ところで，1973年の石油危機以降，先進資本主義諸国では大不況に陥り，ケインズ主義的政策が破綻していく中で，大企業の社会管理制度も大きな変容を遂げている。この大不況の中で，先進資本主義諸国は，膨大な過剰資本の処理を困難にしながら，企業利潤率の低迷を余儀なくされ，構造的な危機に直面

創造的破壊：経済学者シュンペーターは，イノベーション（技術革新，マーケティングなどの革新）によって引き起こされる経済活動の新陳代謝を創造的破壊という言葉で表現した。現在では，企業活動の中で古いものを打破し全く新しいものを生み出す行動，という意味合いで使われることが多い。

することになった。大企業は，重厚長大型から軽薄短小型への産業構造の転換，製品の多様化・高級化，ME情報技術による経営合理化やフレキシビリティの増大など，新たな蓄積様式の再編を進めている。また，国際貿易の拡大や資本の多国籍化が進展し，国際的な競争を激化させながら，M&Aを通じた「世界的寡占」の再編が行われ，そのための規制緩和も進展している。さらに，現実資本の拡大から遊離した「余剰資金」が，不安定な経済環境の中で，為替，外国証券，商品取引，不動産，そして株式への投機的取引に向かい，「**カジノ資本主義**」の様相を強めている。

現代企業は，こうした構造的危機や競争の激化の中で，「事業の再構築」（リストラクチャリング）をすすめ，社会管理制度も大きな変容を遂げることになった。この変容の特徴を以下の四点においてみていきたい。

第一に，事業システムの統合において，企業間関係の内部化ではなく，外部的なネットワーク組織という特徴がみられることである。現代企業は，販売，製造，購買，原材料生産，研究所などの諸事業を垂直的に統合することにその特徴があったが，今日の企業にあっては，コスト削減や在庫圧縮をはかっていくために，諸事業をより効率的に連結し，製品の流れを企業全体の中で最適化していく「**サプライチェーン**」（供給連鎖）の構築を進展させている。このサプライチェーンは，企業内部化された諸事業だけではなく，外部の企業間関係の利用を含めて，モノの流れを全体最適化しようとするもので，その中で製販同盟や物流共同化などの戦略的提携や，アウトソーシング（外部委託）が積極的に活用されている。これらの企業間関係は，ライセンス契約・納入契約・合弁企業など協力的な契約関係を結び，「ネットワーク組織」を形成するのであるが，このことは，かつての垂直的な統合を柔軟化し，不安定化させていくことを意味しよう。大企業は，契約と契約解除の自由を拡大し，統合関係を柔軟化しながら，ネットワーク組織を形成し，また解体していくのである＊。

カジノ資本主義：1980年代から，投機的な国際金融取引が短期の利得をめざして活発になったことをさして，イギリスの国際政治経済学者，S. ストレンジは「カジノ資本主義」と呼んだ。膨大な過剰資金が国際的に流動化し，為替相場や金利，金融資産価格が必ずしも実体経済を反映しない形で激しく変動するようになった。

＊ ロバート. B. ライシュは,『暴走する資本主義』において,アメリカ企業のグローバル・サプライチェーンの展開を批判的に分析している。Robert Reidh（2007）*Supercapitalism : The Transformation of Business, Democracy, and Everyday Life*, Vintage Books ［雨宮寛・今井章子訳〔2008〕『暴走する資本主義』東洋経済新報社］

　第二に,企業と労働者との関係でも,統合の柔軟化が進行している。持続的な大不況と ME 技術によるオートメーション化は,一方で過剰労働力を削減しながら,他方で工場ばかりでなく事務部門においても労働を規格化・単純化し,非正規労働者を多用していくことになった。パートタイマー,派遣労働者,契約社員,アルバイト,業務請負などの非正規労働者は低賃金で短期雇用され,企業にとっては,人件費を圧縮し雇用調整を容易なものとしていく。労働者を長期雇用し,官僚制組織への全人格的な貢献を求めていく労働者管理から,かかる非正規労働者の雇用によって,労働力の柔軟化が進展することになる。過剰労働力の圧迫から,大企業は,正規雇用を前提とした雇用管理を崩し,雇用は権力的に差別化され,不安定化させられるのである。それは,労働者にとっては,"ワーキングプア"（働く貧困層）という新たな貧困を強制していく。また,世界的な労働過剰の深まりや資本の多国籍化の中で,失業や低賃金労働者がグローバルに構造化され,飢餓という貧困が広がっているのも,国際的な社会管理と結びついている。

　第三に,マーケティングにおいてブランド戦略が重視されていることである。ブランドとは,ネーム,ロゴ,マーク,シンボル,パッケージ・デザイン,色彩等により他社の製品と外装的に差別化され,管理化された使用価値をいう＊。国際競争が激化する中で,国内外の市場を独占的にコントロールしていくことは容易ではない。したがって,消費者の組織化を企業戦略として重視していかざるをえないが,このブランドにより,価格の優位性（高価格での販売可能性）を確保したり,製品へのロイアリティを高めたりして,個々の顧客との継続的な関係を築いていく。また,このブランド構築は,**ブランド・エクイティ**

サプライチェーン（supply chain）：供給者から消費者までを結ぶ,開発・調達・製造・配送・販売の一連の業務の流れをさし,このプロセスを統合する観点から,企業や組織の壁を越え,ビジネスプロセスの全体最適をめざす戦略的なサプライチェーン・マネジメントを展開する。

（ブランド資産価値）**を高め，企業価値を高めていく。M&A市場における企業価値に「ブランド価値」が挿入され，その価値が評価されていくわけであるが，このことはブランドが商品化され，売買されることでもある。いわば丸ごと組織された消費者が転売され，流動化するわけである。さらにまた，グローバリゼーションによる規制緩和の進展は，「製品の退化」の社会的な抑止力を失うことであり，冒頭でみたような「企業不祥事」を発生させざるをえない。ブランドはその信頼性を失い，不安定化することになる。

> * 石井淳蔵氏は，ブランドを交換関係において鋭くとらえ，「形式がその身分を脱して実体を支配しあるいは人を動かすという，逆説的な現実」（『ブランド 価値の創造』岩波書店，1999年）という「価値の創造」を発見したのであるが，ブランドの現象分析に留まっているために，ブランドのもつ歴史的意義を明らかにしえていない。
> ** ブランド・エクイティ論としては，Kevin Lane Keller〔1998〕*Strategic Brand Management*, Prentice-Hall, Inc.〔K. L. ケラー／恩蔵直人・亀井昭宏訳〔2000〕『戦略的ブランド・マネジメント』東急エージェンシー〕がある。

　第四に，株式会社制度において「株主中心主義」が強められた点がある。世界的な大不況，新自由主義的政策の破綻が，現実資本の蓄積の外部に過剰資金の流動性を高め，銀行その他の金融機関は直接，間接的に投機的な資金運用を拡大してきた。こうした過剰資金もあって，1980年代半ばから合併・買収（M&A）の活発化がみられた。企業価値は，より株価変動に規定され，株主価値の最大化が求められていく。「経営者支配」を強めつつあった株式会社制度は，株主（とりわけ機関投資家）からの経営関与が強められ，株式投資の視点からのガバナンス改革が進められるようになった。株式会社は「マネーゲーム」に左右され，株主重視の改革は，企業売買による労働者の大量解雇や地域経済の破綻をもたらしながら，実物経済からの遊離を加速していくのである。

　社会管理制度は，「支配・抑圧の社会関係」を本質とするものであったが，このような歴史的変容は，その形態を大きく変えながら，包摂と排除の柔軟化により資本の凶暴性を顕在化させ，次節にみる「非社会問題」を構造化させて

ブランド・エクイティ（brand equity）：ブランドが有する資産的価値を示す概念のこと。ブランドは，会計上は営業権・のれんなどとして扱われるが，企業買収した場合に被買収企業の株主に対して支払った金額が株価を上回る場合などに，その資産的価値が示されてくる。

いるといえよう。

4 「非社会問題」と社会経営学の課題

　過剰消費を本質とした社会管理制度は，みてきたように，個々の独占企業において，売買関係の「統合」という形態で，「生産と消費の分離・結合」をはかるものであり，いわば「独占的統合」を意味するものであった。もちろん，その統合は，その「分離・結合」を社会化・政治化する側面をもつとはいえ，物象的な商品関係そのものを止揚するわけではない。逆に，過剰消費の強制という本質からして，独占企業の社会管理システムは，一方で過剰商品化によりその「分離・結合」を拡張させていくわけであるが，他方では，生産と消費の退化を拡張させながら，かかる「分離・結合」から離脱させていく現象を生みだしている。労働と消費の退化は，近代社会の社会問題ではあるが，同時に近代的な社会システムによっては解決しえない「非社会問題」を出現させているのである。

　すなわち，生産（労働）には，低賃金や長時間過密労働といった労働問題ばかりでなく，失業，不安定就業などの「非生産（労働）」の問題があり，消費には，高価格や品質低下といった消費問題ばかりでなく，公害，巨大事故，飢餓，自己破産などの「非消費」の問題がある。さらにいえば，両領域を通じた環境破壊問題は，廃棄機能をもたない商品経済システムそれ自体がもつ「非環境」としての問題ともいえよう。そしてまた，「非社会問題」的な状況におかれた人々が国家の社会保障も受けられない**社会的排除**の問題も，「非国家」の問題として捉えることができよう。これらの問題は，近代的な経済的・政治的手法においては，解決しえない問題群をなしている。20世紀のメインテーマであった生産問題（失業！）から，さらに消費問題，環境問題，国家問題に至る新たな問題領域にまで，資本主義的な商品経済体制の限界が全面化しているといえよう。独占企業の社会管理制度は，商品経済的な生産と消費の矛

社会的排除　→第5章113頁参照

盾を解決させることなく，それを補完してきたわけであるが，結果として，過剰消費を拡大させながら，社会を不安定化し，人々を分断し排除していく問題を生みださざるをえない。

したがって，生産と消費の分離・結合は，もはや商品経済的な方法には留まれない。また「社会管理システム」を介した方法においても，その有効性を喪失させているといわざるをえない。それゆえに，その分離・結合は，脱近代の方向で再構成していく課題が生成してくることになり，新たな原理が必要となってくるのであるが，その原理は共同社会を構成する市民（生活者）が担わざるをえないものだけに社会理念が求められ，社会理念に基づいた公共的な関係が問題化されてくることになろう。生産と消費の分離・結合が，公共的な理念において探求されざるをえないのである。

とはいえ，独占企業は，すでに社会的・政治的な社会管理制度を展開してきていた。独占企業は，商品経済という自立的経済的システム（私的領域）の中でその経済活動を完結させることができず，社会的・政治的な制度（公的領域）を利用しながら，商品経済を拡張し，維持してきた。生産と消費の分離・結合は，社会的・政治的な形式によって「公共」的に「統合」されてきたのである。形式的な形ではあり，また部分的な限りであるが，公共的な関係が独占企業において成立していたのである。それゆえに，しばしば企業理念や**企業倫理**が問題化されてきたわけである（この視点からの優れた批判研究に，宮坂純一『企業は倫理的になれるのか』〔晃洋書房，2003年〕がある）。とはいえ，その「独占的公共」は，すでに検討してきたように，「非社会問題」を生むほどに反社会的な結果を伴っていた。それゆえに，企業における「公共性」の有無が問題というより，むしろその「公共性」のあり方が問題となってくるのである。官僚制組織であれ，ブランドであれ，あくまでも過剰消費を実現していくものであり，商品経済を全面的に拡張するものでしかない。むしろ，社会的な観点からそれらを理念化し，資本運動を規制し，抑止する社会的機能を制度化させて

企業倫理（business ethics）：企業行動とそれを実現する組織行動において，意思決定の理念的な価値基準となるものである。様々なステークホルダー（利害関係者）との相互関係において問題を解決し，企業の社会的責任を果たしていく企業姿勢を示すものとなる。

いくような「公共性」のあり方が求められてこよう*。こうした方向にある公共性を, 社会主体的な特徴をもったものとして「市民的公共性」と規定することもできようが, 問題は「公共性」の内容である。

  * 「社会経営学」を提唱したのは重本直利氏である。氏は,「社会合理性」という社会的価値視点からの経営改革論を展開されている。

　資本主義的商品経済の破綻により, 社会への依存を深めながら独占的企業体制を築いてきたのであるが, それを積極的に支えてきたのは国家であった。それゆえに20世紀前半は国家のあり方をめぐってその破綻からの脱却が論議されてきた。社会主義計画経済体制も国家主義的な域を超えるものではなく, 社会からの支持を失うことになった。社会主体のあり方が, あらためて問われざるをえないわけであるが, 社会管理制度の問題は, まさにそれを問うものとしてあり, 新たな「公共性の転換」を提起するのである。生産と消費の分離と結合は, 理念的な形で再建されていくにせよ, 社会構造的な再構築を必要とし, 社会主体的で, 社会民主主義的な社会管理（社会経営）方法が求められなければならない。それゆえに, 個別企業－産業―国家の全体構造が複合的に問題化されていく必要があるだろう。

　社会管理をめぐる「公共性の転換」は, 人類史的にみれば, 人間の自由の問題と結びついている。商品経済における生産と消費の分離・結合は, 物象的な方法によって一元的に関係づけられるにすぎない。私的所有によって分離・結合され, また商品交換によって関係づけられるほかはない。社会管理制度の生成は, たとえ独占企業において商品経済的な分離・結合を拡張するものであるにせよ, その制度的な結合形式が社会主体的な転換への可能性を与えたものだろう。したがって, 社会管理をめぐる「公共性の転換」は, 実質的な社会主体化が課題となってくるのであり, 社会管理の自由を現実化していく過程を意味していくことになろう。もちろん, 社会主体的であるがゆえに, その展開は, 一人ひとりが創造する市民的共同のあり方が社会的自由の未来を左右することになるのだが。

[推薦図書]

J. B. ショア／森岡孝二監訳（2000）『浪費するアメリカ人——なぜ要らないものまで欲しがるのか』岩波書店

 アメリカの消費社会を批判的に分析したもので，別書『働きすぎのアメリカ人』と共に，企業社会の文化状況をリアルに知ることができる。

篠原三郎（1994）『現代管理社会論の展望』こうち書房

 現代資本主義における管理の諸問題を理論的に明らかにしたもので，現代管理を読み解く基礎的な視座が得られる。

中村共一編（2005）『市民にとっての管理論』八千代出版

 現代管理の諸問題を社会的視点から分析したもので，市民の立場から現代管理のあり方を考えていく方法を学ぶことができる。

[設 問]

1．近年の企業不祥事の1つを取り上げ，その社会的・歴史的背景について論述してください。
2．「社会管理制度とは何か」について説明してください。

（中村共一）

終　章

共生社会の経営学
——変化する「社会と企業」の関係性——

1　経済競争的関係性から社会共生的関係性へ

1　「社会と企業」という二分法

　「社会と企業」という二分法的な見方は「企業中心社会」日本の現状を反映している。ここでは，まず社会の中心に企業があり，その企業を取り巻く社会という関係となっている。これに対し本章は「社会の一部としての企業」という見方に立つ。すなわち，まず社会という存在があって，その中で応分の役割と責任を担っている経済組織としての企業を捉えるという見方である。これは，企業によって社会が構成されているという見方ではなく，社会によって企業が構成されているという見方である。問われるべきはどのような社会がどのような企業をつくっているかである。

　企業によって社会が構成されているという見方は，戦後60余年，一貫して日本社会が企業中心にして構成されてきたという現実に起因する。この間，日本企業は日本社会の中で巨大化しその役割と責任は大きなものとなった。そして，その負の側面は，今日，企業不祥事（企業犯罪）の多発として，また様々な分野でのコミュニティ崩壊として顕在化している。日本経済団体連合会も「**企業行動憲章**」において「企業の社会的責任」（CSR）を大きく取り上げざる

企業行動憲章：企業活動・行動の基本的な考え方および指針を表わした倫理的な綱領。企業行動に関しての様々な国際的な取り決めとして，国連が提唱し2000年に定められたグローバル・コンパクト，また2003年に国連人権小委員会で採択された多国籍企業行動規範が有名である。日本では，日本経済団体連合会が1991年に「企業行動憲章」を制定し2004年に改定している。そこでは10原則が掲げられ，前文では「人権を尊重し，関係法令，国際ルールおよびその精神を遵守する」としている。

をえなくなってきた。また「企業市民（＝コーポレート・シチズン）」という言葉も使われるようになってきた*。

* 日本経団連は「企業行動憲章」を 2004 年 5 月 18 日に改定した。その序文（一部）は以下のように述べている。

「近年，市民社会の成熟化に伴い，商品の選別や企業の評価に際して『企業の社会的責任（CSR: Corporate Social Responsibility）』への取り組みに注目する人々が増えている。また，グローバル化の進展に伴い，児童労働・強制労働を含む人権問題や貧困問題などに対して世界的に関心が高まっており，企業に対しても一層の取り組みが期待されている。さらに，情報化社会における個人情報や顧客情報の適正な保護，少子高齢化に伴う多様な働き手の確保など，新たな課題も生まれている。企業は，こうした変化を先取りして，ステークホルダーとの対話を重ねつつ社会的責任を果たすことにより，社会における存在意義を高めていかねばならない。」

また，この憲章の 10 原則の 6 番目で，「『良き企業市民』として，積極的に社会貢献活動を行う」と明記されている。

(http://www.keidanren.or.jp/japanese/policy/cgcb/charter.html)。

この「企業市民」という言葉には，企業が社会の一部であり，社会を構成する「良き一市民」として振舞うことが期待されている。そもそも社会は，経済組織（分野）としての企業以外にも，教育，医療，福祉，地域，文化，家庭などの諸分野によって構成されている。この諸分野との共生関係性がその社会の性格である。こうした見方から企業を「社会の一部としての企業」と捉える。企業から社会を捉えるのではなく社会から企業を捉える見方から出発する。「企業中心社会」からの脱却は，まず何よりも企業が中心となって社会が構成されるのではなく，他の諸分野との共生関係性によって社会が構成されるということから出発する必要がある。それは企業をどのように問うのかの**パラダイム**（paradigm）の転換でもある。

日本の現状である「企業中心社会」をまずこのような他の諸分野との共生関係性から捉える必要がある。当然のことではあるが，企業は社会の一部であり，

パラダイム：T. S. クーンが『科学革命の構造』（*Structure of Scientific Revolution*）で唱えた言葉。対象の捉え方・問い方の方法に関する基本的な枠組み（方法論）。自然科学から始まったが，今では広く社会，人間を含む諸対象をどのように捉えるかの「思考の枠組み」をさす。新たな対象（現実）の登場がこれまでのパラダイムでは説明がつかない時，パラダイムの転換が必要となる。

決して社会の外に企業が超越して存在するわけではない。身近な例えで考えれば，心臓は人体の一部であり，人体の外に心臓が存在するわけではないのと同様である。また，心臓だけで人体が機能することはなく，他の肺，胃，肝臓，腎臓などの諸器官の機能との有機的連携の中で，健全な人体が形成される。社会も同様である。企業の論理ですべてが動くわけではなく，それぞれの分野（教育，医療，福祉，地域，文化，家庭など）の論理との有機的連携のあり方が健全な社会を形成する。だがこのことがこれまで等閑に付されてきた。

　ここでの健全な社会とは，企業が他の分野を従属させるのではなく，多分野・多文化の共生する社会を意味している。今日の日本社会は多分野，多文化共生社会とは言い難い。それは，企業がこれらの諸分野（教育，医療，福祉，地域，文化，家庭など）との共生関係性から疎外されていることに起因する。共生とは「ところを同じくして共に生きる（生かす）」ということである。「企業中心社会」の場合，すべてが企業の経済合理性を中心として，他の諸分野がそれに従属し，その結果として社会非合理性を生むことになっている。企業を社会の心臓に置き換えれば，心臓だけが異常に肥大化し，そのことによって他の諸器官に大きな負荷をかけ，器官機能が不全に陥り，人体の死に至るということである。企業活動の異常な肥大化によって，労働者を長時間働かせ，ストレスを多発させ，結果として教育，医療，福祉，地域，文化，家庭の諸分野が機能不全をおこし社会全体が崩壊するということである。

2　社会共生的経営の試み

　企業が，市場競争の下，いかに経済競争に勝つかの経済合理性を徹底追求するということが，これまでの社会の中心原理として働き，その下で日本社会が構成されてきた。こうした「企業中心社会」の競争関係性から多分野の共生関係性への転換が，今，求められている。それは経済競争的経営（Management for Economic Competition）ではなく社会共生的経営（Management for Social Symbiosis）である。

　社会共生の経営の1つの注目すべき事例を取り上げよう。現在，フィンランドの教育に世界の大きな注目があつまっている。2000年に始まったOECD

（経済開発協力機構）の学習到達度調査 PISA（Programme International Student Assessment）でフィンランドが学力世界一となったからである。日本の教育学関係者は「**競争しなくても世界一**」（福田誠治〔2005〕『競争しなくても世界一——フィンランドの教育』国民教育文化総合研究所）と表現してもいる。フィンランドは，まず自らの社会をどのように構成するかと考え，その結果，教育を中心にして社会を構成し直そうと改革を進めたのである。それはフィンランド社会の新たなソーシャル・マネジメント（社会政策，社会経営）を意味している。そこでのキーワードは「競争」ではなく「共生」である。

フィンランドは，権限を学校現場に委ね自治・自発性の中で，生徒一人ひとりの学ぶ力に依拠し教師がそれをサポートし，生徒同士も助け合って学び合うという「共生原理」の教育環境を創り上げた。学習の「競争化」ではなく学習の「共同化」である（庄井良信・中嶋博〔2005〕『フィンランドに学ぶ教育と学力』明石書店，251-256頁）。このことは，「一人ひとりが本心から学びたいという意欲は，他者との共同のなかで目ざめ，共同のなかで磨き合い，共同のなかで成長していく」（同上書，254頁）と整理できる。こうした共生的関係性に対し，イギリスは1980年代，学校経営に「競争原理」（競争的関係性）を導入したが，その結果，生徒の学力格差を大きくさせ，半数程度の生徒の学力低下が深刻な社会問題となった。その後，ブレア首相はその解決のために教育費を大幅に増額しなければならなくなった。

このフィンランド方式とイギリス方式のあり方は21世紀の学校経営にとって実に示唆的である。現在の日本の学校経営はイギリスのような「競争原理」

PISA：経済協力開発機構（OECD）が行っている「生徒の学習到達度調査」の略称。調査は2000年に第1回が行われ32カ国が参加，対象は15歳の生徒でその数は約26万5000人。その後，3年ごとに実施され参加国数および参加生徒数も増えている。これまでの能力調査と違って社会生活のための必要な知識や技能の測定のためのものである。読解力，数学的リテラシー，科学的リテラシー，問題解決能力の4分野に分かれている。（国立教育政策研究所監訳〔2007〕『PISA 2006年調査　評価の枠組み——OECD生徒の学習到達度調査』ぎょうせい，参照）。

競争しなくても世界一：PISAにおいて学力総合1位となったフィンランドの教育を表わす。フィンランドは生徒同士を競い合わせて学力を上げるのではなく，生徒同士の共生（互いの助け合い）および生徒の一人ひとりの興味・関心に合わせた教育によって学力を上げた。競争によらない学力向上を象徴する表現。（福田誠治〔2006〕『競争やめたら学力世界一——フィンランド教育の成功』朝日選書，参照）。

（競争的関係性）を本格的に導入しようとしている。

　もう1つの社会共生的経営の事例をとり上げよう。新たな企業育成の模索がなされている隣国韓国では，2007年7月1日に**「社会的企業育成法」**が施行された。そこでは，貧困層など社会的脆弱層に対して，従来の企業形態ではなく，社会的目的および社会的価値の実現のための新たな事業形態の育成に向かおうとしている。この社会的企業は，経済的価値を第一の目的にするのではなく，経済的価値以外の多様な社会的価値（教育，医療，福祉，地域，文化，家庭など）との共生的関係性を実現するための新たな企業育成の施策である。社会的企業は，社会的価値の実現のために存在し，その企業は社会の一部として位置づけられているといえる。

　21世紀，各国においては，経済的価値に向けての競争的関係性ではなく，多様な社会的価値に向けての共生的関係性に移行する試みがなされようとしている。このことは，自然環境（生態系の維持）のみならず，地域環境（コミュニティの成立），労働環境（特に精神的健康），生活環境（特に家庭生活の維持）が持続不可能な局面あるいは困難な諸問題に遭遇していることに起因するものである。このことの故に，われわれは「社会と企業」の関係性の変化という大きな課題を避けて通ることは出来ない。それは，まず「社会の一部としての企業」という見方へのパラダイム転換を求めており，さらにこれまでの経済競争的関係性から新たな社会共生的関係性への転換の必要性を意味している。

2　「社会の一部としての企業」とは何か

[1]　「企業市民」と「企業の経済的責任」（CER）

　「社会の一部としての企業」とは何か。その中身は，社会に対する企業の

社会的企業育成法：韓国で2007年7月1日に施行された法律で，社会的目的をもち，社会的価値の実現のための企業の育成を目的とする。株式会社，有限会社，社団法人，非営利組織法人など法人形態をもっていれば政府・労働部に申請できる。また，社会的脆弱層への支援，社会的サービスの提供などの諸条件を満たせば認証され，人件費，施設費，税制優遇などの具体的な支援が受けられる。（協同総合研究所訳〔2007〕「資料・社会的企業育成法」『協同の発見』第177号，岡安喜三郎訳〔2007〕「資料・社会的企業育成法施行令」同第181号，参照）。

「応分の役割・責任」とは何かである。「応分」とは，その「身分・能力にふさわしい程度」である。企業に，その「身分・能力」以上のことを求めれば，「ないものねだり」になりかねず，企業経営の「過重負担」ともなる。企業経営（者）のためにも「過重負担」を避け，分相応に社会的責任を果たすことが求められている。例えば，企業の経営手法を福祉，教育などにも当てはめようとするなど，あたかも企業経営手法がオールマイティー，どの分野でもその手法が通用するなどといった見方では，企業経営（者）にとっても迷惑な話である。企業経営は福祉経営，教育経営とは明らかに異なる。また，企業経営は，文化経営，地域経営，医療経営，家庭経営などとも異なる。

経営概念は，経済的のみならず社会的，組織的概念として捉えられるが，これまでは経済的概念としての企業経営とその学の考察が中心となってきた。最近になって，企業の社会的貢献あるいは社会的責任（CSR: Corporate Social Responsibility）であるとか，「企業市民」という言葉が語られるようになり，社会的概念としての把握が重要な課題となってきている。だが，このCSRの言葉の意味するものは，企業経営の質あるいは構造を改革するのではなく，企業経営の既存の質と構造を前提にした改革（例えば既存の経営の中に積極的に取り込む「経営戦略としてのCSR」など）あるいは「部分的な改革」（例えば既存の経営に付加される形での「CSRマネジメント」など）にしか過ぎないものである。

この「改革」は，わかりやすい例として，フィランソロピーでの企業の社会的貢献活動であり慈善的寄付行為，メセナでの企業による文化活動団体への資金援助などである。これらの取り組みは企業経営の質あるいは構造を改革するものではない。部分的で付加的な改革は，既存の質と構造には手をつけず，ただ多様なステークホルダー間の調整をとおして新たな経営活動に取り組む「改革」に過ぎない。この改革は，あくまで企業（経済合理性）を中心として，企業以外の他分野へ関わろうとする程度の企業経営の質の改革となっている。これは「社会の一部としての企業」という見方からの企業の構造改革ではない。

また，「企業市民」という言葉には，企業がその社会的責任を果たすべく社会を構成する「一市民」（「応分の役割・責任」）として行動する存在として捉えられる。つまり，この社会的概念としての企業は，経済合理性を追求する経済

終　章　共生社会の経営学

組織に社会的側面を単に付け加えるのでなく，社会の中での一構成員（あくまで部分存在という控え目な存在）としての「応分の役割・責任」を担う経済組織を意味している。つまり，「企業市民」という言葉は，社会合理性の中に企業の経済合理性を位置（あるいは限定）づけるということによってなされなければならない。

　例えば，今日の「リストラ（＝解雇）」にみられるような経済合理性の追求は，長時間労働を温存し，失業者を増大させ，さらには企業および社会におけるコミュニティの崩壊等の問題を生じさせている。また，その結果として社会不安を生じさせるといった深刻な社会非合理性の事態を招くことになっている。これでは，「応分の役割・責任」を担っている「企業市民」ということにはならない。この企業の社会内での「応分の役割・責任」とは，納税の誠実な履行，雇用機会の確保，安全・良質な商品とサービスの提供などといった社会的役割・責任である。

　すなわち，ここでの社会的役割とは，企業があくまで経済組織として社会的に貢献することが期待されている。これを社会に対する**「企業の経済的責任」**（CER : Corporate Economic Responsibility）と表現する。つまり，脱税行為をせず安易な「リストラ」をしないことによる社会の中での「応分の役割・責任」を担うことである。常に脱税行為があり「リストラ」が安易に行われ，また利益優先の結果として欠陥商品・不良サービス（特に安全性を損なった）の提供などが多発する今日の日本企業の経営の質と構造を変えていかなければならない。日本企業に経済組織としての応分の社会的役割・責任が求められているのであって，フィランソロピー，メセナが求められているのではない。

企業の経済的責任：企業の社会的責任（CSR）に対する言葉。企業の社会的責任の中身を「社会に対する企業の経済的責任」（CER）として捉える。経済的責任とは，納税の誠実な履行，雇用機会の確保，安全・良質な商品とサービスの提供などを意味し，フィランソロピー，メセナは含まない。（重本直利〔2007〕「社会に対する企業の経済的責任」日本比較経営学会『比較経営研究』第31号所収，参照）

2　諸経営体の等価性とは

　では，社会の中での「企業市民」はどのような役割・責任を担うべきであるのか。このことを考える場合，既存の企業経営のあり方を改革しなければならない。このためには，社会の他の諸分野・領域，つまり学校，地域，病院，福祉，家庭などとの間での適正な役割分担関係（共生的関係性）を築いていく必要がある。それは社会合理性の観点にたった共生的関係性の経営（マネジメント）の必要性である。社会合理性の観点とは，決して企業経営（経済合理性）の視点ではなく，市民の視点にたった経営の構築を意味している。つまり，社会を構成する市民（あるいは市民によって構成される社会）は，経済合理性のみで生きている（あるいは機能している）のではなく，上記のような様々な分野・領域の相互の諸関係性の中で生きている。

　企業と家庭との共生関係性を問う1つの事例を取りあげてみよう。大手食品メーカー「ネスレ日本」の従業員が会社による遠隔地への転勤命令の無効確認を求めた訴訟（控訴審）で，従業員側が勝訴したが，裁判長はその理由を「転勤で家庭崩壊も考えられる。甘受すべき程度を著しく超える不利益を負わせるもので，配転命令権の乱用に当たり無効*」とした。少なくとも企業経営と家庭経営が経営として等価であるならば，この敗訴した企業側の経営のあり方は家庭経営との社会共生的関係性の見方を全く欠落させている。この判決は，企業経営と家庭経営との関係性（緊張・矛盾・対立の関係性）をふまえて，企業経営における人事・労務管理上のあり方の改革を求めているといえる。

　　* 『京都新聞』2006年4月15日付朝刊より。この判決は転勤が家庭崩壊も十分予測されることを捉えている。他方，従業員の転勤拒否が企業崩壊に至るほど企業にとって重大な支障を与えるとは到底考えることができない。

　経営概念を，社会的かつ組織的概念（特にコミュニティ概念）および社会合理性における共生的関係性として積極的に捉え返し，同時に経済的概念および経済合理性における関係性をその内に限定づける必要がある。この関係性は，企業，学校，地域，病院，福祉，家庭といった様々な分野，さらには組織形態でみれば営利組織（PO）と政府組織（GO）のみならずNPO（非営利組織）とNGO（非政府組織）などをも包括している。

ここでは，特にコミュニティという組織的概念の視点が重要である。また，企業のみならず学校，地域，福祉，家庭などの経営体（管理・組織）は，それぞれ独自に固有のコミュニティとしての価値をもっている。また，少なくともその価値は互いに等価である。等価である経営体は相互に緊張・矛盾・対立関係（社会共生的関係性）の中におかれている（あるいはおかれるべきである）。それらの経営体（コミュニティ）の相互のあり方が社会合理性の内実である。そこから企業の応分の社会的役割・責任を捉える。企業経営体（経済的コミュニティ）が他の経営体に対して優位に立つもの（超越的な存在）ではない。

　諸経営体相互の関係性のあり方（例えばどの経営体を中心に置くか）はその国の1つの選択（社会政策，**社会経営**）である。日本においては企業経営体を他の経営体に対して優位に立つことを社会政策として決定したわけではないが，現実にはそうした社会政策が実行されているといえる。

3　諸経営体の共生関係性の意味

1　「異質なものの価値」と経営概念

　社会は，上記の諸経営体の「全体関係性」として存在しているのであって，経済合理性としての「部分関係性」（=「企業中心社会」）のみで存在しているのではない。社会は「社会としての合理性」としての関係性をもって成立し存在している。ここでは，この「社会としての合理性」を，企業の視点からの社会合理性（「企業中心社会」の合理性）として捉えるのではなく，市民の視点からの社会合理性（「市民中心社会」の合理性）として捉える。市民のそれぞれは，企業人（経済人）であり，地域住民であり，教育・学習者であり，家族の一員であると共に，社会人（日本人）であり，さらに国際人でもあれば，時には病

社会経営：社会経営とは，企業経営，地域経営，福祉経営，学校経営，家庭経営などの社会を構成する各経営を総括した言葉。各経営の管理・組織のあり方の社会的相互共生関係性を社会経営の内容と捉える。日本社会の場合であれば，企業中心の社会経営となり，企業経営と他の経営の相互共生関係性の内容（諸問題）を捉えることになる。（重本直利〔2002〕『社会経営学序説』晃洋書房，参照）。

に臥せる病人でもある。この市民の視点から経営のあり方を捉え返す。

　社会の全体存在は，企業，地域，学校，家庭などというそれぞれの独自性（＝「異質なものの価値」）をもった具体的な部分存在（各経営体）の相互関係性によって構成されている。企業経営体が中心となって他の経営体を従属させるといった「企業中心社会」の関係性からいかに脱却するのか。また，「企業中心社会」を前提とした「企業の社会的責任（CSR）」論からいかに脱却するのか（社会に対する「企業の経済的責任」論への転換）。そのためには，市民視点から企業の「応分の役割・責任」を捉える必要がある。

　だが，現代日本社会の現実（もちろん日本だけではない）は，異なった経営体がもつそれぞれの「異質なものの価値」の共生的関係性ではなく，「異質なものの価値」を同質させる関係性が高まっている。この同質とは経済競争的関係性である。この経済競争的関係性という同質化は，学校，地域，福祉，家庭などの諸経営体および，これらの経営体の関係性が経済競争的関係性に支配されつつある。それは人と人との関係性を，お金とお金の関係性あるいは商品（モノ）と商品（モノ）の関係性へと変化させている。この事態は，すでに深刻なレベル，つまり人間関係および人間性の変質，破壊へと進行している。

　同質であるが故に，企業中心の社会経営は，もはや経営といえる代物ではない。そこでは，ただお金と商品という「質」が支配する相互関係性の世界となる。こうした管理・組織のあり方を経営とは呼ばない。「異質なものの価値」の共生関係性を前提とした管理・組織こそが経営という名に値する。経営とは，「異質なものの価値」を前提として，それをいかに管理するか組織するかである。もし，同質なものを前提とし，その同質なものを管理し組織することが経営であるとするならば，それはファシズムである。それは，個々人の尊厳を無視し，それぞれの多様な経営体の論理を無視している。それは民主主義を否定した管理主義的な経営ファシズムである。経営学説でみれば，少なくとも，C. I. バーナードのいうような「自律的人間」という前提にたった管理と組織のあり方が経営という名に値する。バーナードの主著『経営者の役割』は，人間の特性を，「人間には選択力，決定能力，ならびに自由意思があるものと認める」（C. I. バーナード／山本安次郎他訳〔1956〕『新訳　経営者の役割』ダイヤモン

ド社，14頁）とした上で，経営の内実である協働と組織について次のように結論づけている。

「協働や組織は，観察，経験されるように，対立する事実の具体的な統合物であり，人間の対立する思考や感情の具体的統合物である。管理者の機能は，具体的行動において矛盾する諸力の統合を促進し，対立する諸力，本能，利害，条件，立場，理想を調整することである。」（同上書，22頁）

2 諸経営体の有機的連携

企業であれば，利潤を目的とし，それに向けて可能な限り効率的に関係を結ぶという組織性格は，洋の東西を問わず同じである。だが，国によって社会経営のあり様は相違している。この相違は，企業活動と他の地域，学校，家庭などの**コミュニティ性**（あるいは同一性）との相互緊張・矛盾・対立の共生的関係性（＝「異質なものの価値」の共生関係性）のあり方の結果である。

企業活動が，これらの「異質なものの価値」との共生関係性が存在しないあるいは極めて弱い時，企業活動は自らの論理（経済合理性）を純粋に貫徹する。そこでは企業中心の「社会経営」（＝企業が絶対的な支配権力をもつファシズムの「社会経営」）となる。

本来，企業経営のあり方は，他の様々なコミュニティ性（地域，学校，家庭など）との相互緊張・矛盾・対立の関係性（＝「異質なものの価値」の共生関係性）に基づく社会経営として，また社会の一部として組織されているものといえる。ここから企業の管理・組織のあり方（内容）が決められることになる。だが，日本の場合は，企業活動がこうした共生的関係性に基づく社会経営によって管理・組織されていない。日本の企業では，企業活動の内実としての「経済合理性」が企業内の個々人の相互関係性のあり様を規定する強さだけが異様に目立っており，社会的組織の内実としての「社会合理性」が企業のあり方を規定する側面が極めて弱いといえる。その結果，社会に対する企業の経済

コミュニティ性：いろいろな組織体における共同性を表現する。また社会文化的同一性（アイデンティティ）を伴う。地域の共同性，職場の共同性，組織の共同性においては，そこでの社会文化的な類似性，共同の慣習，共同自治的なルール，共同の感情などの特徴を意味する。

的責任（CER）を果たせずにいる。その現われは企業不祥事（犯罪）の多発として近年顕著となっている。商品の安全性問題，種々の偽装・改ざん・不正が行われている。

　何故，企業活動の現場でこうしたことが防止されず，長年続けられるのか。何故，企業内で自浄作用が働かないのか。経済合理性を徹底し，他の分野の諸合理性との共生関係性を形成していない職場内人間関係のあり方に起因する。企業に働く者が，24時間，経済合理性のみを考えて他の諸合理性（教育，福祉，家庭などの諸合理性）を無視あるいは軽視することによって生じている。そこでは自らの考え・行為が相対化（対象化）されない結果として，極めて初歩的な誤り（企業不祥事，企業犯罪）が繰り返されることになっている。

　日本においては，それぞれの分野が共生しないのである。企業が，地域，学校，家庭と共生し社会の一部として存在するという見方が欠落している。そこでは，互いに共生させないで，それぞれの問題を捉え，そしてそれを解決しようとする。企業経営は，家庭経営と共生せず，さらに家庭を企業目的のために同質化させ従属させている。通常，残業，単身赴任は，企業の論理で一方的に決められてしまっている。日本社会は，依然として残業拒否，転勤拒否が解雇に直結し，最高裁もそれを認めてしまっている「企業中心社会」（＝企業中心の社会経営体）である。他と共生しない故に，企業の問題は企業の中だけで解決しようとし，家庭の問題は家庭の中だけで解決しようとし，学校の問題は学校の中だけで解決しようとする。また，そうした方向性へと個々人の考え方と行為およびその相互関係性のあり様が組織されている。そこでは解決の方向性がみえてこない。社会共生的関係性における経営概念は，この諸分野との相互関係性のあり方からそれぞれの経営体の諸問題を改善することを意図する。

　日本社会はこれまで「効率中心」の企業活動を世界の先進をきって突き進んできた。このシステムを変えるのは，企業以外の他の諸分野と共生する企業経営の新たな質の形成以外にはない。企業の場合は，社会の一部（一員）として，自らの属する社会に対する「企業の経済的責任」（CER）を果たすことである。また同時に，企業以外の様々なコミュニティ（地域，学校，家庭など）のあらたな質の形成も進められなければならない。学校の場合は社会に対する「学校

の教育的責任」であり，家庭の場合は社会に対する「家庭の愛情的責任」である。このそれぞれの経営体の責任が，孤立した経済競争的関係性ではなく，社会共生的関係性の中で相互に有機的に連携することによって，社会全体が新たに形成されることになる。

4 共生社会をめざす経営学：社会共生的経営手法の確立

1 共生社会の経営学の意味

　経営学は，商品，サービス，お金，人，情報をどのように循環させるか・機能させるかといった経営手法に関する学問である。これらの循環・機能をとおして社会共生的関係性を形成する手法が社会共生的経営手法（Management Method for Social Symbiosis）である。これまでの企業を中心とした経営学が経済競争的経営手法に関する学問であったとすると，社会共生的経営手法に関する学問は社会経営学であり市民経営学である。

　この社会共生的経営手法とは，経済競争的経営手法が経済合理性のみで循環させる手法であるのとは異なり，社会合理性の下で循環・機能させる経営手法である。一般には経済合理性は社会合理性の中に含まれているが，資本主義社会の下での経済合理性は，市場（資本）の論理で機能することによって，その社会の合理性を実現しようとしてきた。この具体的な担い手は株式会社である。だが今日，こうした経済合理性（経済競争的関係性）は，自然環境問題をはじめとした深刻な社会非合理性（非社会共生的関係性）を生じさせている。

　社会合理性の内実としての社会共生的関係性とは，経済合理性，福祉合理性，地域合理性，教育合理性，家庭合理性，文化合理性，自然合理性などの社会を構成する各分野の合理性の相互の関係性のあり方である。どの社会であっても社会共生的関係性があるが故に社会として存在することができる。このことがとりわけ今日において問われている。日本の場合であれば，経済を中心とした合理性，つまり「企業中心社会」の社会合理性（＝「社会共生的関係性」）としてこれまで商品，サービス，お金，人，情報を循環させ・機能させてきた。しかし，現在，市場（資本）の論理の展開（特に金融グローバリゼーションの展

開)の中で,日本のみならず「経済合理性」中心社会は行き詰まりをみせている。家庭合理性(家庭の愛情的機能の合理性),教育合理性(学校の人格的機能の合理性),自然合理性(自然の生態循環的機能の合理性)の破壊はその典型例である。

２　社会共生的経営手法の確立に向けて

　社会合理性(社会共生的関係性)の下に社会共生的経営手法が機能する。社会共生的経営手法とは,市場(資本)の論理の下ではなく,社会的使命(特定のミッション,理念,考え方など)の下に機能する経営手法を意味する。例えば,本章の第１節でも述べたフィンランド社会であれば1990年代前半から教育への大幅な財政投入によってフィンランド社会を,教育合理性(生徒個々人の興味・関心,意欲を中心にした教育合理性)を中心としたフィンランド社会の社会合理性(社会共生的関係性)の確保によって機能させようとした。そこでは,大学教育を含めすべての教育費を無償とし,小学生には文房具(ノート,筆記用具など)まで無償で提供されている。この教育合理性の実現は,結果として「経済合理性」の獲得にもつながっている。フィンランドはOECD(経済協力開発機構)のPISA(学力到達度調査)の世界一だけでなく,「経済競争力」においても世界一とされている。日本では教育は経済競争的経営手法で機能させられようとしている。いわゆる「受益者負担」の考え方である。日本では,教育は「社会的利益」につながるよりも「個人的利益」につながるという考え方が強く作用している。そこでは教育が経済競争的関係性の中に組み込まれている。

　社会共生的経営手法は社会的使命(特定のミッション,理念,考え方など)が前提であり,経済競争的経営手法は利益(利潤,金儲け)が前提である。社会共生的経営手法は社会的使命の下で,商品,サービス,お金,人,情報を循環・機能させる手法である。今日,大きな広がりをみせているいわゆる「民営化」(Privatization)の手法は,この社会共生的経営手法に代わって,経済競争的経営手法を無理やり公共的分野,社会的価値に関わる分野に適用・機能させようとする手法である。具体例としては,企業の資金および経営ノウハウなどを活用するPFI(Private Finance Initiative)手法などの公共的分野への適応であ

> > Column < <

関係性の視点とは

関係性の視点とは，個人と個人，個人と組織，組織と組織，国と国などの相互の関係性に注目する視点です。個別性，具体的な存在，個人，組織，国それ自体には注目しません。あくまでもそれらの相互の関係性に注目します。例えば，A―Bにおいて，A自体，B自体に注目しません。A―Bの1つの関係性に注目します。この1つの関係性からAの性格とBの性格の2つの性格を捉えます。

ここでの「性格」とは「そのもの特有の傾向・性質」のことです。AがBの性格を変えたいと思うならば，まずA―Bの関係性を変える必要があり，そのことによってBの性格を変えていきます。同時にAの性格も変わっていきます。私たちは，「自分（A）を犠牲にして他人（B）を大切にする」こともできませんし，「他人（B）を犠牲にして自分（A）だけを大切にする」こともできません。しかし，A―Bの1つの関係性を大切にすることはできます。AとBを同時に大切にするためにはこの関係性の視点が重要です。多分野・多文化共生の視点でもあります。相手に干渉（指図あるいは妨害など）しないし，自らにも干渉させないということです。

では「A―Bの関係性を大切にする」とはどういうことか。友人関係，親子関係，恋愛関係，夫婦関係を大切にするとはどういうことか。それは，常にその関係性に注目し，その関係性を少しでも良くしていこうとする視点です。自己に執着したり，他人に依存したりすることでありません。関係性を良くするとは相互の了解志向的関係性の促進です。時間をかけて理解し合う関係性のことです。目的達成の成果志向的関係性ではありません。了解志向的関係性を失うことは人として存在できませんし生きてもいけません。家族関係およびコミュニティはその代表的な関係性です。身近な関係性から自分と他人を捉え変えていきます。あくまでも関係性を中心にして個別性を捉えます。

今日，深刻な問題となっている貧困は，個々の「経済の貧困」というよりも，個々を結ぶ「関係性の貧困」にあります。身近な関係性を豊かにすることから個人，組織，社会を変えていくことが必要となります。

る。これに対し，経済競争的経営手法の適応ではなく社会共生的経営手法を適応するのが，「市民事業」，「社会的企業」である。この手法の模索がヨーロッパにおいても隣国韓国においても続いている。この社会共生的経営手法は，民間金融（PF: Private Finance）をも利用するが，金融それ自体が目的ではなく，

それは社会的使命を伴った社会共生的関係性形成のための手段である。

社会共生的経営手法は，あくまでも「資本主義的（新自由主義的）経済合理性」に対置した（向き合った）「社会的経済合理性」（社会合理性の下におかれる経済合理性）の実現のための方法である。この社会共生的経営手法の担い手としての「市民事業」，「社会的企業」が，21世紀の「社会的経済合理性」の役割の中心となるだろう。また，社会共生的経営手法の確立は，経済競争的関係性（競争社会）を社会共生的関係性（共生社会）へと変化させ，人類が直面している深刻な諸問題の解決につながることになるだろう。

(重本直利)

索　引

あ 行

ILO　*129, 138*
ICT　*4*
IT 革命　*38*
アウトソーシング　*4, 222*
アメリカ　*21, 23, 140, 141, 143, 146, 150, 151, 153-155, 157, 163*
EU　*30, 32, 41, 42*
異質なものの価値　*238*
違法派遣　*118*
医療法人　*202*
ウェーバー, M.　*219*
ヴェブレン, T.　*207*
ウォルマート　*140, 145-147, 150, 152-156*
SRI（社会的責任投資）　*42, 43*
NGO　*13, 137, 159, 161*
N システム　*85*
NPO 法人　*13, 193, 202*
M&A　*3, 24, 33, 34*
M 字型就業曲線　*121*
遠隔監視　*86, 89, 93, 96, 99*
OECD　*231, 242*
オービス　*85*
オフショアリング　*4*
オルター　*137*

か 行

会社主義　*220*
開拓的・研究創造的役割　*205*
科学的管理　*48-51, 55, 60, 61*
カジノ資本主義　*5, 222*
過重ノルマ　*123*
過剰資本の恒常化　*215*
過剰生産　*212*
仮想現実　*221*
割賦販売　*221*
合併　*35*
株式会社　*202*
株主オンブズマン　*180*
株主価値　*23-25, 42*
株主資本利益率（ROE）　*5*
株主主権　*24*
株主中心主義　*224*
過労死　*48, 59, 124*
過労自殺　*124*
監視悪構造　*109*
監視カメラ　*85, 107*
感情労働　*196*
完全失業者　*125*
管理的調整　*216, 217*
管理の二重性　*105*
期間従業員　*76, 77*
機関投資家　*23, 26, 42*
企業価値　*23-26, 42, 43*
　――・株主価値重視の経営　*23-26, 42, 43*
企業間関係　*217*
企業行動憲章　*229*
企業市民　*230, 234*
企業集中　*33*
企業集中運動　*35*
企業中心社会　*229, 240, 241*
企業提携　*33, 35-38*
企業内教育訓練　*74*
企業の経済的責任（CER）　*235, 239, 240*
企業の社会的責任　→CSR

245

企業犯罪　*172*
企業倫理　*226*
技術物神崇拝　*109*
規制緩和　*20, 34*
偽装請負　*118, 131*
技能形成　*79*
キャピタルゲイン　*26*
QC（品質管理）サークル　*52, 74*
共生社会　*244*
共生的関係性　*232, 233, 239*
行政犯罪　*172*
競争構造　*19, 20, 29, 31, 39, 40*
競争社会　*244*
競争的関係性　*232, 233*
協同組合　*193*
共同体　*212*
勤怠　*96*
均等待遇の原則　*132*
金融危機　*20*
金融工学　*19*
金融市場　*21*
金融の証券化　*20*
グローバリズム　*28*
グローバリゼーション　*21, 28, 138, 143*
　金融の――　*19-23, 27*
　反――　*137*
グローバル競争　*35*
グローバル競争構造　*26*
グローバル・コンパクト　*40, 138, 160-162*
経営資源　*37*
経営戦略　*139, 142, 143, 147, 155, 156, 158*
経営体の等価性　*236*
経営のグローバル化　*29-32*
経営ファシズム　*238*
経済競争的関係性（経済合理性）　*233, 239, 241*
経済競争的経営　*231*
経済競争的手法　*241, 242*
継続事業体　*80*

契約企業　*157-159*
減価償却制度　*192*
健康障害　*58, 59*
衒示的消費　*207*
健常者中心の社会経済システム　*128*
現代資本主義の「架空性」　*22, 24, 27, 28, 39, 43*
現代的官僚制　*217*
現場疲弊　*67, 79*
憲法13条　*101*
コアコンピタンス　*4*
公益　*173*
公益通報者保護制度　*181*
公益通報者保護法　*100*
公共性の転換　*227*
公共的関係　*215*
公的領域　*213*
合法的支配　*219*
後方統合　*216*
合理化　*35*
コーポレート・ガバナンス　*8*
国際連合（国連）　*138, 139, 141, 160*
個人的利益　*242*
固定資本の巨大化　*214*
コミュニティ　*105, 111, 237, 239*
雇用期間の長期化　*218*
雇用ポートフォリオマネジメント　*68*
コントロール　*138, 141, 142*

さ　行

サービス残業　*52, 53, 60*
債券の証券化　*20*
サプライチェーン　*222*
差別出来高給制度　*123*
三元構造　*196*
CSR（企業の社会的責任）　*14, 39-43, 45, 163, 229, 234, 238*
GPS機能　*96*

索　引

私益　173
支援価値　170
事業システム　216
資産の証券化　19
市場原理主義　47, 61, 62
市場原理主義的イデオロギー　21
市場の自動調節メカニズム　212
施設最低基準　195
持続可能な企業経営　80
失業　215
実体経済　20, 25, 26, 28
私的企業　211
資本・賃労働関係　177
資本主義的な経済合理性　244
資本主義のグローバル段階　18, 21, 30, 40
市民事業　243
市民的公共性　227
市民的合理性　109
市民の訴求　108
社会管理制度　215, 227
社会共生的関係性　233, 240-242
社会共生の経営　231, 233
社会共生の経営手法　241, 242, 244
社会経営　227, 232, 237-239
社会合理性　239, 241
社会参加　133
社会的価値　233
社会的企業　135, 243
社会的企業育成法　233
社会的規制　41
社会的経済合理性　244
社会的合理性　109
社会的使命　242
社会的自由　227
社会的責任投資　→SRI
社会的対話　132
社会的排除　113, 129, 225
社会的有用労働　130

社会的利益　242
社会的理性　111
社会非合理性（非社会共生的関係性）　235, 241
社会福祉基礎構造改革　191
社会福祉業の「場」　199
社会福祉法　190
社会福祉法人　187, 202
若年無業者　125
ジャスト・イン・タイム（JIT）　73
受益者負担　242
準市場化　187
ショア, J. B.　208
使用価値　170
常勤換算方式　195
消費者　165
消費者基本法　180
消費者主権　188
消費者保護　168
消費者保護基本法　180
商品　170
商品経済　209
商品経済法則　212
商品先物市場　27
商品市場　21
情報格差化　105
情報技術　38, 108
情報遮断　105
職業的教養　133
職能資格制度　123
ジョブ・カフェ　133
自律分散管理　104
人格的差別　98
人権侵犯　103
『新時代の「日本的経営」』　10, 122
新自由主義　1, 21, 66, 137
新自由主義的・市場原理主義的イデオロギー　21, 22
新自由主義的・市場原理主義的政策　23, 28

247

新自由主義的政策のイデオロギー　21
ストック・オプション　26
成果主義　11, 49, 55-57, 123
成果主義賃金（制度）　66, 81, 123
生活協同組合　203
生活保護制度　118
政策科学　43
政策主体　197
生産システム　72
生産と消費の分離・統合　225
生産の劣化　215
生存権　188
製品差異化　220
セーフティネット　132
世界最適生産力構成　30-33, 38
セキュリティ　105
説明責任　41
全体関係性　237
選択の自由　194
前方統合　216
戦略的提携　36, 38
早期離職　120
相互緊張・矛盾・対立の関係性　239
組織人格　219
措置制度　194

た　行

第一種社会福祉事業　189
第三セクター　135
対象化された対象　197
第二種社会福祉事業　189
大量生産システム　216
ダウンシフター　208
多元的な活動　133
多国籍企業　29, 32, 137-146, 149, 155, 157, 159, 160, 162, 163
多能工　73, 74
多分野, 多文化共生社会　231

団塊の世代　114
団体交渉　131
地域経済圏　32
地域若者サポートステーション　133
チームワーク　73, 74, 79
蓄積構造　30, 31
　　グローバル——　30
　　国内型——　30
長期失業問題　114
長期的視野　67, 79
超国籍企業　141
超就職氷河期　115
直接投資　35, 36, 38, 142, 143, 159
賃労働　211
ディーセントワーク　129, 130
テイラー, F. W.　49-51, 55, 61, 123
テクノロジー呪縛　108
デュアル・システム　133
同一労働・同一賃金　62
盗撮・盗聴　107
投資銀行　4
投資ファンド　4, 23-25
ドーア, R.　82
独占　214
独占価格　220
独立契約製造企業　→契約企業
土台—上部構造　213
トヨタ自動車　75
トヨタ生産方式　72, 73

な　行

ナイキ（多国籍企業）　156-158, 160, 162
内部化　37, 38
内部統制　100
名ばかり管理職（店長）　52, 53, 59, 60, 123, 124
NAFTA　32
ニート　116, 124-126

ニート言説　128
二重の基準　102
2007年問題　114
日経連　65
日本的経営　66
日本版SOX法　100
人間中心（尊重）　67, 79
人間に優しい企業　80
認識科学　43
ネットカフェ難民　132
ネットワーク組織　222

　　　　　は　行

バーナード, C. I.　218, 238
配当　22, 25
派遣の自由化　119
派遣労働者　54
パノプティコン　103, 106, 107
バブル崩壊　54
パラダイムの転換　230
犯罪予備軍　98, 106
PFI手法　242
PISA　232, 242
非正規雇用　69, 69-71
非正規労働　115
非正規労働者　68, 223
日雇い派遣労働者　118
日雇労働求職者給付金　118
日雇労働保険　131
フィンランド　232, 242
フーコー, M.　103
複数事業制　216
物象化　108
物象的関係　209
プライバシー権　101

プライバシー侵犯　103
ブランド・エクイティ　223
ブランド戦略　223
フリーター　115, 124, 126
フリーター25万人常用雇用プラン　132
防犯カメラ　85

　　　　　ま　行

マーケティング　220
マネーゲーム　224
水際作戦　119
民営化　242
無業者　125
メンタルヘルス　57-59
モード　221
目標管理　55, 123

　　　　や・ら・わ　行

ユニバーサル・サービス　131
ラバーメイド　151
リストラクチャリング　4, 34, 35, 222
リピエッツ, A.　135
労災隠し　132
労働格差問題　47
労働組合　151, 153
労働市場　21, 22
　――の規制緩和　22
労働者管理　218
労働者協同組合　135
労働者協同組合法　135
労働者派遣法　10, 66
浪費　221
ワーキングプア　10, 47, 71, 117, 223
ワーク・ライフ・バランス　62
ワンマン・マルチジョブ　56

執筆者紹介 (所属, 執筆分担, 執筆順, *は編者)

*國島 弘行(くにしま ひろゆき)（創価大学経営学部教授, 序章）

*山崎 敏夫(やまざき としお)（立命館大学経営学部教授, 第1章）

井藤 正信(いとう まさのぶ)（愛媛大学法文学部教授, 第2章）

島内 高太(しまうち こうた)（三重短期大学法経科准教授, 第3章）

稲木 隆憲(いなき たかのり)（市民科学研究所研究員, 第4章）

竹内 貞雄(たけうち さだお)（福井県立大学経済学部教授, 第4章）

長井 偉訓(ながい よりとし)（愛媛大学法文学部教授, 第5章）

中道 眞(なかみち まこと)（別府大学国際経営学部准教授, 第6章）

山西 万三(やまにし まんぞう)（大阪経済大学非常勤講師, 第7章）

石倉 康次(いしくら やすじ)（立命館大学産業社会学部教授, 第8章）

中村 共一(なかむら きょういち)（岐阜経済大学経営学部教授, 第9章）

*重本 直利(しげもと なおとし)（龍谷大学経営学部教授, 終章）

〈編著者紹介〉

國島　弘行（くにしま　ひろゆき）
1955年　生まれ
　　　　明治大学大学院経営学研究科博士課程後期課程単位取得中退
現　在　創価大学経営学部教授
主　著　『組織と戦略』（共著）文眞堂，2004年
　　　　『経営学の組織論的研究』（共著）白桃書房，1992年

重本　直利（しげもと　なおとし）
1949年　生まれ
　　　　立命館大学大学院経営学研究科博士課程単位取得
現　在　龍谷大学経営学部教授
主　著　『大学経営学序説』晃洋書房，2009年
　　　　『社会経営学序説』晃洋書房，2002年

山崎　敏夫（やまざき　としお）
1962年　生まれ
　　　　同志社大学大学院商学研究科博士課程単位取得退学
現　在　立命館大学経営学部教授
主　著　『現代経営学の再構築』森山書店，2005年
　　　　『ヴァイマル期ドイツ合理化運動の展開』森山書店，2001年

現代社会を読む経営学①
「社会と企業」の経営学
——新自由主義的経営から社会共生的経営へ——

2009年4月30日　初版第1刷発行　　　　　検印廃止

定価はカバーに
表示しています

編著者	國島　弘行 重本　直利 山崎　敏夫
発行者	杉田　啓三
印刷者	藤森　英夫

発行所　株式会社　ミネルヴァ書房
607-8494　京都市山科区日ノ岡堤谷町1
　　　　　電話代表（075）581-5191番
　　　　　振替口座　01020-0-8076番

©國島，重本，山崎ほか，2009　　亜細亜印刷・藤沢製本

ISBN978-4-623-05441-1
Printed in Japan

現代社会を読む経営学

全15巻
（Ａ５判・上製・各巻平均250頁）

① 「社会と企業」の経営学　　　　　　國島弘行・重本直利・山崎敏夫 編著
② グローバリゼーションと経営学　　　赤羽新太郎・夏目啓二・日髙克平 編著
③ 人間らしい「働き方」・「働かせ方」　黒田兼一・守屋貴司・今村寛治 編著
④ 転換期の株式会社　　　　　　　　　細川　孝・桜井　徹 編著
⑤ コーポレート・ガバナンスと経営学　海道ノブチカ・風間信隆 編著
⑥ CSRと経営学　　　　　　　　　　　小阪隆秀・百田義治 編著
⑦ ワーク・ライフ・バランスと経営学　遠藤雄二・平澤克彦・清山　玲 編著
⑧ 日本のものづくりと経営学　　　　　鈴木良始・那須野公人 編著
⑨ 世界競争と流通・マーケティング　　齋藤雅通・佐久間英俊 編著
⑩ NPOと社会的企業の経営学　　　　　馬頭忠治・藤原隆信 編著
⑪ 地域振興と中小企業　　　　　　　　吉田敬一・井内尚樹 編著
⑫ 東アジアの企業経営　　　　　　　　中川涼司・髙久保　豊 編著
⑬ アメリカの経営・日本の経営　　　　伊藤健市・中川誠士・堀　龍二 編著
⑭ サステナビリティと経営学　　　　　足立辰雄・所　伸之 編著
⑮ 市場経済の多様化と経営学　　　　　溝端佐登史・小西　豊・出見世信之 編著

―――― ミネルヴァ書房 ――――

http://www.minervashobo.co.jp/